教育部人文社会科学重点研究基地四川大学南亚研究所

印度崛起与推进新型大国合作研究

黄正多 张 立 ● 著

国际文化出版公司
·北京·

图书在版编目（CIP）数据

印度崛起与推进新型大国合作研究 / 黄正多，张立著 . -- 北京：国际文化出版公司，2023.2
ISBN 978-7-5125-1479-9

Ⅰ．①印… Ⅱ．①黄… ②张… Ⅲ．①经济发展－研究－印度②对外经济关系－研究－印度 Ⅳ．① F135.1

中国版本图书馆 CIP 数据核字 (2022) 第 256028 号

印度崛起与推进新型大国合作研究

作　　者	黄正多　张　立
统筹监制	吴昌荣
责任编辑	曾雅萍
品质总监	张震宇
出版发行	国际文化出版公司
经　　销	全国新华书店
印　　刷	北京虎彩文化传播有限公司
开　　本	710 毫米 ×1000 毫米　　16 开 16.75 印张　　　　　　272 千字
版　　次	2023 年 2 月第 1 版 2023 年 2 月第 1 次印刷
书　　号	ISBN 978-7-5125-1479-9
定　　价	88.00 元

国际文化出版公司
北京朝阳区东土城路乙 9 号　　邮编：100013
总编室：（010）64270995　　传真：（010）64270995
销售热线：（010）64271187
传真：（010）64271187-800
E-mail：icpc@95777.sina.net

本书为教育部人文社会科学重点研究基地重大项目
（项目号：15JJD810018）的最终成果

目　录

序 …………………………………………………………………… 1

第一章　崛起中的印度 …………………………………………… 5

第二章　印度崛起的条件 ………………………………………… 37

第三章　印度未来的发展前景 …………………………………… 73

第四章　印度崛起的意义、影响及其对外战略 ………………… 107

第五章　中印共同崛起与相互再认知 …………………………… 139

第六章　新型大国合作理念及其战略意义 ……………………… 171

第七章　印度崛起背景下推进新型大国合作关系的实践问题思考 … 205

参考文献 …………………………………………………………… 241

后记 ………………………………………………………………… 260

序

黄正多、张立合著的《印度崛起与推进新型大国合作研究》一书即将出版,该书是教育部人文社会科学重点研究基地重大项目(项目号:15JJD810018)的最终成果,自2015年获准立项展开研究,历经数年,终于完成,实属不易,其凝结了作者的心血和努力,可喜可贺。

在1991年实行以市场为导向的经济改革之后,印度经济实现了长期快速的增长,20多年来的平均增长速度达到6%,疫情突发之前五年的经济平均增长率高达6.9%。按名义GDP计算,2022年印度超越英国成为世界第五大经济体,而按购买力平价(PPP)计算,2014年印度就已成为世界第三大经济体,仅次于中国和美国。近年来,随着更加注重经济发展质量以及经济结构转型调整,中国的经济增速出现了一定程度的放缓,印度经济增长速度超过中国一度成为世界上增长最快的主要经济体。2018年,印度GDP增速7.3%,总量达到2.72万亿美元。2019年,受国际和国内等因素,尤其是就业低迷、消费不振的影响,印度GDP增速下降至5.3%,但其国内生产总值仍达到约2.85万亿美元。2020年,受席卷全球的新冠肺炎疫情影响,印度经济大幅萎缩,GDP增长为-7.3%,创下印度独立以来的最低水平,但在2021年出现了复苏。

印度政府对未来的经济发展充满信心。莫迪总理在2019年8月表示,到2024年,印度将成为一个经济总量达到5万亿美元的经济体;印度财政部长也预测,印度GDP总量在2030年或者2031年将达到10万亿美元,超越日本,成为全球第三大经济体。

国际社会也非常看好印度的经济发展前景,"人口红利"被认为是印度

印度崛起与推进新型大国合作研究

制造业崛起的一个不可忽视的条件。有学者预计,鉴于年轻人口数量的优势,印度被认为是拥有巨大发展潜力的新兴经济体。

因此,不论是从现状还是从未来发展前景的视角看,印度正在崛起是一个不争的事实。

早在若干年前,中国学术界就开始关注印度崛起问题,并有不少研究成果出版,例如,山东大学出版社2010年10月出版的马加力先生的大作《崛起中的巨象——关注印度》一书,这是中国南亚学者较早出版的专门讨论印度崛起问题的专著,产生了广泛的学术影响。

既然印度崛起不是一个新议题,已经有那么多研究成果专门分析研究了这一问题,十几年后的现在再来探讨这个问题,还有学术价值和现实意义吗?我认为是有的,印度崛起仍然是需要认真研究的重要议题。

我之所以这样认为,主要基于以下考虑:

其一,印度的崛起是一个漫长的过程,目前远未结束,在这一过程中,随时都在出现新情况、新问题,需要及时跟进,密切关注,认真研究,不断更新我们的相关认识,以避免思维定式。只有这样,才能在处理对印关系时做到减少盲目性,增强针对性,妥善应对。

其二,十几年来,国际环境发生了巨大而深刻的变化,面对百年未遇之大变局,印度朝野的思想认知和处理国际关系时的行为方式受到了深刻影响,发生了重要变化。正在崛起的印度如何看待自己,如何看待国际局势,如何认知自己在国际舞台上的地位和应当发挥的作用,如何认知自己与世界大国的关系,这些都是需要及时准确把握的。因为印度如何处理国际关系尤其是大国关系,与其实力的增强或减弱高度相关,与其对自己的自我评估和自信高度相关。我们要妥善处理与印度的全方位关系,不能不认真研究印度的相关变化和基本认知,才能在错综复杂的国际局势中与印度求同存异,构建新型大国关系。

概言之,无论是从印度崛起还是从构建新型大国关系、推进新型大国合作的角度看,该书所探讨的议题都具有重要学术价值和现实意义。也正因为如此,该选题被批准列为教育部人文社会科学重点研究基础重大项目。

本书作者年富力强,长期从事印度经济、外交和中印关系研究,取得一系列重要研究成果,其中一些研究成果也是本书主题的重要相关成果。作者对本书所涉及的相关问题进行了多视角的有益探讨,提出了自己的看法,难能可贵。我个人认为,把印度崛起与构建新型大国关系结合起来,重点探讨印度崛起背景下推进新型大国合作问题,正是该书的新意所在。而对中国和印度共同崛起与相互再认知相关问题的探讨,则具有重要的现实意义。该书的出版将为我国的相关学术研究增添新的成果,提供新的观察视角。

需要指出的是,印度正处在崛起的过程之中,新问题新情况随时都在发生,国际局势也变化剧烈,本书所涉及的议题处在不断变化的状态中,因此,作者所进行的探讨是基于对印度当前状态和相关资料所得出的看法。随着局势和情况的发展变化,我们应当与时俱进,跟踪新情况,研究新问题,保持对相关问题认知的不断更新。

陈继东

2021年12月于四川大学南亚研究所

第一章
崛起中的印度

第一节 印度崛起的现实基础

一、独立前的经济社会发展

在工业化以前的时代,传统印度社会的基本单位是村庄,在村庄内部发挥重要作用的是家族和种姓。村庄在经济和社会上往往都能自给自足,经济上农业和手工业的结合使得每个村庄除少数必需品如盐和铁之外,基本上不依赖国内其他地区。① 村庄自有的木匠、铁匠、祭司和教师等可为村民提供服务,由种姓首领和村里长者组成的乡村自治委员会维护村庄稳定、发展与外部联系。这种传统的经济和组织的模式形成了印度社会稳定的基础,但这种稳定随着英国的侵入,各方面都发生了变化。18世纪的印度逐渐卷入资本主义世界市场,面临世界殖民化浪潮的冲击。从1757年的普拉西战役征服孟加拉到1849年占领旁遮普,在近一个世纪里,英国通过东印度公司吞并印度领土,使印度彻底沦为英国的殖民地。从19世纪开始,印度逐渐参与到由西方资本主义大国主导的全球化进程之中,而在19世纪之前,印度与外国的贸易往来虽然对其特定地区产生了影响,但对印度整体经济的影响有限。19世纪尤其是中期以后,印度与世界商品和资本市场的联系日益加强,成为欧洲工业国家重要的食品与原材料供给国,与被殖民前相比,印度在殖民地时期所取得的海外收入占国家总收入的比重有了较大提高。到1914年时,印度发展市场经济所需要的各项硬软件配套设施基本具

---

① [美]斯塔夫里阿诺斯著,吴象婴等译:《全球通史:从史前到21世纪》(第7版修订版),北京大学出版社,2019年2月版,第573页。

备,包括统一的计量标准和货币体系,开通了铁路和电报,制定了《契约法》和《建立保护私人财产权的制度》等。总之,一整套英国的政治、法律、经济制度在印度推广实施。尽管如此,英属印度时期,印度主要以农业和劳动密集型产业为主,印度人民总体收入增长缓慢。

在农业方面,农作物产量在印度各个地区存在明显不同的差异,东印度地区由于缺水和缺乏农业基础设施,农业增长处于停滞状态。其他地区随着农作物种植面积的扩大,农业贸易网络的发展及农业基础设施的改善,农作物产出得到显著增长。同时在商品作物增长的地区,人们的平均生活质量得到提高,农民收入出现贫富分化。印度农业经过前期的快速发展后,进入20世纪20年代,由于世界市场逐渐陷入衰退和印度农业发展惯性等内外因素制约,印度农业发展速度开始减缓。①

在工业方面,印度近代工业化的开始与英国殖民统治密切相关。印度最初的棉麻纺织工业所需的技术、人才和一定的资金都来自英国。印度劳动力市场缓慢出现,雇佣工人开始不断增多,儿童和女性也作为工人被雇用。商业化的发展使印度传统的小型工厂或家庭作坊逐渐被迫转型,19世纪中期,印度现代化大型工业的产生与发展开始成为推动印度工业化的重要力量。相比于小型工厂或家庭作坊,大型工业在雇佣劳动力的比例中尽管所占比例较小,但是也促进了一些工业化城市的崛起和城市劳动力市场的形成,促进了交通等基础设施的发展。②铁路网到1870年时全长4000英里,到1939年时全长41000英里。③交通发展,苏伊士运河开通后,使印度原料出口更加便利,也成为欧洲资本主义国家重要的原料产地。但由于英国殖民者的阻挠,印度从原料出口获取的资本未能用于发展现代工业。总体来看,印度经济结构改变十分缓慢,印度工业发展对外部存在着巨大的依赖性。

英国的殖民统治给印度注入了一些现代化的经济因素,如,现代银行业和保险业在19世纪70年代后发展迅速,成为推动印度工业化和商业化发

---

① Tirthankar Roy, *The Economic History of India 1857-1947*, Oxford University Press, 2006, pp.170-171.
② Ibid., pp.221-223.
③ [美]斯塔夫里阿诺斯著,吴象婴等译:《全球通史:从史前到21世纪》(第7版修订版),北京大学出版社,2019年2月版,第576页。

第一章 崛起中的印度

展的重要因素。[1]英国的殖民统治时期在一定程度上使印度的基础设施,包括铁路、港口、农业灌溉系统、邮政系统、电报、医疗卫生系统、西方式大学制度、英国法院制度等,形成了一定的规模,使印度的市场经济有了一定的发展。[2]与此同时,印度人口从1872年的2.55亿人上升到1921年的3.05亿人。[3]但由于印度整体工业水平低下,农业发展缓慢,直到20世纪20年代,印度的城市发展缓慢。20世纪30年代和40年代,随着某些重要行业保护政策的实施以及第二次世界大战时期战争需求的增加,印度工业有了进一步发展,工业水平在独立时已经高于大多数邻国,工业发展提供了更多就业机会,促进了农村人口向城市迁移,大型港口城市如孟买、加尔各答和马德拉斯就是在这个时期发展起来。

近代以来,随着西方资本主义的兴起,特别是工业革命后世界经济中心向西方转移,英国殖民统治下的印度经济受到巨大冲击,使其在世界经济中的份额从1700年的24.4%下降到1950年的4.2%。[4]印度在全球制造业产出中的份额从1750年的24.5%下降到1938年的2.4%。[5]印度在18世纪早期是世界纺织品出口市场的主要提供者,但到了19世纪中期,印度纺织业已经失去了大量的出口市场和大部分国内市场。英国东印度公司在1757年征服孟加拉后,迫使印度向英国开放市场。与印度当地企业面临的重税相比,英国商品可以在没有关税或关税较低的情况下在印度销售,而在英国实施禁令和高关税等保护主义政策下,印度纺织品在英国的销售受到极大限制。英国的殖民经济政策使其垄断了印度的市场和原材料,使印度成为英国工厂的重要原料供应地,英国制成品的大型销售市场。

---

[1] Tirthankar Roy, *The Economic History of India 1857-1947*, Oxford University Press, 2006, p.289.
[2] Ibid., p.291.
[3] [美]斯塔夫里阿诺斯著,吴象婴等译:《全球通史:从史前到21世纪》(第7版修订版),北京大学出版社,2019年2月版,第577页.
[4] Angus Maddison, *Development Centre Studies The World Economy Historical Statistics*, OECD Publishing, 2003年版, p.261.
[5] Jeffrey G. Williamson, *David Clingingsmith: India's Deindustrialization in the 18th and 19th Centuries*, Harvard University, 2005, p.34.

二、独立后至20世纪90年代初期的经济社会发展

印度在独立之前经济基本处于停滞状态,畸形的国民经济结构,经济发展严重依附于外国资本和国际市场。独立时承接的是英国统治下破败、萧条的经济状况。印度刚独立时是个典型的农业国家,85%的人口生活在乡村,70%的劳动力人口从事农业生产,在粮食和工业原材料上没有实现自给自足。农业无法养活快速增长的人口,全国2/3的人口处于饥饿状态,每年有几百万人死于饥饿。劳动力中大部分是文盲和非技术劳动力,基础设施严重不足,工业基础薄弱、发展停滞不前。印度人均收入和生产力水平低,是世界上最贫穷的国家之一。同时印度在地区和族群间资源分配不平等,印度经济社会发展面临大规模贫困人口、教育和医疗水平低下、通货膨胀等问题的严峻挑战。

由于认识到殖民剥削是造成印度经济停滞和印度人民贫困的主要原因,因此独立后的印度在经济发展上尽量减少对西方资本主义的依赖,主张国家对经济发展的支配,尤其重视工业、重工业的发展,所以在这样的背景下,独立后的印度从一切现存制度(美国、苏联以及其他的)中吸取精华,形成了印度独特的发展道路——尼赫鲁称之的"第三条道路"。根据该道路,印度实行公营与私营并存的混合经济体制,但更强调公营部门在国民经济发展中的统治地位,同时,为了加强对国民经济的宏观管理,印度又运用了计划控制与市场调节相结合的机制,但更强调计划控制在国民经济管理中的作用;此外,为协调印度经济发展与世界经济的联系,印度又把自力更生与发展对外经贸联系结合起来,但更强调自力更生发展民族经济。[①]

为了实现"社会主义类型"的发展目标,1948年,印度政府开始出台工业政策,改变过去的经济自由放任主义。1950年3月,印度政府设立计划委员会(Planning Commission)。1951年,印度开始实施第一个五年计划(1951—1956),并紧接着实施第二个五年计划(1956—1961)和第三个五年计划(1961—1966),计划经济体制逐步建立。由于第二次印巴战争和1966—1967年连续两年的严重旱灾影响,1967年和1968年两年暂停了五

---

① 雷启淮主编:《当代印度》,四川人民出版社,2000年7月版,第79页。

第一章 崛起中的印度

年计划,1969年印度恢复实施第四个五年计划(1969—1974),第五个五年计划(1974—1979),由于执政党的改变只进行了四年时间,随着人民党上台执政,1978年开始实施第六个五年计划(1978—1983)。1980年国大党重新掌权,推行新的第六个五年计划(1980—1985)以及第七个五年计划(1985—1990),并在1990年3月底完成。从1947年独立到20世纪90年代,印度经济取得长足进步,但依然存在不少问题。

在农业生产方面,印度独立后,农业生产力获得较大发展,农业增长率得到较大提升,摆脱了农业长期停滞不前的局面,这主要是印度政府制定的促进农业发展的政策发挥了积极作用。一方面,政府进行土地改革,破除农业发展的制度瓶颈;另一方面,政府积极投资农业灌溉等基础设施,发展农业科技。随着农业新技术的不断应用和种植多种高产作物项目的实施,印度农业发展经历了从20世纪50年代依靠种植地域扩张到20世纪70年代和80年代依靠农业产量增加两个阶段,尤其是绿色革命取得较大成功,粮食生产的自给自足率得到提高。但与农业生产快速进步相矛盾的是,印度农村的贫穷程度却不断上升,成为20世纪80年代印度政策制定者的重大挑战。同时农业生产的地域不平衡问题依然突出。自绿色革命以来,旁遮普邦、哈里亚纳邦、北方邦、马哈拉施特拉邦、安得拉邦虽然与印度中东部各邦在粮食作物种植面积上占比基本相同,但这5个邦粮食增产占印度全国粮食产量增加的近70%多,而后者不到20%。粮食生产的集中化现象也反映在水稻和小麦的生产上,旁遮普邦、哈里亚纳邦和北方邦在20世纪70年代末和80年代初以占印度20%左右的粮食生产面积却生产了超过80%的水稻和小麦产量。[①]

推动工业化一直是印度经济发展的重要一环。独立后印度实行混合所有制基础上的计划经济体制,在计划经济体制下,要实现工业增长率的提高,印度的公营经济发挥了强有力的作用,当然私营经济也在不断发展。独立初期,印度工业产品主要是棉纺织品、黄麻制成品和矿产品。在第一个五年计划后,印度工业生产逐步加速。但从20世纪60年代中期开始,印度工业生产陷入了长达15年左右的停滞状态。在第六个五年计划期间(1980—

---

① J.N.Mongia,*India's Economic Development Strategies 1951-2000 A.D*,D.Reidel Publishing Company,1985,pp.60-62.

1985），印度工业生产才摆脱停滞实现了快速增长，工业结构开始多元化，包含一系列的消费品、中间品和资本品，工业的科技和管理水平也在同步提高。独立以来印度工业发展虽有一些曲折，但总体而言取得了较大进步，这得益于印度独立后政府出台的一系列工业政策。1956年，印度出台工业政策决议，成为政府推行工业国有化的指导性文件。1969年，印度政府颁布《垄断与限制性贸易行为法》，对垄断性和不公平的贸易行为实行限制。1980年之后，印度政府采取措施实行自由主义的工业政策，简化批准程序，1985年，印度政府加快了工业自由化的进程。

在发展对外贸易方面，印度实行以自给自足为主要特征的内向型发展战略，尽可能利用自己的劳动力、原材料和技术生产本国所需要的产品。为了实现这样的战略目标，印度长期依靠高关税来保护国内产业发展，减少进口需求，鼓励使用本国产品来满足国内市场需求，这也导致了印度缺乏具有国际竞争力的企业、产品和产业结构。印度对进出口实行严格的政策管理，对经济中的投资与资源分配实行控制，使其与印度的五年计划目标相一致。进口管理制度的目的是确保进口必需的消费品、原材料等满足国内生产和出口需求。20世纪50年代开始，进口替代政策成为印度对外贸易的主要政策选择。20世纪60年代，作为外汇的重要来源，印度开始转变对出口的认识并推出促进出口的政策。但由于世界各国发展战略和经济政策的差异以及世界贸易的快速发展，印度出口在世界市场的占比不断下降，从1950年的大约2%下降到1990年的不到0.5%。在国际收支领域，印度实行不以市场为导向的外汇管理制度，宏观经济工具基本不注重国际收支问题。但由于1979年的世界石油危机，1978-1979财年到1981-1982财年间，印度进口量出现翻番。同时由于世界市场的萎缩，在此期间出口陷入衰退。印度的贸易逆差急剧扩大，经常账户收支从1977-1978财年的顺差变为1981-1982财年的逆差。由此，从20世纪80年代起，有关国际收支的问题开始成为印度宏观经济管理的核心问题。从1982-1983财年到1984-1985财年，由于进口增长率的下降，印度国际收支问题得到缓解。但在1985—1990年间，印度经常账户逆差又上升到较高水平，成为印度经济中的结构性特征。[①]

[①] Uma Kapila, *Indian Economy Since Independence*, Academic Foundation, 1998, pp.598-601.

第一章　崛起中的印度

印度独立后就认识到人口问题的重要性,并从第一个五年计划开始推行计划生育政策,但效果有限,人口增速不断加快。1971—1981年是印度独立后人口增速最快的时期,每年的增长速度大约2.25%。[1]在交通领域,从第一个五年计划以来,除了沿海航运和内陆水运,印度的主要交通方式都取得长足发展,交通技术不断进步,交通方式日益现代化。在"一五计划"之后的30多年里,公路交通成就显著,公路通车里程增长约4倍,机动车数量增长超过10倍。铁路里程在1983—1984年增长到61460千米。[2]但总体来看,印度交通基础设施依然落后,利用效率低下,无论是人员运输和货物运输,还是对于城镇经济和农村经济发展,印度几乎所有的交通方式依然存在供给缺口。[3]

三、20世纪90年代改革以来的经济社会发展

印度独立以来实行的尼赫鲁发展模式借鉴社会主义经济管理方法,对许多行业进行国有化或国家管控。但由于管控过度,印度国内民族工业效率低下,在国际市场缺乏竞争力,国内经济缺乏活力。所以独立后的30多年里,印度的人均收入年增长率仅为1%左右,大量的贫困人口成为印度的一大难题。1985年以来的国际收支不平衡问题日益凸显,到1990年底,印度陷入严重的国际收支危机,外汇储备只够维持三周的进口,印度被迫以黄金作为抵押向国际货币基金组织贷款。而根据国际货币基金组织的条件,印度必须进行经济改革。东欧和苏联制度的剧变,使印度对经济计划模式的管理信心产生了动摇。此外,由于主要贸易伙伴苏联的解体及由于海湾战争带来的国际油价飙升,印度财政危机加深,面临违约的风险,在这样的背景下印度政府不得不对经济进行大刀阔斧的改革。

1991年国大党拉奥政府在印度实施的经济改革,涉及三个主要方面:

一是减少公共部门垄断,更多领域向私营部门开放,促进经济私有化;印度经济改革开启私有化浪潮,印度工业政策开始重大调整。国家垄断被

---

[1] J.N.Mongia, *India's Economic Development Strategies 1951-2000 A.D*, D.Reidel Publishing Company, 1985, p.22.
[2] Ibid., p.458.
[3] Ibid., p.491.

打破,国有企业和国家直接管理的产业领域的数量出现缩减,更多之前被公共部门控制的产业向私有部门开放,私有部门的影响力不断上升。

二是减少政府对经济的干预,取消许可证制度,削减财政赤字,改革税收和价格机制,促进银行的商业化,充分发挥市场机制的作用。印度从1996开始金融部门的自由化改革,对利率的政策限制开始解除,更多的非银行金融企业被允许进行活动。进入21世纪之后,印度已经向自由市场经济发展,国家对经济的控制大幅度减少,金融自由化程度也在逐渐提高。

三是减少对外资的限制,对外资开放更多的本国市场和产业,大幅降低进口关税。放松对进口的限制,允许自由进口原材料及资本货物。允许印度企业更自由地进入资本市场和国际市场融资,也允许外国企业购买印度公司的股份。进行汇率市场化改革,放弃使用固定汇率制,使卢比汇率根据货币市场的变化自由浮动。

1996年国大党政府下台后,无论是人民党联合政府的"最低共同纲领",还是"治国纲领"都阐明要加快经济改革开放,进一步鼓励外国投资。[①]2000年印度人民党政府推出"第二代经济改革",涵盖公营企业、农业、对外贸易、财政和金融等领域,尤其是前几届政府都未涉及的农业领域,允许农产品自由贸易,发展农产品期货贸易。进一步减少对经济的干预,包括逐步废除管制价格,减少对小型企业的保护等。深化财政金融体制的改革,进一步放宽对商品进出口和外资进入的限制,扩大对外开放。[②]2014年5月,纳伦德拉·莫迪当选新一届印度总理之后,他在全国范围内逐渐开始复制其成功的"古吉拉特邦模式"(古邦模式)。包括重视改善基础设施;简化投资审批手续、为大型工业项目的落户提供各种政策便利;推动政务电子化办公,减少官员腐败机会等。[③]对于困扰印度经济的三大顽疾,即税制、土地和劳工问题,亟须进行改革,但由于土地和劳工改革面临巨大的阻力,莫迪政府只好集中精力通过了阻力相对较小商品和服务税改革(GST税改),该项改

---

① 孙世海、葛维均主编:《列国志-印度》,社会科学文献出版社,2010年11月版,第221页。
② 文富德:《印度瓦杰帕伊政府加速经济改革》,《国际经济评论》,2001年第6期,第53—54页。
③ 刘小雪:《从印度经济增长瓶颈看莫迪改革的方向、挑战及应对》,《南亚研究》,2017年第4期。

第一章　崛起中的印度

革有利于在全国范围内统一税制、促进商品的自由流通。在莫迪开始第二任期后,面对不断下行的经济,印度政府采取多种应对措施,其中一个重要的举措就是降低国内企业所得税税率,印度国内企业所得税率由30%降至25%左右,对于2019年10月1日之后新成立的制造业企业,其初始所得税率将降至17%左右。[1]另外,历史性的商品服务税改革,进一步推动了印度经济一体化进程。但在土地和劳工的改革问题上,莫迪政府要想在其第二总理任期内实现突破,还需要克服不同的党派利益、阶层利益带来的政治阻力,这考验莫迪的政治智慧和不同利益群体之间的平衡能力。

印度从1991年以来的经济改革一直持续到现在,虽然在具体改革过程中也会受到既得利益集团在经济和政治上的干扰,改革进程时快时慢。但总体而言,改革与自由化已经在印度主要党派间达成基本共识,经济改革已经形成不可逆转之势,不断改革中的印度经济也取得较大发展。

在农业方面,随着印度经济的多样化发展,虽然农业对国内生产总值的贡献逐步下降,但农业仍然为印度提供了最多的就业机会,也是印度整体社会经济发展的重要组成部分。2016年,农业占印度国内生产总值的23%,占2016年全国劳动力就业总数的59%。[2]北方邦、旁遮普邦、哈里亚纳邦、中央邦、安得拉邦、特伦甘纳邦、比哈尔邦、西孟加拉邦、古吉拉特邦和马哈拉施特拉邦是印度农业增长的主要贡献者。印度地处热带,农业生产条件得天独厚。大部分都是平原,雨水充足、热量充足,不需要非常努力,就能从土地里获得大量的粮食产出,养活更多的人口,还可以出口粮食。[3]印度是世界主要的粮食作物生产国,许多农产品产量位居世界前列,如牛奶、豆类、黄麻、棉花、甘蔗、蔬菜和水果等。经济作物也成为印度出口创汇的重要来源,如谷物、香料、咖啡、茶、干果等。同时印度的内陆水资源和海洋资源为渔业部门的近600万人提供了就业机会。

工业发展尤其是制造业的发展对于印度这样一个人口大国来说,意义重大。不仅可以提供大量的就业机会,还可以促进服务业更加健康和持续

---

[1] 张亚东:《印度宣布降低企业所得税税率以刺激经济》,新华网,2019年9月20日,http://www.xinhuanet.com/world/2019-09/20/c_1125020596.htm。
[2] Benchmark Report 2017-India, World Travel Tourism Council, p.3.
[3] 中国国际贸易促进委员会驻印度代表处网站,http://www.ccpit.org/Contents/Channel_4301/2020/0609/1266865/content_1266865.htm。

性的发展。2014年莫迪政府就开始制定并实施"印度制造"系列政策,大力推进"印度制造"运动。系列政策通过改革税制,简化审批程序,增强外资在印度投资兴业的吸引力。各种政策措施的实施促进了印度汽车、电子产品制造、航空和航天等新兴产业的快速发展。2017-2018财年印度工业生产指数同比增长3.7%,其中电力行业增长5.1%,采矿业和制造业分别同比增长2.8%和3.8%。[①]

印度服务业保持较高的增长速度,自2001年以来年增长率超过9%。印度服务业是对印度GDP贡献占比最大的行业,2016-2017财年,印度服务业产值占GDP的比重为53.66%,超过同期工业占比的29.02%和农业占比的17.32%。[②]2017-2018财年,服务业占GDP的比重增加到55.2%,2019-2020财年,服务业占GDP的比重超过57%,成为印度创造就业、创汇和吸引外资的主要部门。根据印度国家统计局(CSO)统计,计算机及相关服务(其份额占GDP 3.3%)在2013-2014年度增长了14.4%。信息技术产业是印度最大的私营部门雇主,印度是世界第四大创业中心,2014—2015年有超过3100家技术初创企业。[③]目前,印度已经成为世界主要的信息技术出口国,出口在印度IT行业中居于主导地位,约占该行业总收入的79%,同时国内市场收入增长也强劲。印度还是全球发展最快的咨询市场之一,这主要归因于外国直接投资自由化,新进入印度市场主体和低成本采购所带来的投资活动增加。2014年,印度的外包和咨询业估计为864亿美元,占全球咨询业收入的近20%。[④]

[①] 印度国家概况,中华人民共和国外交部网站,https://www.fmprc.gov.cn/web/gjhdq_676201/gj_676203/yz_676205/1206_677220/1206x0_677222/。

[②] Sector-wise contribution of GDP of India, *Statistics Times*, http://www.statistics-times.com/economy/sectorwise-gdp-contribution-of-india.php.

[③] India 4th largest start-up hub in world: Eco survey, *Business Standard*, February 27, 2015, https://www.business-standard.com/article/pti-stories/india-4th-largest-start-up-hub-in-world-eco-survey-115022700394_1.html.

[④] India 4th largest start-up hub in world: Eco survey, *Business Standard*, February 27, 2015, https://www.business-standard.com/article/pti-stories/india-4th-largest-start-up-hub-in-world-eco-survey-115022700394_1.html.

第二节 印度崛起的具体表现

一、经济实现快速发展

在1991年实行以市场为导向的经济改革之后,印度经济实现了长期快速的增长,20多年来的平均增长速度达到6%,疫情暴发前五年的经济平均增长率高达6.9%[①]。按名义GDP计算,2022年印度超越英国成为世界第五大经济体,而按购买力平价(PPP)计算,2014年印度就已成为世界第三大经济体,仅次于中国和美国。近年来,随着中国更加注重经济发展质量以及经济结构转型调整,经济增速出现了一定程度的下滑,印度一度超过中国成为世界上增长最快的主要经济体。2018年,印度GDP增速为7.3%,总量达到2.72万亿美元。2019年印度国内生产总值达到约2.85万亿美元。虽然受国际和国内等因素,尤其是就业低迷、消费不振的影响,2019年印度GDP增速下降至5.3%。但被称为"金砖之父"的高盛资产管理公司前董事长、英国财政部前商务大臣吉姆·奥尼尔(Jim O'Neill)撰文对印度经济依然表示乐观,他认为印度将很快超过英国和法国,成为全球第五大经济体,目前这一预测已经成为现实。印度政府也非常看好未来的经济发展,莫迪总理在2019年8月表示,到2024年印度将成为一个经济总量达到5万亿美元的经济体;[②]印度财政部长也预测印度GDP总量在2030年或者2031年将达到10万亿美元,超越日本,成为全球第三大经济体。虽然受席卷全球的新冠肺炎疫情影响,2020年印度经济大幅萎缩,GDP增长-7.3%,创下独立以来的最低水平,但在2021年又实现了强劲复苏。

在印度经济迅速发展的过程中,印度的私营企业发展迅速,印度别具特色的软件与制药产业具有相当大的国际竞争力。同时印度在航天领域

[①] Economic Survey of India 2019-2020, https://www.indiabudget.gov.in/economicsurvey/.

[②] 赵旭:《印度总理说未来五年把印度打造成5万亿美元经济体》,新华网,2019年8月15日, http://m.xinhuanet.com/2019-08/15/c_1124881580.htm。

印度崛起与推进新型大国合作研究

投入大量资源,取得了长足发展。在最新的 2019 年美国《财富》杂志评选的世界财富 500 强企业排行榜中,印度入围 7 家,分别是信实工业公司(Reliance Industries)、印度石油公司(Indian Oil Corporation)、印度石油天然气公司(Oil & Natural Gas)、印度国家银行(State Bank of India)、印度塔塔汽车公司(Tata Motors)、巴拉特石油公司(Bharat Petroleum)、拉加什出口公司(Rajesh Exports)。① 这些企业充分代表了印度企业在国际上的实力和地位。其中信实工业公司是一家涉及能源、石化、纺织、自然资源、零售和电信业等领域的联合集团,是目前印度最大的实体。印度石油公司在整个能源价值链中提供产品和服务。印度石油天然气公司是一家跨国公司,总部位于北阿坎德邦的德拉敦。印度国家银行是一家国有的跨国金融机构,成立于 1806 年,当时名为加尔各答银行,该公司在 36 个以上的国家开展业务。印度塔塔汽车公司是一家跨国汽车设计和制造商,也是塔塔集团的一部分。巴拉特石油公司是一家政府控制的石油和天然气公司,总部位于马哈拉施特拉邦的孟买。拉加什出口公司是 1989 年在班加罗尔成立的黄金制造、出口和零售公司。

印度的软件产业在 20 世纪 90 年代保持了较高的增长率,每年以 46.5%—60.5% 的速度增长,而同期世界软件业的平均增长速度为 15%。在 2000 年以后,印度软件业的发展速度有所减缓,年增幅在 30% 左右,仍然高于世界同期软件业的增长速度。② 印度的信息技术产业由两大部分组成:IT 服务和业务流程外包(BPO)。信息技术产业对印度国内生产总值的贡献从 1998 年的 1.2% 增加到 2017 年的 7.7%。③ 印度已成为 IT 服务,业务流程外包服务和软件服务的主要出口国。印度信息技术产业 2017–2018 财年的总收入为 1670 亿美元,其中出口收入为 1260 亿美元。④ 在印度软件出口市场

---

① 财富中文网,http://www.fortunechina.com/fortune500/c/2019-07-22/content_339535.htm。

② 武小欣:《印度信息服务业发展》,国家信息中心官网,http://www.sic.gov.cn/News/459/3609.htm。

③ Information technology/business process management (IT-BPM) sector in India as a share of India's gross domestic product (GDP) from 2009 to 2017, Statista, https://www.statista.com/statistics/320776/contribution-of-indian-it-industry-to-india-s-gdp/.

④ IBEF, https://www.ibef.org/industry/indian-iT-and-iTeS-industry-analysis-presentation.

第一章　崛起中的印度

中,美国占据最大的出口份额。印度的软件业直接拥有员工400万人,间接雇用1300万人,开发和交付软件等各种解决方案。经过40多年的努力,印度软件业每年收入达1800亿美元,预计到2025年达到3500亿美元。印度在全球软件开发中,在嵌入软件设计、底层流程、工程和技术等领域,取得了令人瞩目的业绩。[1]印度目前已经成为软件超级大国。印度制药产业发达并成为世界上主要的药品制造商。在印度制药业销售市场中,国内市场与出口市场几乎平分份额,在出口市场上,印度仿制药占有重要地位。全球仿制药市场规模巨大,2018年为3664亿美元,预计2019年将达到4099亿美元。而印度仿制药的发展水平居世界第一,被称为"世界药房"。据报道,2018年印度生产了全球20%以上的仿制药,大约有730亿美元的市场份额,出口到200多个国家和地区,其中生物制品和疫苗出口到150多个国家,印度仿制药60%以上出口到欧美日等国家,美国市场近40%的仿制药源自印度。[2]2017-2018财年,印度制药业出口11291.5亿卢比(约为157.74亿美元)。[3]在全球仿制药前十的企业中,印度占四席,分别为太阳制药、鲁宾制药、西普拉、雷迪博士,美国、以色列、日本、德国、英国和法国分别为一家。[4]

同时印度独立后注重航天科技的发展,并取得很大进展。1962年成立印度国家空间研究委员会(Indian National Committee for Space Research,INCOSPAR),1969年在此基础上成立印度空间研究组织(Indian Space Research Organisation, ISRO),总部位于班加罗尔,隶属于印度航天部。1975年,印度的第一颗人造卫星"阿耶波多"(Aryabhata)由苏联发射升空。1980年,印度自行研制的SLV-3运载火箭成功将"罗西尼"(Rohini)卫星送达预定轨道,这使印度成为世界上第七个能独立发射卫星的国家。目前印度拥有极地卫星运载火箭(Polar Satellite Launch Vehicle, PSLV)和地球同步卫星运载火箭(Geosynchronous Satellite Launch Vehicle, GSLV),可

---

[1] 《印度是软件业首屈一指》,中国国际贸易促进委员会驻印度代表处网站,http://www.ccpit.org/Contents/Channel_4299/2020/0104/1234014/content_1234014.htm。
[2] 《印度已成为全球仿制药大国》,中国国际贸易促进委员会驻印度代表处网站,http://www.ccpit.org/Contents/Channel_4299/2019/1224/1231385/content_1231385.htm。
[3] Annual Report 2017-18, Department of Pharmaceuticals, Government of India, p.7.
[4] 《印度占全球仿制药前十企业的四席》,中国国际贸易促进委员会驻印度代表处网站, http://www.ccpit.org/Contents/Channel_4299/2019/1224/1231386/content_1231386.htm。

以满足不同卫星发射需求。2017年,印度通过PSLV-C37型火箭成功发射一箭104星,成为人类单次发射卫星数量最多的一次。印度积极发展卫星导航系统,如印度区域导航卫星系统(Indian Regional Navigation Satellite System, IRNSS)和GPS辅助型静地轨道增强导航系统(GPS-aided GEO augmented navigation, GAGAN)。此外印度涉足对月球和火星的探测,2008年印度通过PSLV-C11型运载火箭发射了第一颗月球探测器"月船1号"(Chandrayaan-1),2013年11月,印度通过PSLV-XL C25型运载火箭成功发射了第一颗"火星轨道器任务"(Mars Orbiter Mission, MOM)探测器或称"曼加里安"(Mangalyaan)火星轨道探测器,并于2014年9月进入火星轨道,成为世界上第一个首次尝试探测火星便获成功的国家,也是继美国、俄罗斯、欧盟之后第四个,亚洲第一个成功进行火星探测的国家。[1]此外,印度也积极开展航天领域的国际合作,对南亚国家提供相关技术援助和为世界多国提供卫星发射服务。

二、政治稳定

印度独立后的政治制度承袭于英国的代议制政治。虽然这种代议制与印度传统社会结构的矛盾不断,但这种政治制度起到了政治、社会稳定和维持资本主义经济发展的作用,在发展中国家频繁发生的军事政变甚至血腥冲突,在印度却很少见到。简而言之,印度的代议制民主政治发展和运作相对成功,[2]对于印度经济的发展起到了促进作用。

印度在中央和地方建立了一套相对稳定的政治制度。中央政府以总统的名义行使其广泛的行政权力,总统为国家元首和武装部队的统帅,由议会两院及各邦议会当选议员组成选举团选出,任期5年,依照以总理为首的部长会议的建议行使职权。如果现任总统去世或辞职,副总统将担任总统职务。印度真正的国家行政权力集中在以总理为首的部长会议。作为最高行政机关和权力广泛的执行机构,部长会议由总理、内阁部长和国务部长等组

---

[1] Department of Space, Indian Space Research Organisation, https://www.dos.gov.in/.

[2] LI Yun-xia, WANG Hong-yan, India's Political System and Political Stability, *Journal of Shijiazhuang University*, 2007-05.

第一章　崛起中的印度

成,集体对人民院负责。总理由总统任命的人民院多数党议会党团领袖,或数党联合组阁的多数党议会党团领袖担任,下属部长也由总统根据总理的建议任命。总统在任命总理的问题上没有自由裁量权,除非没有政党或政党联盟在议会中获得多数席位。地方邦议会议员通常任期5年,邦议会的多数党推举该邦的首席部长,掌握该邦实际行政权。

印度实行多党制,印度政治的政党轮替基本实现了权力的顺利交接。自独立以来的大部分时间里,印度国大党一直是联邦政府的执政党。印度两个最大的政党是印度国大党和印度人民党。虽然印度有许多地方性政党,但印度国大党和印度人民党基本垄断了印度的政治,是印度最大的两个全国性政党,无论在中央还是在地方的政治版图中,都有强大的影响力,并实现在中央和多个地方邦执政。从1950年到1990年,除了两个短暂的时期,国大党享有议会的多数席位,并选出国大党籍的印度总理。1977年至1980年,由于公众对当时的总理英迪拉·甘地的腐败等问题不满,人民党赢得大选,国大党第一次失去中央执政权。1989年,人民联盟(国民阵线)赢得了选举但只短暂执政。由于1991年的选举没有政党获得议会席位多数,因此国大党成立了一个少数派政府并完成其5年任期。1996年至1998年是联邦政府的动荡时期,其中印度人民党在1996年短暂组建了一个13天的政府,随后联合阵线分别由德韦·高达在1996年6月至1997年4月,古杰拉尔1997年4月至1998年3月组建政府。1998年至2004年,印度人民党为首的全国民主联盟上台执政,瓦杰帕伊任总理。2004年至2014年,国大党领导的团结进步联盟执政,曼莫汉·辛格任总理。

2014年5月,人民党在印度议会下院的选举中取得压倒性胜利,30年来首次单独成为议会多数党,也是1996年以来单一政党赢得的最大胜利,与此同时,人民党执政的邦数量开始不断增多。人民党籍的纳伦德拉·莫迪出任印度联邦政府总理,成为1984年以来印度的首个多数党政府。2017年联邦院改选,人民党及其领导的全国民主联盟的席位增加,莫迪政府的权力进一步巩固和加强。稳定的政治形势有利于政府关键政策的实施,并带来较好的经济增长预期。2016年4月,莫迪访问沙特阿拉伯,他在对当地印度侨民的演讲中谈到,印度经济增长的原因是政治稳定,随着30多年来多数党政府开始掌权,印度正在迅速发展。①莫迪政府所采取的国内重大举措如废除印度计划委员会,建造经济适用房,实施商品和服务税(GST)税制改革,发布"废钞令",打造"数字印度""印度制度"和"智慧城市"等,在政治稳定的前提下,这些重大改革措施得以不断推进。2019年5月,莫迪领导的全国民主联盟赢得印度第17届人民院选举,莫迪再次当选为总理。

三、军事实力大幅提高

为主要应对来自巴基斯坦的核威胁,自1998年印度不顾国际社会压力进行核试验以来,印度一直宣称是核武器的拥有国。虽然拥有的确切数字不详,但却保有适度规模的核武库,估计数量可能在100枚左右。随着印度"三位一体"核打击力量的形成与发展,对外保持的核威慑力不断增强。关于印度的核战略,2003年1月,印度内阁安全委员会发布了印度核政策的简短摘要,关键原则包括"建立和维持可靠的最低限度核威慑""平民政治控制""不首先使用""仅对印度领土或印度部队的核、生物或化学攻击进行报复""对第一次打击的报复将是大规模的,旨在造成不可接受的损害"等。②

常规力量方面,印度不断发展的经济为其军事现代化建设提供了较为充足的物质基础。印度是世界武器市场的头号买家,并不断提高国产化武器的比例与水平,相关配套军事设施不断增加与完善。"全球火力"(Global Firepower)网站根据火力指数(Firepower Index)发布的2020年全球军事实力排名,印度在136个国家中排名第四,仅次于美国、俄罗斯与中国。从主要的军事指标分析印度常规军事实力,印度陆、海、空三军现役兵力为144.4万,其中陆军123.7万,海军6.7万,空军14万。另有50多万预备役军人和100多万准军事部队。③空军方面,印度战斗机538架,攻击机172架,

---

① Political stability behind India's development strides: PM Narendra Modi, *The Economic Times*, April 3, 2016, https://economictimes.indiatimes.com/news/politics-and-nation/political-stability-behind-indias-development-strides-pm-narendra-modi-articleshow/51665343.cms.

② Dhruva Jaishankar,"Decoding India's Nuclear Status," *The Wire*,April 3,2017, https://thewire.in/diplomacy/decoding-india-nuclear-status.

③ 印度国家概况,中国外交部网站,https://www.mfa.gov.cn/web/gjhdq_676201/gj_676203/yz_676205/1206_677220/1206x0_677222/。

第一章　崛起中的印度

运输机 250 架,教练机 359 架,直升机 722 架(包含 23 架攻击直升机);陆军方面,印度坦克 4292 辆,装甲战车 8686 辆,自行火炮 235 辆,牵引火炮 4060 辆,多管火箭炮发射装置 266 辆;海军方面,航母 1 艘(在建 1 艘),驱逐舰 10 艘,护卫舰 13 艘,小型护卫舰 19 艘,潜艇 16 艘,巡逻艇 139 艘以及 3 艘布雷舰。[1]同时印度积极发展各种型号的巡航导弹和弹道导弹,并可携带核弹头,如"布拉莫斯"型和"无畏"型巡航导弹,"大地"型、"丹努什"型、"普拉哈尔"型和"烈火"型弹道导弹以及一些潜射弹道导弹。[2]其中印度 2018 年 1 月 18 日最新试射的"烈火 -5"洲际导弹,射程达 5000 千米。2019 年 3 月 27 日,印度宣称试射反卫星导弹,成功进行了首次反卫星试验,成为世界上少数几个具备反卫星能力的国家。

国防工业是印度具有重要战略意义的行业。2019-2020 财年印度中央政府申请的国防预算高达 43101.1 亿卢比(约合 609.63 亿美元),较 2018-2019 财年增长 6.6%,较 2015-2016 财年增长 46.64%,再创历史新高;国防预算占国内生产总值的比例为 2.1%(略低于近年来的平均水平),占中央财政预算支出的比例为 15.5%(略低于近年来的平均水平)。[3]2011 年之前印度国防设备的生产完全掌握在印度政府手中。随着政府将国防工业中的外国直接投资限制比例从 26% 开放至 49%,来自外国的投资得到增加。随着外国直接投资上限的增加,印度私营公司寻找外国合作伙伴承担本国防务部门的军事合同。尽管拥有适当规模的国防工业,印度仍是世界最大的武器进口国,其大部分武器采购来自俄罗斯,与俄罗斯保持密切的军事技术合作。根据瑞典斯德哥尔摩国际和平研究所的报告,2009—2013 年,印度武器进口在世界的占比为 13%,2014—2018 年,印度武器进口在世界的占比为 9.5%,其中,俄罗斯在 2014—2018 年占印度武器进口的 58%。[4]美国和以色列也是与印度保持密切军事合作的重要国家,是除俄罗斯外武器进口的

---

[1] "全球火力"官网, https://www.globalfirepower.com/country-military-strength-detail.asp?country_id=india。

[2] Jonathan McLaughlin, "India's Expanding Missile Force," Wisconsin Project, December 10, 2018, https://www.wisconsinproject.org/indias-expanding-missile-force/.

[3] 《印度 2019-2020 财年国防预算解读》,腾讯网,2020 年 6 月 12 日,https://new.qq.com/omn/20190326/20190326A0920W.html?pc。

[4] Trends in international arms transfers 2018, SIPRI, March 2019, p.6, https://www.sipri.org/sites/default/files/2019-03/fs_1903_at_2018.pdf.

重要来源国。

四、大国外交"有声有色"

印度独立以来坚持不结盟的外交政策。20世纪50年代,印度领导的不结盟运动,成为在两极格局中重要的第三股力量,同时也是亚非会议的发起国之一,印度在发展中国家中具有较高声望。这个时期,印度在世界外交舞台上的活跃表现包括与中国共同倡导"和平共处五项原则",印度外交进入了一个辉煌期。

印度在南亚具有主导地位,1971年的第三次印巴战争以东巴基斯坦独立、巴基斯坦遭到肢解结束,印度在南亚的主要对手巴基斯坦遭到削弱,印度在南亚的"霸权"进一步巩固。20世纪90年代,印度调整南亚外交政策,推行"古杰拉尔主义"。2014年莫迪上台之后,开始实施"邻国优先"的外交政策,努力恢复与邻国的良性互动。但总体来看,印度依然把南亚周边的小国视为自身的势力范围,如马尔代夫、斯里兰卡、不丹、尼泊尔,阻挠域外国介入,并积极干预周边国家内政,并对喜马拉雅地区国家进行较为严格的控制。2015年9月,印度就以尼泊尔新宪法没有满足南部特莱平原地区马德西人的利益诉求为由对尼泊尔进行了长达4个多月的经济封锁,严重影响了尼泊尔的石油、生活物资和医药供应,两国关系也一度陷入低谷。印度和阿富汗在传统上保持了比较友好和紧密的双边关系,印度是20世纪80年代唯一承认有苏联支持背景的阿富汗政府的南亚国家。1996年,塔利班政权建立,印度与阿富汗关系陷入低谷。2001年阿富汗塔利班政权被推翻后,印度重新加强与阿富汗的联系,参与阿富汗重建进程,加大对阿援助,同时积极参与中亚地区事务,巩固其区域大国地位。

印度开展全方位的大国外交,在世界主要大国间采取"平衡外交"政策,为自身寻求最大的国家利益。中国和印度关系因为1962年边境战争而陷入冰点,随着1988年印度总理拉吉夫·甘地访华,两国关系逐渐改善。虽然两国还有领土争端的遗留问题,但两国关系总体趋于稳定。2005年,温家宝总理访问印度后,两国建立面向和平与繁荣的战略合作伙伴关系。冷战时期,印度与苏联保持了紧密的战略、经济与军事关系,所以经常使其与美国的关系相冲突。冷战后由于印度进行核试验受到美国制裁,两国关系陷

第一章 崛起中的印度

入低谷。2001年"9·11"事件后,出于美国全球反恐的需要,美印关系逐渐改善并建立战略伙伴关系。随着亚太地区力量对比的变化和美国亚太战略的调整,印度不断充实和加强与美国的战略伙伴关系。苏联解体后,印度继续保持与俄罗斯的紧密关系,自2000年以来就一直保持战略伙伴关系,注重与俄罗斯在军工、能源等领域的合作。

同时印度积极参与亚太地区事务,制订"向东看"战略,加入区域全面经济伙伴关系(RCEP)谈判,加强与日本、韩国、东南亚国家和澳大利亚的经济与战略合作关系。印度和欧盟定期召开峰会,并在2004年建立印度-欧盟战略伙伴关系,不断强化与欧盟的经贸联系。作为印度重要的能源来源地,印度积极发展与中东地区国家的关系,保障自身能源安全,并与中东国家进行基础建设等经济合作。印度外交也触及非洲和拉丁美洲地区,提升印度国际形象,扩大印度的国际影响力,寻求符合自身利益的国际合作。

莫迪政府上台以来,苏诗马·斯瓦拉吉出任印度外交部长,这也是印度历史上第二位女性外交部长,负责贯彻执行莫迪的外交路线。莫迪政府的外交政策主要表现在改善与南亚邻国的关系,拓展与东南亚国家的关系和维持与世界大国的稳定关系。在南亚方向,莫迪政府提出"邻国优先"政策,莫迪就任后的首访国家选择南亚小国——不丹,同时援助南亚邻国,排斥域外国家在南亚的存在,巩固印度在南亚的主导地位。莫迪政府提出"季风计划",加强环印度洋地区的战略合作,维护自身的战略利益。在美国提出"印太战略"的背景下,莫迪政府谋求印度在这一战略中的重要地位。在"东向政策"(Look East)的基础上,莫迪政府提出"东向行动"(Act East)战略,加强与东盟的经济与安全合作。在大国关系方面,莫迪通过访问中国、美国、俄罗斯、英国、法国、德国、日本等国家,寻求印度自身的大国战略平衡。重启美日印澳四方安全对话,举行印日澳三方会晤和中俄印外长会晤,建立美印"2+2"对话等,显示了印度对大国外交的重视。

莫迪政府还非常重视并加强对中东、非洲国家和地区的外交。莫迪在2015年8月访问阿联酋,2016年4月访问沙特,2016年5月访问伊朗,2016年6月访问卡塔尔并在2017年7月访问以色列,2018年2月访问巴勒斯坦,成为独立以来首位访问以色列和巴勒斯坦的印度总理。2015年3月,莫迪访问毛里求斯和塞舌尔,2016年7月,莫迪访问莫桑比克、南非、坦桑尼亚和肯尼亚,2018年7月,莫迪访问卢旺达、乌干达和南非,与非洲国家在贸易、基础设施等领域进行了较为广泛的合作。2015年10月，莫迪参加在新德里举行的第三届印度—非洲论坛峰会，宣布新的对非援助计划，提升印度在非洲的影响力。此外，莫迪政府提升印度在太平洋岛国地区的存在，在2014年11月访问斐济并与太平洋岛国领导人举行第一届印度—太平洋岛国论坛。

五、国际地位不断提高

1947年8月，印度摆脱英国殖民统治，成为主权独立的国家。在尼赫鲁时代，印度制定了"不结盟"的对外政策，1955年由印度、印尼、缅甸、巴基斯坦等5国发起，成功召开了万隆会议，随后几年，印度的不结盟政策得到很多亚非拉国家的积极响应，不结盟运动在众多不发达国家的支持下蓬勃发展起来，印度在发展中国家也获得了较高声望。20世纪80年代末90年代初，随着东欧剧变和苏联解体，两极世界政治格局不复存在，不结盟运动在全球政治格局中也销声匿迹。作为不结盟运动倡导者的印度，经济发展缓慢，外汇储备几近枯竭，失业率高企，通货膨胀严重，国际影响也大幅下降。形势在迫使印度调整经济政策、进行经济改革的同时，也重新评估其外交政策并调整其对外关系。苏联解体后，印度改善了与美国、加拿大、法国、日本和德国等国家的关系。1992年，印度与以色列建立了正式的外交关系。印度与西方国家关系的改善为其发展经济，融入世界市场，提升国际地位创造了外部条件。

从经济改革以来，印度经济实现了持续、快速的增长，综合国力不断提升，国际影响力日益增强，在全球事务中的话语权也不断提升。从南亚地区来看，印度是南盟和孟加拉湾多部门技术经济合作倡议组织（BIMSTEC）的重要成员。从世界范围来看，印度是若干国际组织的创始成员之一，如联合国、亚洲开发银行和20国集团。印度在东亚峰会、世界贸易组织、国际货币基金组织、世界银行和印度—巴西—南非对话论坛等其他国际平台中发挥重要的作用。印度参加了几次联合国维和行动，2007年它是联合国维和行动第二大部队派遣国。目前印度联合日本、德国、巴西组成"四国集团"正在寻求联合国安理会常任理事国席位并试图推动印地语成为联合国第七大官方语言。印度作为世界上有重要影响力的发展中国家，与中国、俄罗斯、

第一章 崛起中的印度

巴西、南非组成"金砖国家",从2009年开始每年参加"金砖国家"领导人定期会晤,并加入"金砖国家"开发银行。同时印度也是77国集团、亚洲基础设施投资银行和上海合作组织的成员。

印度不断发展的经济与军事实力,重要的战略位置,"充满雄心"的外交政策以及庞大的海外印侨等因素都有利于印度国际地位的提升。印度参加国际组织和多边对话机制,有利于发出自己的声音,在国际和地区事务中扮演重要角色。作为发展中国家的典型代表,印度推动南北对话,积极参加南南合作,进行对外援助和投资。印度积极推动包括世界贸易组织在内的国际金融体系的改革,在气候变化、消除贫困、妇女权利、发展、反恐等一系列全球问题上参与国际合作。印度作为国际大家庭中的重要一员,在推动世界格局多极化中也发挥了重要作用。

莫迪执政以来,印度政府更加重视国际多边外交,积极提升印度的国际地位。2014年9月,莫迪在第69届联合国大会一般性辩论上就改革和扩大联合国安理会、全球反恐、与巴基斯坦关系、应对气候变化、清洁能源使用等议题上提出自身的主张,强调其在解决全球事务中的重要作用。2017年6月,印度在上合组织阿斯塔纳峰会上正式成为该组织成员国,印度与地区国家在经济与安全话题的沟通与交流方面获得一个新的国际平台。莫迪参加了2018年6月上合组织青岛峰会,这是印度成为上合组织正式成员国后,第一次参加峰会。莫迪上任后参加了历年的"金砖国家"领导人峰会,并在2014年7月的"金砖国家"领导人第六次峰会上与其他成员国领导人决定正式建立"金砖国家"新开发银行。莫迪参加印度—东盟峰会、东亚峰会、香格里拉对话会等,大力推动和落实印度的"东向行动"政策。

在全球经济议题上,2018年1月,莫迪首次参加瑞士达沃斯世界经济论坛并发表演讲。莫迪上任后参加了历届G20峰会,提出印度的全球经济治理主张,并在2018年12月宣布印度将于2022年第一次主办G20峰会,彰显作为世界大国的责任。在气候变化议题上,2015年11月,莫迪首次提出建立"国际太阳能联盟"的倡议并与法国在巴黎举行的第21届联合国气候变化大会上发起,2018年3月联盟正式成立,总部设在印度古尔冈市。国际太阳能联盟成为首个印度发起的以条约为纽带的政府间国际组织,展现了印度在应对气候变化方面的作为。对于印度的国际地位,在2017年12月美国总统特朗普公布的国家安全战略报告中,美国将印度形容为全球领导性力量(leading global power)。①

六、软实力得到较大提升

　　印度是世界重要的文明发祥地,拥有丰富的文化资源,包括许多体现印度历史的博物馆和文化古迹。印度文化和人文风情成为印度软实力的重要来源。印度的宗教哲学、瑜伽、音乐、舞蹈、美食、电影、文学在世界各地,尤其在南亚地区大受欢迎。印度是多元宗教共存的社会,包括印度教、伊斯兰教、锡克教、耆那教、佛教等,其中佛教还是印度与东南亚和东亚之间交流的重要桥梁。多元的社会彰显了印度文化的吸引力,这也是印度软实力的重要体现。在印度总理莫迪的倡议下,2014年12月,联合国将每年的6月21日设立为国际瑜伽日。国际瑜伽日的设立反映了瑜伽在全世界的巨大知名度,成为彰显印度软实力的重要标志。印度侨民既是印度软实力的重要资源,也是印度软实力向外扩张的重要载体,他们通过开设印度餐馆,建立瑜伽馆等方式向世界各地展示和传播印度文化的魅力。

　　印度的电影产业规模不断壮大,孟买的宝莱坞已经成为印度电影通向世界的"名片",尤其在中东、非洲、中亚、南亚、东南亚和美国广为流行,其中电影中的歌舞元素充分体现出印度风格。印度电影产业拥有世界最大的电影产量,2017年年产量为1986部,而宝莱坞是其最大的电影制片人,2017年制作364部印地语电影,宝莱坞电影占据印度最大的票房收入。②宝莱坞在发挥印度全球影响力方面的作用与好莱坞在发挥美国全球影响力方面的作用相当,具有较广的海外市场。宝莱坞电影一直是印度的一种主要软实力形式,增加了印度在海外的影响力,并改变了海外对印度的看法,同时也充当印度外交中重要的"文化大使",发挥着不可替代的软实力作用。此外印度有较为发达的传媒业,媒体在印度的对外宣传与文化的传播中也发挥着重要作用。

　　教育也是印度软实力的重要组成部分,印度拥有较高的教育质量,并

---

　　① National Security Strategy of the United States of America, https://www.whitehouse.gov/wp-content/uploads/2017/12/NSS-Final-12-18-2017-0905-2.pdf.
　　② Indian Feature Films Certified During the Year 2017, Film Federation of India, http://www.filmfed.org/IFF2017.html.

第一章　崛起中的印度

培养社会需要的各种人才,尤其在高等教育方面具有较强的国际竞争力,吸引众多的海外留学生,其中印度理工学院(Indian institution of technology,IIT)和印度管理学院(Indian Institutes of Management,IIM)已成为世界一流教育的代名词。在美国许多行业中,接受过印度精英教育的移民占据重要的地位,也是印度软实力发挥作用的一支重要力量。

印度政府重视文化软实力在外交中的重要作用,并设立印度文化关系委员会(Indian Council for Cultural Relations,ICCR),该委员会是负责印度对外文化关系和对外文化交流的自治组织,总部位于新德里,在印度各地建立办事处。为了将印度的软实力投射到世界各国,印度文化关系委员会积极在一些国家的首都建立各种印度文化中心,如雅加达、莫斯科、柏林、开罗、伦敦、塔什干、约翰内斯堡、科伦坡等。[1]除了印度文化关系委员会,另外一个重要的文化机构是印度文化部,主要负责管理国内相关的文化事务,负责执行教科文组织的各项公约并与世界各国签订文化交流协定。根据印度文化部2017—2018年年报,印度文化部已与107个国家签署了文化协议,并与69个国家签署了有关文化交流项目的协议。[2]

关于印度的软实力,印度金德尔全球大学国际事务学院高级研究员辛格·曼尼(Tridivesh Singh Maini)认为印度的软实力可以分为三类:精神和文化遗产,如印度教和佛教;政治和道德遗产,如非暴力不合作理念;印度的电影业。同时他认为印度的对外援助和印度企业在世界各地的存在也是其软实力的重要体现。对于莫迪政府的软实力外交成果,他认为主要表现在积极向印度侨民提供援助,通过佛教与南亚、东南亚和东亚国家建立更紧密的关系,如莫迪参观斯里兰卡的摩诃菩提寺、日本的金阁寺和东寺、中国的大雁塔,通过苏非派与中亚建立联系以及推动国际瑜伽日的设立等方面。[3]

在莫迪政府时期,软实力资产和工具的使用在印度的外交政策中变得

---

[1] Indian Council For Cultural Relations 官网, http://www.iccr.gov.in/。
[2] Annual Report 2017-18, Ministry of Culture, Government of India, p.1, https://www.indiaculture.nic.in/sites/default/files/annual-reports/AnnualReportMOCEnglish_2017-2018_25.05.2018.pdf.
[3] Tridivesh Singh Maini, "Can Soft Power Facilitate India's Foreign Policy Goals?" The Hindu Centre, August 5,2016, https://www.thehinducentre.com/the-arena/current-issues/article8943319.ece.

越来越普遍,这与莫迪政府为实现更大战略目标而整合和规划印度各种软实力的努力相一致。莫迪政府进行文化外交并专注于佛教、瑜伽和印侨这三个软实力资产,主要是因为它们有利于实现其外交目标,提升国际形象,塑造其和平崛起的印象,改善印度与其他国家的关系,并帮助印度吸引外国投资、技术和游客以促进经济增长。①

第三节 印度崛起的效果评估

一、崛起的界定及指标分析

新兴国家或崛起国家是指国际社会逐渐承认一个国家或国家联盟的影响力,体现这些国家在全球事务中稳步增加的存在。这些国家拥有足够的资源和发展水平,追求在国际关系中具有更强大的地位或作用,无论是在区域还是在全球范围内,这些国家的目标往往有较大的实现可能性。在历史上,真正实现崛起并对近代世界历史进程产生重要影响的国家分别是葡萄牙、西班牙、荷兰、英国、法国、德国、日本、俄罗斯、美国。二战结束后,苏联的国际地位得到极大提升,美国和苏联在各个领域激烈竞争,在全球争夺霸权。随着时代的发展,经济因素在国际关系中的影响比重不断提高,20世纪50年代到60年代,拉丁美洲实施进口替代政策并在出口的拉动下实现了经济的快速发展。20世纪70年代,西方资本主义世界接连爆发"美元危机""石油危机"以及1973的经济危机,危机对西方经济造成巨大冲击,为了解决这些危机,重振经济,传统的工业强国美国、英国、德国、法国、日本、意大利和加拿大联合成立G7集团,同时东亚和东南亚的多个经济体如韩国、新加坡等在出口导向的发展模式下经济迅速崛起。进入21世纪以来,世界主要经济体构成的G20集团影响力逐步增强,在全球经济事务中掌握重要的话语

---

① Arijit Mazumdar, "India Soft Power Diplomavy under the Modi Administration: Buddhism, Diasporaand Yoga," *Asian Affairs*,Vol XLIX, No III,2018, p.486.

第一章 崛起中的印度

权。尽管当今世界的政治版图依然维持"一超多强"的格局,但由于经济的快速发展和在全球经济中的占比增加,世界新兴市场国家成为具有崛起潜力的新兴力量,中国、俄罗斯、印度、巴西、南非构成的"金砖国家"就是典型的代表。

历史上的世界性大国有不一样的崛起历程。依靠优越的地理位置和政府支持,葡萄牙和西班牙率先通过新航路的开辟和殖民掠夺在16世纪上半叶达到鼎盛,因财富的积累没有转换为发展工商业而衰落。荷兰建立了一整套的商业规则和金融制度,垄断了当时世界贸易的一半,成为17世纪的"海上马车夫"。通过1588年击败西班牙的"无敌舰队"、1688年"光荣革命"建立君主立宪的资本主义政治体制和18世纪后半叶的工业革命,秉持"重商主义"的英国在全球推行自由贸易,积极拓展海外殖民市场并击败法国,建立世界第一大殖民帝国,号称"日不落帝国"而称雄于19世纪。法国崛起历程坎坷,历史时刻主要体现在17世纪的路易十四时期和19世纪初期的拿破仑时期,二战后,法国在戴高乐的领导下实行独立自主的发展路线而恢复大国地位。

相对于葡萄牙、西班牙、荷兰、英国和法国的传统强权身份,德国、日本、俄罗斯和美国则属于后起强权。1871年在俾斯麦的领导下,普鲁士通过普丹战争、普奥战争和普法战争实现德国的统一,并充分利用第二次工业革命的机遇发展成为欧洲强国,但军国主义思想的蔓延使其成为第一次世界大战和第二次世界大战的策源地,二战之后的德国分裂为东德和西德,直到1990年以和平方式重新统一。1853年的"黑船事件"使处于闭关锁国状态的日本国门被迫开放,在外来危机加重的背景下,日本在1868年开始了以学习西方为主要内容的明治维新改革运动,迅速崛起后的日本开始积极对外扩张和侵略,二战战败后的日本在美国的扶持下经济迅速恢复并在1968年发展成为资本主义世界第二号经济大国。俄罗斯的崛起过程伴随着领土的扩张,在经历沙皇彼得一世改革、叶卡捷琳娜二世改革和亚历山大二世废除农奴制的改革后,俄罗斯不断崛起并开始现代化的转型。十月革命后,俄罗斯的历史步入苏联时期,随着两个五年计划的实施,1937年苏联一跃成为工业总产值欧洲第一位,世界第二位的工业强国。1776年建国的美国在经历1861年到1865年的南北战争,解决南北矛盾,废除奴隶制后,资本主义经济迅速发展,并引领第二次工业革命浪潮,1894年,美国成为世界第一大经济强国,二战成为美国新的历史转折点,战后在政治、经济、军事和科技等方面拥有绝对实力,成为世界上的超级大国。

通过对崛起国家的历史回顾,历史上的世界性大国存在不同的崛起模式,并分析出相应的崛起指标。国家崛起模式大致可分为七种,分别是重商主义模式、重农主义模式、国际贸易模式、殖民模式、军事扩张模式、社会变革模式、技术进步模式。而相对应影响国家崛起的因素也基本可概括为政治架构、制度保障、经济水平、国际环境、文明内涵、科学创新、军事实力。[1] 随着时代的发展,传统的大国崛起路径已经不符合时代潮流,"和平崛起"模式可能成为更多国家未来崛起的选择。国家崛起不是由单一的政治或经济因素所决定,而是多重因素共同作用的结果。对于崛起指标,最有标志性意义的是一个国家经济发展规模和水平,同时随着当代全球竞争的加剧,国家崛起是包含硬实力和软实力在内的综合国力的增强,这不仅包含政治、经济、军事等传统因素,也包括科技创新、社会治理水平、文化竞争力和国际影响力等方面。

二、印度相关的指标分析

对于印度的经济发展规模和水平,按市场汇率计算,印度现在是世界第五大经济体,印度国家统计局公布数据显示,印度经济规模从1991年的2665亿美元增长到2019年的2.85万亿美元,印度GDP占世界的比重从1991年的1.13%增长到2019年的3.29%。印度GDP增长维持很高增速,从2003年到2007年平均增长率为9%。由于全球金融危机爆发,2008年经济增长放缓,后又迅速回升。从2004年第二季度到2018年第三季度,印度GDP平均增长速度为7.6%,最低值为2009年第一季度的-0.14%,最高值为2010年第一季度的13.88%。印度现在处于中等收入水平,人均GDP从1991年的300美元增长到2019年的2100美元。印度出口规模从1991年的228亿美元增长到2018年的约3241.6亿美元,印度进口规模从1991年

---

[1] 张可云、邓仲良、蔡之兵:《国家崛起模式与当代中国国家战略》,《郑州大学学报(哲学社会科学版)》,2016年第5期,第50页。

第一章　崛起中的印度

的228亿美元增长到2019年的4838.6亿美元。[1]印度外汇储备在2020年3月28日为约4700亿美元。[2]印度外国直接投资(FDI)从1991年的0.7亿美元增长到2016年的444亿美元,占世界的比重从1991年的0.26%增长到2016年的1.83%。[3]

一些国内外研究机构的研究报告可以成为衡量和分析印度崛起指标的重要参考。对于印度的竞争和创新能力,世界经济论坛根据全球竞争力指数(Global Competitiveness Index)发布2018年《全球竞争力报告》,全球竞争力指数被定义为决定生产力水平的一系列制度、政策和因素,印度在140个经济体中得分62,位列第58位,比上年上升5个名次,其中机构排名第47位,基础设施排名第63位,信息和通信技术采用排名第117位,宏观经济稳定排名第49位,卫生健康排名第108位,教育和技能排名第96位,商品市场排名第110位,劳动力市场排名第75位,金融系统排名第35位,市场规模排名第3位,商业活力排名第58位,创新能力排名第31位。[4]瑞士洛桑国际管理学院发布的2019年《世界竞争力年报》,印度在63个经济体中排名第43位,比上年上升1个名次。[5]博鳌亚洲论坛发布的《亚洲竞争力2019年度报告》,印度的综合竞争力在37个亚洲主要经济体中排名第33位,比上年下降3个名次,其中印度商业行政效率排名第36位,基础设施状况排名第32位,整体经济活力排名第13位,社会发展水平排名第35位,人力资本与创新能力排名第32位。[6]

此外,2019年7月24日由世界知识产权组织(WIPO)、欧洲工商管理学院(INSEAD)和美国康奈尔大学共同牵头的2019年《全球创新指数(Global

---

[1] 中国国际贸易促进委员会驻印度代表处网站, http://www.ccpit.org/Contents/Channel_4299/2020/0415/1254007/content_1254007.htm。
[2] 中华人民共和国驻印度共和国大使馆经济商务处网站, http://in.mofcom.gov.cn/article/jmxw/202003/20200302950223.shtml。
[3] 数据来源于网站: https://www.theglobaleconomy.com/。
[4] The Global Competitiveness Report 2018, p.281, http://www3.weforum.org/docs/GCR2018/05FullReport/TheGlobalCompetitivenessReport2018.pdf.
[5] IMD World Competitiveness Rankings 2019, file:///F:/world_competitiveness_center_brochure.pdf.
[6] 《博鳌亚洲论坛亚洲竞争力2019年度报告》, 第30页, http://www.boaoforum.org/yzjzl/44413.jhtml。

印度崛起与推进新型大国合作研究

Innovation Index）》在印度首都新德里发布，印度位列第52位，比上年的第57位上升5位，为南亚各国中最高。① 美国第三大新闻杂志《美国新闻与世界报道》、美国扬罗必凯公司（Y&R BAV Group）和美国宾州大学沃顿商学院联合发布的《2019全球最佳国家（Best Countries 2019）》，印度在80个国家中总体位居第27位，比上年下降2个名次，其中评分类别、评分所占比重及印度排名分别为冒险指数（Adventure 2.00%）排名第45位，国民待遇（Citizenship 15.88%）排名第55位，文化影响（Cultural Influence 12.96%）排名第30位，企业家精神（Entrepreneurship 17.87%）排名第29位，文化底蕴（Heritage 1.13%）排名第6位，行动力（Movers 14.36%）排名第4位，商业开放度（Open for Business 11.08%）排名第27位，实力（Power 7.95%）排名第17位，生活质量（Quality of Life 16.77%）排名第34位。②

对于印度的科技创新，世界知识产权组织发布的数据显示，印度在2018年向世界知识产权组织提交了2013项国际专利申请，在各国中增长率达全球最高，为27%。③ 对于印度的社会治理水平，美国波士顿咨询公司（BCG）所发布的《2018年可持续经济发展评估》，印度在152个国家中，在"治理"这项指标中排名第76位。④ 对于印度的文化竞争力，美国南加州大学公共外交中心和英国波特兰公关公司（Portland）联合发布的《2018全球软实力30强》，印度入围亚洲软实力10强，排名第8，报告认为印度软实力在与亚洲其他国家和地区的比较中，表现最佳的是印度的数字化外交，如印度外交部等政府部门使用脸书（FaceBook）来吸引人群，利用数字化外交工具将是印度现有的客观资产转化为软实力的重要步骤。⑤ 对于印度的国际影响力，华东政法大学2019年发布的《全球治理指数报告2019》，该报告由"机

---

① 《全球创新指数2019：中国排名再创新高》，新华网，2020年6月11日，http://www.xinhuanet.com/2019-07/24/c_1124795004.htm。

② Best Countries 2019, https://media.beam.usnews.com/55/57/eb2338c7493eadf38e29db4b8dca/190116-best-countries-overall-rankings-2019.pdf.

③ 中国国际贸易促进委员会驻印度代表处，http://www.ccpit.org/Contents/Channel_4299/2020/0116/1236655/content_1236655.htm。

④ The 2018 Sustainable Economic Development Assessment, https://www.bcg.com/publications/interactives/seda-2018-guide.aspx.

⑤ The Soft Power 30 Report 2018, p.90, https://softpower30.com/wp-content/uploads/2018/07/The-Soft-Power-30-Report-2018.pdf.

制""绩效""决策""责任"四个部分及各项具体指标构成,旨在通过对全球数据的采集与测评,客观衡量和反映世界189个国家对全球治理的参与和贡献度。其中印度综合排名第9位,相较上年提升一位。[①]

---

① 《全球治理指数2019报告》在上海发布,中国网,2020年6月11日,http://news.china.com.cn/txt/201911/18/content_75420503.htm。

第二章
印度崛起的条件

第一节　印度大国抱负下的崛起战略

一、印度的大国抱负

印度的大国情结根植于印度国民心中,成为世界一流大国始终是印度对外战略的主要目标。尼赫鲁曾表示,"以印度目前的地位,不能在世界上扮演二流角色。要么做一个有声有色的大国,要么就销声匿迹。中间地位不能吸引印度。印度也不相信任何中间地位是可能的",这实际上是印度从政治精英到普通民众的大国思想的深刻反映,尼赫鲁的"印度必须成为仅次于美苏中的世界第四大国"观点也为广大印度民众所理解和接受[①]。

自独立以来,印度就在南亚范围内取得了大国地位,而孟加拉国的独立更是加大了印度相对其他南亚国家的相对实力差距。但大国地位并非自封的,需要得到其他大国的承认,印度显然不能仅仅依靠在南亚的势力范围和影响力来取得世界上其他大国的认可,还必须重视其在亚太乃至整个世界中的地位和作用。[②]强化自身实力以赶上大国的梯队就是一个最直接的获得大国认可的方法,而不断提升军事实力便是印度实现大国抱负并寻求认可的重要体现。其中最重要的就是发展核武器,1988年印度总理瓦杰帕伊在上台后便指示有关部门在三天内进行了五次核试验。多次核试验除了有对内稳固政权、对外震慑之意,也展示出印度希望谋求成为核大国来获取其他国家承认其大国地位的愿景。其次是提升常规军事实力,瓦杰帕伊政府

---

① 赵干城:《印度的大国外交:现实与梦想》,《新华月报(天下)》,2006年第3期。
② 唐纳德·柏林、张宏飞:《印度大国策略》,《国际展望》,2007年第8期。

印度崛起与推进新型大国合作研究

连年提高军费开支,提升印度的军备力量,通过向其他国家购买武器装备迅速成为世界级军事大国,虽然印度军队因此又被称为"万国牌"军队,但是这种大规模的军购的确是强化了印度的武装水平与战斗力。除此之外,在直接提升了实力以后,印度积极开展大国外交,改善与邻国的关系,来为印度大国发展奠定基础。自此开始,虽然印度历届政府的对外关系与外交手段有所调整、对大国抱负的认知理念存在差别,但寻求成为世界大国的理想和信念却从未动摇。

莫迪上任以来,"印度这个慢吞吞的南亚最大经济体似乎在一夜之间变得活力四射"[1],原因在于其高民望与强硬作风迅速提升了印度国内的发展信心,民众对未来前景充满乐观情绪,这进而影响到印度的国家形象。实际上,莫迪政府也明显比国大党时期显现出更加主动和强势的内政和外交姿态。在内政方面,莫迪采取了一系列有效的改革举措,包括废钞、坚决推进税改等。在外交方面,外交风格不但继承了历届政府的大国梦想,而且在外交政策实施中更为果断有力。莫迪政府除了主推"邻国优先"政策巩固其在南亚的势力范围外,在大国外交方面表现出极大的主动,围绕"有声有色的世界大国"目标而展开大国外交实践,取得显著成果[2]。2015年2月7日,莫迪在印度总理府发表讲话,他认为当前的国际环境对于印度来说是一个千载难逢的好机会,"世界正在接纳并拥抱印度,印度也将勇于前行",莫迪呼吁大家帮助印度成为全球领导大国,而不仅仅是世界大国间的制衡力量。他敦促外交官们尽快摆脱旧观念,迅速适应印度不断变化的国际地位。

莫迪非常重视与世界大国的战略合作,借助世界大国来实现其大国梦想。印美关系是莫迪大国外交的重点,印度对美国的外交政策主要有三个方面:首先,印度通过"拥抱美国"而赢得美国对其大国地位的认可。其次,大国平衡外交帮助印度从美俄等大国收获了诸多利益,包括资金和技术。最后,大国间平衡外交增加了印度对华外交中讨价还价的筹码。莫迪上台后印美战略关系继续深化。特别是在2015年《防务合作框架协议》和2016年《后勤交流备忘录协定》签订后,两国防务领域合作得以强化。印度加强

---

[1] 叶海林:《"强势政府"心态下的印度对华政策》,《印度洋经济体研究》,2015年第3期。

[2] 同上。

第二章 印度崛起的条件

与美国的联系有助于其实现大国抱负,有助于为印度提升国际影响力。

独立后大国目标始终是印度历届政府的宣传口号,强势的外交风格也体现在每一届印度领导人的执政之中。这种强势外交的风格体现了印度追求世界大国地位的心理,这也是被相对有利的国际环境所允许的。[①]这种有利环境可以分为两个部分来看:一是世界主要大国的包容与扶持,包括西方发达国家和苏联,原因自然来源于相似的制度及在亚洲牵制中国的需要;二是中国20世纪八九十年代提出的韬光养晦政策,可能会让印度错误地认为,面对印度的扩张,中国会更多地倾向于保持最大限度的克制。这使得印度在实行强势外交时更多考虑的是能否对实力进行最有效率的运用。但是近年来,印度在这种相对有利的环境中而实施的外交政策的效果随着中国外交趋于主动被减弱了,印度要继续崛起要么就学习中国的韬光养晦,要么就比过去更加强硬。两党竞争和民族主义情绪下产生的印度政府很难做出韬光养晦的决定,也就不难理解为何莫迪会成为数十年来印度总理中最强势的一位。

因此,在印度政府看来,为了创造良好的国际环境,印度必须主动经营好与主要大国的关系。要想跻身大国行列,就必须立足南亚,走向世界。为此,印度需要深化"印美首要合作伙伴关系",稳定"印俄特殊战略伙伴关系",建立"印日特别全球战略伙伴关系",强化与德国、法国等欧洲国家的合作。[②]印度积极倡议推行大国平衡外交的举措,符合印度的外交理念与大国梦想。而要实现大国梦想,就需要加强大国外交,所以大国主义在印度的外交战略与对外关系发展之中贯穿始终。

二、"跳出南亚"的战略理念

印度在南亚的地缘优势与主导地位决定了印度不会满足于将自身收缩在南亚这一地区层面。印度的国土面积、人口数量、经济实力和科技水平等

---

① 叶海林:《"强势政府"心态下的印度对华政策》,《印度洋经济体研究》,2015年第3期。

② Blarel, Nicolas, "India: The Next Superpower? India's Soft Power: From Potential to Reality?" *Lse Ideals London School of Ecnomics & Political Science* (2012).

印度崛起与推进新型大国合作研究

在区域内都处于绝对优势地位,加之陆地位置相对独立,扼守印度洋海上通道,使得印度在由南亚扩张至全世界的同时,不仅不必担心受到域内其他国家的同类竞争,而且还能建立域内主导优势。从某种意义上来说,印度的发展特别是经济增长本身就不以南亚为依托,南亚其他国家的市场规模甚至不及印度国内市场,这对作为主导国的印度来说,南亚共同市场的吸引力就大打折扣了,因为与其以区域主导国的权威去整合一个规模还不及国内市场的南亚市场,不如直接同其他经济体展开贸易合作,印度在南亚需要的仅是一个稳定的区域秩序,确保自身的绝对优势地位得以维持而已。具体来说,印度在区域内所做的维持主导地位的方式可以分成两个部分:在印度影响力强的国家如尼泊尔和斯里兰卡,往往采取强力手段体现霸权,排斥中国影响力;在影响力不足的国家如缅甸和孟加拉国,则通过多边、双边合作同中国进行竞争,避免其完全倒向中国;在巴基斯坦,以象征性的和解和适度的威慑来保证自身的安全和霸权不会受到挑战。从这种绝对优势的要求下而采取的发展战略推广来看,"印度的大国逻辑是南亚大国、亚太大国和世界大国,奉行控制、影响和展现的策略。"[①]

经济发展是印度大国崛起的重要支撑,也是莫迪政府实施大国战略的内在动力。为促进经济发展,莫迪政府对国内经济环境进行强有力的改革并取得显著成效。[②]莫迪认为,政府的任务是致力于建立一个繁荣的印度,经济发展有助于印度的崛起。通俗来说,这表明印度本届政府将自身定位在为经济发展"保驾护航"、乘经济发展的"巨轮"步入世界强国之路的角色,实际上这也符合印度的实际需要。一方面国内产业结构调整要求印度只能不断扩大其经济发展诉求,包括进一步扩大市场规模、进一步提高开放水平、进一步优化产业结构,要达成这一目标,印度政府不仅需要继续简政放权、提高效率,还需要在关键领域发挥统领作用,确保产业结构调整按照具体规划稳步推进,这就需要经济发展来为印度政府站台,向选民展现出本届政府的治理能力能够保证印度的稳定和繁荣;另一方面,贫富差距持续扩大和基础设施建设不足的现实问题同样需要发展经济来解决,这要求大量的

[①] 叶海林:《印度南亚政策及对中国推进"一带一路"的影响》,《印度洋经济体研究》,2016年第2期。

[②] 李莉:《印度大国崛起战略新动向》,《现代国际关系》,2017年第12期。

第二章　印度崛起的条件

资金投入到收入再分配和基建建设之中,由于逐渐膨胀效应会不断推高公共产品的成本,而只有经济增长了才能确保印度政府负担得起公共产品的维护成本。

总的来说,印度崛起的政策核心在于"跳出南亚",走向世界。以经济发展为实力增长提供动力,一方面以充足的财力来不断改良国民生活质量,确保国内社会秩序稳定;另一方面以国内稳定来巩固区域内主导地位,确保有足够的财力用于维持南亚其他国家认可并服从印度的主导地位安排。以国内稳定和区域稳定为基础,重点向亚太发力,进而在全球范围内提升大国地位,印度已经做到了第一步,并正在向第二步即走向亚太发力。

三、莫迪治下印度崛起的外交实践

冷战期间,印度的外交实践表面上奉行不结盟政策,以不结盟运动发言人的身份向美苏两大阵营表达诉求,但实际上则是在美苏之间左右逢源,以被拉拢者的身份向美苏谋取自身利益最大化。在莫迪执政后,印度政府实行了更为现实主义的外交,充分调动内外各种资源,促进"印度崛起"。[①]如前所述,印度的总体战略目标在于控制南亚、主宰印度洋,进而跳出南亚、成为世界大国。在成为南亚地区的霸主后,印度也将目光投向印度洋,并希望印度洋成为"印度之洋"。[②]莫迪执政以来,印度大力发展海空军事力量、兴建海军设施、购买和研制先进武器、发展航母舰队和核潜艇以增强远洋作战能力,加强对印度洋岛屿和航线的控制。同时印度还积极发展与印度洋沿岸国家的关系,致力于建设环印度洋经济圈,进一步强化对印度洋的控制。

从具体实践上来看,重点在于打造印度版"互联互通"。莫迪政府上台后在陆上和海上都提出了一系列措施以实现与邻国互联互通,在巩固已有联系的同时加快提升印度在国际社会中的存在感和话语权。强调外交为经济和对外贸易服务,注重经贸与科技发展的协调与合作,注重吸收外国资金和技术,以推动印度的发展与崛起。其战略倡议上推出一系列诸如"季风计

[①] Coates, Breenae, "Modern India's Strategic Advantage to the Uniteds States: Her Twin Strengths in Himsa and Ahimsa," *Comparative Strategy* 27.2(2008):133—147.

[②] 张力:《印度战略崛起与中印关系:问题、趋势与应对》,《南亚研究季刊》,2010年第1期。

印度崛起与推进新型大国合作研究

划""香料之路"等发展项目,涉及约40个印度洋国家,并将这些倡议以国家间合作的方式付诸实施。域内国家方面,通过强调区域合作组织的作用,呼吁建设互惠互利伙伴关系,以一体化为主题开展经贸合作框架建设,包括积极推进环印度洋地区合作联盟,举办"环印联盟蓝色经济对话"和"环印联盟蓝色经济部长级会议",开展印度—马尔代夫—斯里兰卡—塞舌尔—毛里求斯"蓝色经济"合作;利用南亚区域合作联盟(SAARC)峰会,引领南亚互联互通,支持南亚铁路、公路、港口等建设,通过相关会议加强交通互联;提出建设南亚联合电网,维护南亚能源安全;加强口岸建设,促进边境贸易发展;支持开通加尔各答—达卡—阿加尔塔拉长途大巴客运路线,支持建设连接中亚的交通走廊,支持开通孟加拉国达卡到印度东北部的其他交通路线,支持建设连接印度、孟加拉国、尼泊尔和不丹的"印孟尼不"(BBIN)走廊并签署汽车协议(BBINMVA)。

在域外国家方面则主要是围绕经济外交构建安全合作,具体来说仍然推行全方位大国外交战略,高度重视中印关系,优先发展与美国关系,巩固印俄传统关系,推进与欧、日等主要发达国家的关系。[①]继续推行"东向行动"政策和印太外交,深化与东盟的地区秩序构建的合作及经济设施建设合作,强调东盟在这一合作中的领导作用,同时积极向美国和日本释放政治合作信号,如与日本共同打造"印日自由走廊"、与美国等打造"美日印澳联盟"等区域政治经济安全合作组织。对于中亚、西亚国家则聚焦于能源安全合作,逐步加深同海湾、中亚等能源出口国的交往与合作,与日本、伊朗共同开发伊朗恰巴哈尔港并打通其连接阿富汗和中亚的通道,与伊朗等国建设横跨阿曼海和阿拉伯海的天然气管道,建设土库曼斯坦途径阿富汗和巴基斯坦至印度的天然气管道(TAPI)等能源互通设施建设。

可以看出,当前印度为其崛起的战略实施是围绕经济发展所开展的多层次、多方位合作,其外交战略以南亚地区为先,从"互联互通"出发,域内以巩固其已有地位为目标与各国展开经贸互通合作及基础设施建设合作,参与域内各国的国家发展与建设,扩大其在南亚的经济影响力;域外以扩大影响力为目标,通过经济合作来参与地区安全框架的构建,提升国际影响力。

---

① Markey, Daniel, "Developing India's Foreign Policy/Software," *Asia policy* 8.1(2009):73–96.

显然这种模式有两个特点：一是依托较好的经济发展状况,这也是这一外交政策的核心,以良好的经济表现展示自身的合作实力与合作自信,将经济合作变成参与国际事务和区域事务的"敲门砖",进而参与到地区乃至全球的安全治理之中;二是表现出明显的对抗中国的特点,域内巩固其影响力的原因在于近年来中国积极的对外政策引起了印度的担忧,而域外扩张影响力的目的则在于引入其他国家力量来支撑印度对中国崛起的抵消或削弱。但不论印度的态度如何,中国的崛起并参与全球治理必然实现,而印度要实现其世界大国的目标就必须直面并妥善处理这一问题,目前来看,印度经济的相对良好表现的确成为其崛起的优势之一。

第二节 印度崛起的地缘和资源基础

一、地理条件相对占优

地理因素被认为是在影响特定国家发展的众多因素中最为基本因素之一,一国的地理位置、自然环境等天然因素对其生存和发展起关键作用,甚至是决定作用。现实主义学派认为,国家的地理特征决定并限制了各国的对外政策选择。某些具有得天独厚地理条件的国家如印度,便被赋予了重要的战略意义,印度无论是在南亚还是印度洋地区,都是区域内最具发展潜力的强国。在环印度洋区域的40多个国家中,印度的领土面积、人口数量、资源储量、经济发展水平以及军事实力都远超其他国家。因此,由于域内其他国家综合国力与印度相差悬殊,印度便成为环印度洋区域内具有强大影响力的国家。

"尽管现代武器和军事技术的发展极大地改变了战争的方式,但地理位置仍然是重要的战略影响因素,(在这一层面上看)印度在印度洋的地缘战

印度崛起与推进新型大国合作研究

略地位具有独特的优势。"①

一方面从南亚次大陆位置及其气候条件来看,印度位于南亚次大陆中心,与周边的巴基斯坦、孟加拉国、缅甸、尼泊尔和不丹等国接壤,与斯里兰卡隔海相望。南亚次大陆的地理环境相对封闭,使得印度不容易受到其他国家的侵略,这是印度未来能源稳定发展最直接的保证。②印度位于北印度洋中部,其本土陆地伸入印度洋纵深达 1600 多千米,可起到遏制印度洋海上交通要冲的作用,这样的地缘特征给予了印度"进可攻退可守"的优越条件。另一方面从历史上来看,这种特殊的地理结构给予了印度东西部地区不同的辐射对象:靠孟加拉湾的东岸地区同东南亚东亚地区开展贸易往来,靠阿拉伯海的西岸地区则同西亚北非更加接近。虽然这种贸易条件在历史上形成了印度东西部之间的独立隐患,但是也使印度能够同时和东西方交流沟通,提高了开放程度,补齐了相对封闭的地理环境所带来的同陆上其他文明国家交流不足的短板。印度历史学家 K. M. 潘尼伽认为,孟加拉湾和阿拉伯海两个要害区域都在印度的掌握之中,理想的地理位置使印度成为海权国。③凭借印度强大的军事实力和有利的地缘优势,印度将会成为印度洋上最具影响力的国家。④如果印度不与其他国家发生战争,国内政局不发生长期动荡,它则很有可能成为印度洋地区具有举足轻重影响的头号强国。

除了国防安全和对外贸易,得天独厚的地理条件还给予了印度在南亚次大陆交通便利的优势。印度洋连接着太平洋和大西洋之间交通往来,是东西方贸易的交通要道,大多数国家的石油运输都要经过此区域。在历史上,陆上的丝绸之路和海上的丝绸之路交汇点就是印度,这对于印度未来发展具有重要的战略意义。与中国相比,印度更接近中东和非洲,离欧洲也比中国更近。印度来往欧洲地区的货轮不必通过马六甲海峡,相比中国能够降低更多运费成本。因此,印度的地理位置优势使得其成为世界上最具有

---

① Sempa, Francis P, "India's View of Emergent Geopolitical Trends," *Amercian Diplomavy* (2011).

② 朱翠萍:《印度的地缘政治想象对中印关系的影响》,《印度洋经济体研究》2016 年第 4 期第 139 页。

③ 孙士海:《印度的崛起:潜力与制约因素》,《当代亚太》,1999 年第 8 期。

④ Mohan, C. Raja, "India: Between 'Strategic Autonomy' and 'Geopolitical Opportunity'," *Asia Policy* 15.1(2013):21−25.

交通区位优势的国家之一,印度洋的海上通道承担了大量的能源与商品运输任务,也使得印度成为西欧-东亚海上航线的一个重要中转枢纽,从而具有了吸引外商投资的优势条件,印度只需给予政策上的便利和保障,这一优势就能够具体表现出来。实际上,莫迪经济改革的一个重要内容就是不断优化营商环境、吸引外国投资印度的各个经济领域。印度可以通过吸引更多 FDI 的方式进一步融入全球市场,新的外资政策要求减少官僚监督环节,提高外资进入的机会和效率,在莫迪的领导下,再次改革的号角已经吹响,行动的序幕已经拉开,未来面对国内复杂的形势,如何进一步落实和制定相关改革政策正在成为印度政府所要考虑的重点,这包括减少贸易批准的环节和程序、降低关税、持续改善经营环境、改善治理等。

二、资源禀赋丰富多样

印度的国土面积居世界第七位,可耕地面积居世界第二位,其他战略性资源储量丰富。铁矿可采储量约 134.6 亿吨,仅次于巴西和澳大利亚,位居世界第三位。印度铝土矿可采储量约 24.62 亿吨。储量较多的其他矿物资源还有铬铁矿 9700 万吨,锰矿石 1.67 亿吨,锌 970 万吨,铜 529.7 万吨,铅 238.1 万吨,石灰石 756.79 亿吨,磷酸盐 1.42 亿吨,黄金 68 吨。[1]能源资源方面,首先是煤资源,印度是世界上重要的产煤国之一,各种煤的探明储量为 2533 亿吨,水电资源也相当丰富,发电潜力可达 6000 亿千瓦时,但目前被开发利用的比例仍然很低。石油资源则相对匮乏,目前探明可开采储量仅有 7.56 亿吨,而石油消费从 2015-2016 财年的 1.847 亿吨增加到 2016-2017 财年的 1.946 亿吨,2016-2017 财年增加到 2.062 亿吨。2018-2019 财年石油需求达到 2.116 亿吨。与此相对的是,国内产量持续下降,印度原油产量从 2015-2016 财年的 3690 万吨,下降到 2016-2017 财年的 3600 万吨,随后下降趋势延续,2017-2018 财年、2018-2019 财年产量分别为 3570 万吨、3420 万吨。[2]印度石油产量远远不能满足国内需求,绝大部分需要进口,

---

[1] 《印度国家概况》,中华人民共和国外交部网站,https://www.fmprc.gov.cn/web/gjhdq_676201/gj_676203/yz_676205/1206_677220/1206x0_677222/。

[2] 《印度石油进口依存度跃升到 84%》,中国驻孟买总领事馆经济商务室,http://bombay.mofcom.gov.cn/article/jmxw/201905/20190502859916.shtml。

印度崛起与推进新型大国合作研究

2019年5月印度对外国石油的依存度已经跃升到近84%，达到近年来的高点，2018-2019财年，印度在石油进口上的开支高达1119亿美元。①天然气储量也仅有10750亿立方米。虽然油气资源贫乏，但是相对巨大的海洋纵深，却在一定程度上为印度弥补了这一短板，一方面印度拥有漫长的海岸线和200万平方千米的专属经济区，这为印度开展大宗商品和原油贸易提供了天然的便利，作为一个沿海国家，印度70%以上的贸易通过海运实现，80%的原油通过海运进口，海域资源为印度发展提供了强大的动力支持。在可再生能源方面，印度的可再生能源潜力约为900吉瓦，其中可利用的商业能源包括102吉瓦的风力发电，小水电站发电20吉瓦，生物能25吉瓦，以及太阳能750吉瓦。②另一方面，印度洋中蕴藏着极为丰富的生物、矿物和能源资源，如果能有效开发、利用海洋资源，印度将有效地改善陆地资源的短缺问题。莫迪继承了自由使用海洋战略，并提出了确保海洋安全的新海洋安全战略，重申了印度作为海洋国家的身份定位，以确保海洋安全为首要目标，进而制定相应的海洋安全战略，并积极付诸实践，足以展现出印度对其海洋资源的重视程度。

除了上述资源以外，作为一个区域大国，印度还在多种资源禀赋上具备优势，地形多样性和季风气候决定了印度农作物的多样性以及丰富的森林资源。印度是个水资源比较丰富的国家，受西南季风的影响，再加上印度北部挨着喜马拉雅山脉，发源于该山脉的印度河、恒河、布拉马普特拉河依靠融雪和冰川补给，水量丰沛而且相对稳定，西部地区的降水很少，而其他地区的降水则不够稳定。

根据资源禀赋理论，当前印度本国自然资源相对丰富，主要集中在铁矿、有色金属、清洁能源等方面，这一类资源为其工业化提供了强有力的基础保证，通过资源支持促进国内重工业发展，进而倒逼工业基础设施建设，便成为印度能够加速制造业发展的一条新的路径。至于印度相对短缺的石油、天然气等资源，由于属于工业化的基础性资源，因此这一类资源印度具有极大的进口需求，以确保其国内工业化的正常进展。同时由于印度洋的

---

① 《印度石油进口依存度跃升到84%》，中国驻孟买总领事馆经济商务室，http://bombay.mofcom.gov.cn/article/jmxw/201905/20190502859916.shtml。

② "Indian Year Book 2019," p.167, https://smartprep.in/wp-content/uploads/2019/05/India-Year-Book-2019.pdf.

强大资源潜力,还可对印度洋区域内资源进行开发。由于印度洋通道涉及几乎全球主要经济体的贸易往来,因此其自由航行也几乎不可能被某一单一势力切断,因此,印度较为丰富的自然资源和强大的资源潜力极大地保障了其发展与崛起。印度相关学者通过研究认为,历史上像英国、日本、法国那样通过领土扩张和殖民实现国力迅速增长的模式已经落后于时代的要求,印度要想实现其大国抱负,应该学习美国、苏联和中国的经济发展道路,通过依托本国的自然资源来促进工业化,进而带动全国经济的发展,这种工业化模式也属于莫迪改革的重点之一。

三、人口红利开发利用空间大

人口因素在国家发展中发挥了关键的作用。充足的人口数量不仅可以提供兵源以保卫国家安全,还可为国家发展提供大量劳动力支持,人口数量的优势可极大提升国家竞争力。近年来,人口红利与经济增长之间的关系一直是学者关注的焦点,人口红利出现在人口过渡的中期,此时人口金字塔显示出成熟的迹象,并在中间膨胀,表明青年或工作年龄人口占总人口的比例相对较大,抚养比率较低。许多学者认为,人口红利为经济发展创造了高储蓄、高投入、高增长的有利条件。因此,各国可以利用这种人力资源来扩大其生产能力,通过对人力资源的合理利用,能够大幅提高人均收入水平,使本国的生活水平大幅提高。①

印度是仅次于中国的人口大国,1998 年印度人口超过 10 亿,2018 年人口已达到 13.53 亿,是全球人口增长最快的国家。2022 年,印度人口可能超过中国,届时印度将会成为世界上人口最多的国家。据估计,2040 年,印度的劳动年龄人口比例将从目前的 64% 上升到 69%,将有 3 亿新增劳动人口,这将使印度成为未来 30 年全球劳动力增量的最大贡献者。

---

① Majumder, Rajarshi, "India's Demographic Dividend: Opportunities and Threats," *Mpra Paper* (2013).

表 2-1　印度人口年龄结构百分比预测（2015—2050）

年份	0—14 岁	15—64 岁	65 岁以上	合计
2015	28.7	65.7	5.6	100.0
2020	26.6	66.9	6.6	100.0
2025	24.8	67.7	7.5	100.0
2030	23.5	68.0	8.5	100.0
2035	22.3	68.2	9.5	100.0
2040	21.0	68.4	10.6	100.0
2045	19.8	68.3	11.9	100.0
2050	18.9	67.7	13.4	100.0

数据来源：United Nations Population Division. World Population Prospects: 2017 Revision。

如表 2-1 所示，根据联合国人口署的数据，2015 年，印度 0—14 岁人口占比 28.7%，15—64 岁人口占比 65.7%，65 岁以上人口占比 5.6%；根据人口署的预测，2020 年，印度 0—14 岁人口占比 26.6%，15—64 岁人口占比 66.9%；2030 年，印度 0—14 岁人口占比 23.5%，15—64 岁人口占比 68%；2040 年，印度 0—14 岁人口占比 21.0%，15—64 岁人口占比 68.4%；2050 年，印度 0—14 岁人口占比 18.9%，15—64 岁人口占比 67.7%。0—14 岁人口占比逐年减少，65 岁以上人口占比逐年小幅增加，即使到了 2050 年，这一比例可能也只有 13.4%。15—64 岁人口占比却逐年小幅增加，从 2015 年的 65.7%，增加到 2040 年最高的 68.4%，2045 年和 2050 年开始才有小幅下降。这样的年龄结构变化相对平稳，劳动力年龄人口占总人口的比例不断上升。印度人口结构目前正处于这一成熟金字塔形时期，且在未来长期内能够保持这一态势，这种人口红利对经济增长十分有利。[1]

庞大的人口基数和较快的增长速度是印度人口的两大显著特征。从数

---

[1] Chauhan Shekhar, Arokiasamy P, "India's Demographic Dividend: State-Wise Perspective Journal of Social and Economic Development." (2018).

第二章 印度崛起的条件

量上看,印度具有较大的人口红利释放空间,仍是一个年轻的国家。[1]印度人口结构十分年轻,目前平均年龄仅有 26 岁,由于不存在计生政策,因此在未来一段时间内印度能够稳定地提供丰富而廉价的劳动力,特别是年轻的劳动力,由此产生巨大的"人口红利"。

印度的经济发展前景被国际社会寄予厚望,"人口红利"被认为是印度制造业赶上中国和促进印度崛起的一个不可忽视的条件。有学者预计在未来 10—20 年内,当中国人口红利消失时,"金砖五国"中可能只有印度还有人口优势。[2]印度拥有全球最大、最年轻的劳动人口,工作年龄人口占总人口的 2/3,但是却拥有"金砖五国"中最低的人均收入水平,约 2000 美元,[3]这为印度的制造业发展提供了强大的劳动力储备。结合印度当前推进制造业发展的政策,庞大的劳动力储备便成为该政策的基础之一。

为充分释放人口红利,印度还重视通过职业技术教育培养熟练工人,以提高工业生产率。早在 1825 年,加尔各答和孟买就建立了工业学校。而第一所工程技术学院则于 1847 年在北方邦成立,1856 年 11 月建立了加尔各答土木工程学院,1857 年更名为孟加拉工程学院。自 1947 年 8 月 15 日以来,印度已经建立了许多工程学院,这是由于印度意识到成为一个工业大国所需的工程师数量要比传统机构所能培养和提供的数量大得多。[4]

人口优势将从根本上促进了印度经济的快速发展,近年来其 GDP 增长率一直保持在 7% 以上。[5]由于印度的适龄劳动人数越来越多,且劳动力价格低廉,在目前中国劳动成本增加并寻求产业结构转移的情况下,尤其是在逆全球化思潮泛滥,中美贸易摩擦凸显的背景下,一些企业更倾向于将劳动力需求比较旺盛产业转移到劳动力成本更低的印度。例如,富士康、苹果、

---

[1] Chandrasekhar, C.P.J. Ghosh and A. Roychowdhuri, "The Demographic Dividend and Young India's Ecoomic Future," *Economic & Political Weekly* 41.49(2006):5055-5064.

[2] 梁志坚:《印度的人口红利》,《中国连锁》,2016 年第 11 期,第 26 页。

[3] IMF, "India's Strong Economy Continues to Lead Global Growth," https://www.IMF.org/en/news/articles/2018/08/07/NA080818-india-strong-economy-continues-to-lead-global-growth.

[4] Overview, Department of Higher Education. Ministry of Human Resource Development. Government of India. https://mhrd.gov.in/technical-education.

[5] James,K.S. "Glorifying Malthus: Current Debate on Demographic Dividend in India," *Ecomomic and Political Weekly*, 63-69(2008).

印度崛起与推进新型大国合作研究

小米等公司近年来都在印度建立了大型工厂,一方面是印度拥有庞大的销售市场,另一方面在于能够利用价格低廉的劳动力压成本,进而提升利润所得。由于人口红利的存在,越来越多的电子商品制造厂商将进入印度,从而推动印度制造业的发展。所以未来印度会进一步利用劳动力资源优势,抓住世界第三次产业结构调整与转移的机会,制定相应的政策,为制造业发展提供良好的制度保障和基础设施保障。

第三节 印度崛起的经济社会基础

一、良好的高等教育

印度的教育体系体现了社会多元文化的特征,使得本土文化和西方外来文化兼容并蓄,共同促进教育的发展。例如,外来的穆斯林文化极大地丰富了印度的艺术、建筑、音乐和文化;英国、法国、荷兰、葡萄牙、西班牙等国家在印度建立了近代西方教育体系,使得西方教育中的理性主义、崇尚科学和探索精神等理念在印度的教育中广泛传播。[①]此外,印度本土的教育思想也对现代印度的教育产生了积极而深远的影响。

政府的重视也是印度高等教育发展蓬勃的重要原因。从表2-2可以看出,独立之后印度政府对教育的投入逐年增加,2000年度达到8248亿卢比,占GDP的比例达到4.14%,为历史最高,以后历年教育支出占GDP的比例在4%上下波动。

---

① 马迎晨:《印度高等教育的高投入》,《教育》,2014年第2期。

第二章　印度崛起的条件

表 2-2 教育支出及在 GDP 中的比例[1]

单位：亿卢比

年度	GDP	教育支出	占 GDP 的比例（%）
1951—1952	1008	6.4	0.64
1960—1961	1622	23.9	1.48
1970—1971	4222.2	89.2	2.11
1980—1981	13017.8	388.4	2.98
1990—1991	51096.4	1961.5	3.84
2000—2001	199198.2	8248.6	4.14
2005—2006	339050.3	11322.8	3.34
2006—2007	395327.6	13738.3	3.48
2007—2008	458208.6	15579.7	3.40
2008—2009	530356.7	18906.8	3.56
2009—2010	610890.3	24125.6	3.95
2010—2011	724886	29347.8	4.05
2011—2012	873603.9	33393	3.82
2012—2013	994663.6	36813.2	3.70
2013—2014	1123663.5	43364	3.86
2014—2015	1243374.9	50292.9	4.04

数据来源：Education Statistics at a Glance, 2016, MHRD, GOI.

印度是发展中国家较早建立起现代教育体系的国家之一。1857 年，在印度成立了第一所现代大学。[2] 独立之初，印度只有 20 所大学，不到 500 所学院，到 2000 年，已分别增加至 193 所大学、等同于大学的学院 47 所和普通学院 12806 所，学生总人数达到约 840 万人；2015 年分别增加至 799 所大学、等同于大学的学院 122 所和普通学院 39071 所，学生总人数达到约 3458 万人；2018 年分别增加至 993 所大学、等同于大学的学院 124 所和普通学院 39931 所，学生总人数达到约 3740 万人；学校数量的激增使得印度成为世

---

[1] Education Statistics at a Glance, 2016, MHRD, GOI, http://mhrd.gov.in/statist.
[2] Castello-Climent, Amparo and A. Mukhopadhyay, "Madd Education or A Minority Well Educated Elite in the Process of Growth: The Case of India," *Journal of Development Economics* 105, Complete (2013):303-320.

界上拥有较多高等教育机构的国家。2014年印度高等教育在校大学生人数超过美国,成为仅次于中国之后的世界高等教育第二大国。[①]在高等教育教师地位上,随着印度对高等教育的投入增多,高等教育教师的工资待遇也不断提升,处于印度中产阶级的上游。[②]

表2-3 印度高校和学生数量

年度	大学	学院（等同于大学）	学院	学生人数（万）
2000	193	47	12806	839.9
2001	196	52	15437	896.4
2002	200	81	16206	951.6
2003	213	89	16742	1020.1
2004	229	96	18080	1103.8
2005	241	101	19327	1204.3
2006	249	109	21170	1316.3
2007	272	103	23206	1440.0
2008	300	128	25951	1576.8
2009	363	130	31812	1724.3
2010	621	131	32974	2749.9
2011	642	128	34852	2918.4
2012	667	127	35525	3015.2
2013	723	127	36634	3233.6
2014	760	122	38498	3421.1
2015	799	122	39071	3458.4
2016	864	122	40026	3570.5
2017	903	123	39050	3664.2
2018	993	124	39931	3739.9

数据来源:UGC Annual Reports and AISHE, MHRD Survey Reports。[③]

---

① 陈德胜:《印度高等教育研究》,《教育教学论坛》,2017年第2期,第228页。
② 王文礼:《〈印度高等教育:2030年的愿景〉述评》,《大学》,2015年第10期,第52页。
③ S&T Indicators Tables(2019-20, Table27), DST, https://dst.gov.in/sites/default/files/S%26T%20Indicators%20Tables%2C%202019-20.pdf.

第二章 印度崛起的条件

鉴于年轻人口数量的优势,印度被世界公认为是具有巨大发展潜力的新兴经济体。从发展经济学的角度看,教育是人口年龄的优势能否真正转化为人口红利的关键。值得一提的是印度的高等教育非常出色,在发展中国家甚至世界各国高等教育中都名列前茅[①]。如表2-3所示,印度的入学人数保持了增长趋势,特别是在高等教育方面,其入学人数在13年间增加超过180%,印度作为一个新兴经济体,高等教育发展对印度近年来在经济发展方面的贡献功不可没,虽然在高等教育层面,女性入学率远远低于男性,但是这一比率的改善速度也是最快的。

表 2-4 印度高等教育教师数量及师生比例

年份	高校教师总数（万）	学生/教师
2003	42.8	26.4
2005	53.9	22
2015	132.2	24.3
2016	136.4	23.7
增长率	218.69%	-10.22%

数据来源：United Nations Educational, Scientific and Cultural Organization（UNESCO）。

从表2-4可以看出,印度从事高等教育教师工作的人数也在不断增加,由2003年的约42.8万人增加到了2016年的136.4万人,增长率超过了200%,而学生与教师数量比例出现下降也从侧面表明了高等教育入学率的高增速。在独立后的几十年里,印度对教育的长期持续投入,确实对其教育迅速发展发挥了重要作用。同时,印度完善的现代高等教育体系也为维护印度社会稳定、培养高科技人才做出了巨大贡献。

在2017年亚洲高等教育机构排名中,印度高等教育呈现强劲势头,入

[①] Pawan Agarwal, "Highe Education in India: The Need for Change," Indian Council for Research on International Economic Relations, *Icrier Working Paper*, NO. 180, June 2006.

榜前300名的学校数量居亚洲第三。从总量看,印度入围33所高校,相较上年数量翻了一番。班加罗尔的印度科学理工学院位列27位,是印度排名最高的高校。尽管印度的顶尖大学与日本和中国等其他亚洲国家的顶尖大学还存在不小的差距,但印度高等教育的整体水平正在逐渐提升。据估计,到2030年1.4亿印度人处于大学教育年龄,庞大的年轻人口使得印度改善教育成为"刚需"。届时,印度将取代美国和中国,拥有世界上最多的高等教育适龄人口。

在教育政策方面,2016年,印度重新制定了教育政策,这是继1968年、1986年后,印度政府第三次对其教育政策进行重大修订,修订后的教育政策提出了打造"低收费、高质量、能够为所有学生服务的大学教育"的口号,将印度建成"有知识的超级大国"。近年来,印度政府还采取多项措施发展高等教育,包括启动教育质量提升和包容计划(EQUIP),其主要目标是:在未来五年(2019—2024年)内提高高等教育的质量和可及性;高等教育的总入学率翻倍;至少50所印度高校进入全球1000强大学之列。改善教育基础设施和系统,到2022年,将印度的研究和学术基础设施升级至全球最佳标准。对大学和学院的分级自治,提出学术网络的全球倡议(GIAN),邀请杰出的院士、企业家、科学家、来自世界各地主要机构专家在印度的高等教育机构任教。启动"印度留学计划"(Study in India initiative),将自己重新定位为主要留学目的地,并接收100万名国际学生。[①]

高等教育的完备发展也使得印度将教育的重点逐渐向基础教育和中等教育倾斜,以促进教育公平和国民整体素质的提高,2012年发布的"十二五"规划中将教育质量、教育机会作为重点,提出了一系列指向弱势群体的计划和倡议,以解决与不平等、贫困相关的问题,可以预见,教育水平的不断优化提高将成为加速印度发展的一个重要因素。

二、科技进步速度较快

印度科技历史悠久,古代印度在数学和天文学领域取得了许多重大发

---

① Overview, Department of Higher Education. Ministry of Human Resource Development, Government of India. https://mhrd.gov.in/higher_education.

第二章　印度崛起的条件

现。独立后,印度政府就把科技兴国作为国家的一项重大方针。尼赫鲁说过"没有科学和技术,我们不可能进步","没有科学技术的自力更生,经济独立则不可能"。[①]以后的历届政府对科技发展也十分重视,制定了一系列推动科技发展的政策。经过70多年的发展,印度在原子能研究与应用、信息技术、空间技术、生物技术、海洋技术等领域获得了令世人瞩目的成就。

在1948年成立原子能委员会以后,1954年又成立了原子能部,印度政府通过这两个机构来制定相关政策,推动原子能的开发与和平利用。经过几十年的发展,印度在原子能的和平利用方面有了重大的进展。尤其是近年来,随着经济的快速发展,由于石油和天然气的短缺,为了实现能源多元化,维护能源安全,印度政府积极寻求替代能源,将核能列为重点发展对象。目前,22座反应堆已投入运行,9座反应堆正在建设中,印度核电容量预计将从目前的6780兆瓦增加到2031年的22480兆瓦。印度还积极加强与美国、俄罗斯、法国和加拿大等国在民用核能领域的合作。

印度信息技术产业发展十分迅速,如今印度是世界五大软件供应国之一,是仅次于美国的软件大国,出口额占全球市场份额的20%。信息产业已经成为印度经济的一面旗帜。世界著名的跨国公司如微软、英特尔、西门子等都在印度建立了研发基地,班加罗尔已成为印度的软件之都和世界第五大信息科技中心。为了进一步巩固软件大国的地位,在政府的扶持下,当前印度很多顶尖科学家致力于建立计算机科学与技术中心,并为印度工程师提供了强有力的培训。在建立自给自足的民族国家愿望的推动下,印度政府在随后的几年中致力于促进本土计算机科学的发展。[②]比尔·盖茨访问印度时曾认为印度将成为21世纪全球的软件超级大国。印度国内大部分学者也认印度未来的科技能力具有较大的发展潜力,到21世纪中叶很有可能成为世界上顶级的科技大国之一。

印度的空间技术研究起步于20世纪60年代初,经过近60年不懈努力,印度已是世界第六空间技术大国。目前印度已能发射性能更先进、用途更广泛的第三代卫星,大推力火箭技术也更加成熟,国际空间服务和卫星发射技术获得长足进展。地球观测卫星、火星探测器,一箭104星的发射都让世

---

① 印度:《联系》周刊,1987年1月25日,第33页。
② Banerjee, Somaditya, "The India Advantage," Science 348.6240(2015) :p. 1214.

界瞩目。

生物技术的发展也受到政府的高度重视。1982年,印度设立了生物技术局,制定生物技术发展的长期计划,加大对生物技术经费的投入,促进生物技术产业化发展。目前,印度在克隆技术、转基因技术、生物制药等方面都取得了巨大进步。作为一个三面环海、拥有漫长海岸线和辽阔海洋国土的海洋大国,印度一直强调对海洋资源的研究与开发,开展大规模海洋资源调查,开发和利用近海油气资源,开展南极科学考察和研究。此外,印度在地球科学、环境科学和新材料等领域也有不少成果。

表2-5 政府和企业研发投资[①]

单位:亿卢比

年度	政府研发投资	比重/%	企业研发投资	比重/%	研发投资总和
2004—2005	1682	69.7	729.6	30.3	2411.7
2005—2006	2017.3	67.4	975.9	32.6	2993.2
2006—2007	2228.7	65.1	1195	34.9	3423.8
2007—2008	2463.4	62.5	1480.3	37.5	3943.7
2008—2009	3053	64.5	1682.2	35.5	4735.3
2009—2010	3492.1	65.8	1812	34.2	5304.1
2010—2011	3754.7	62.4	2264.8	37.6	6019.6
2011—2012	3890.3	59.0	2705.8	41.0	6596.1
2012—2013	4056.8	54.8	3341.4	45.2	7398.2
2013—2014	4441.9	56.0	3493.6	44.0	7935.5
2014—2015	5028.5	57.5	3718.8	42.5	8747.3
2015—2016	5497.6	57.6	4047.5	42.4	9545.2
2016—2017	5926.8	57.5	4383	42.5	10309.9
2017—2018	6671.5	58.6	4710.9	41.4	11382.5
2018—2019*	7273.2	58.7	5111.5	41.3	12384.7

数据来源:Data collected and compiled by NSTMIS, DST, GOI.

---

① S&T Indicators Tables(2019-20,Table6),DST, https://dst.gov.in/sites/default/files/S%26T%20Indicators%20Tables%2C%202019-20.pdf.

第二章 印度崛起的条件

这些成就得益于印度不断增加的科技人才数量,当前印度巨大的经济规模和潜在的巨大市场需求使其有能力、有动力提高在科技领域的资金投入,加大科技研究和开发的力度。2004年度,印度包括政府和企业的研发总投入只有2411亿卢比,随后逐年增加,2016年度超过1万亿卢比,2018年度达到1.2万亿卢比。印度研发投入的比例结构还在不断优化,政府的研发投入在不断减少,企业的研发投入在不断增加。2004年度,印度政府的研发投入占总投入的比例高达近70%,而2012年度,这一比例下降到55%,这充分说明印度企业在研发投入中的力度在加大。

为了促进科技发展和进步,印度还建立了相对完善的科学基础设施和制度保障。而高等教育的发展,培养了大量优秀的科技人才,每年有大量高校毕业生从事科学研究和工程项目等工作,而且许多理工学院的毕业生的能力和素质都较高,能够熟练掌握英语的科技人员数量仅次于美国,居世界第二位。从科研机构的数量来看,目前印度国内有1700多所从事科技研究的机构,拥有庞大的科技队伍。从事研发工作的人才数量也不少,机构性部门(包括科学机构、中央和地方政府以及高校等)中从事研发工作的人口达到32.6万人,而工业部门(包括公营部门、私营部门、科学和工业研究组织等)中从事研发工作的人口达到22.6万人。[1]

表2-6 印度研发(R&D)人口

单位:万

年份	2000	2005	2010	2015	2017
人数	31.8443	39.1149	44.1126	52.8219	55.2969

数据来源:http://data.un.org/_Docs/SYB/PDFs/SYB62_T26_201904_RDStaff.pdf。

自2010年以来,印度政府从国家层面强化科技创新战略规划,提出了

---

[1] S&T Indicators Tables(2019-20, Table21),DST, https://dst.gov.in/sites/default/files/S%26T%20Indicators%20Tables%2C%202019-20.pdf。

"从世界办公室到创新型国家"的国家战略。前印度总理辛格宣布,2010—2020年为印度"创新的十年",并启动"印度十年创新路线图",同时还成立了印度国家创新委员会,旨在促进印度成为创新型国家。莫迪就任后,提出将经济发展聚焦于技能、规模和速度方面,并提出了"印度制造"和"数字印度"战略,开始尝试利用高科技和服务业优势,全力推进制造业发展,以解决当前印度面对的经济增长、城市化、贫富分化和环境污染等制约发展的综合性问题。这种类似于中国"两条腿"走路的科技驱动型发展战略的核心就是拥有能够自信于国际的科技发展水平,以链接"印度制造"和"数字印度"的物联网策略计划为例,通过将信息技术和物联网技术嵌入工业来培育扶持本国的物联网产业优势,[1]进而实现以科学技术发展推动社会发展的目标。2017年印度工业联合会发起印度创新计划,旨在推动创新科技,印度政府和印度技术教育委员会(AICTE)通过对国内的科技创新企业进行扶持,促进印度整体的科技创新水平发展。[2]

三、语言优势提升对外交流质量

国际语言的普及对于一个国家未来的发展是至关重要的,如果一个国家的语言在国际交流中达到标准语言的地位,则意味着与外部通信和交流成本将大大降低,同时知识的内部传递和外部交流也将更加畅通迅捷。由于民族众多及官方语言印地语普及率不高,英语成为印度全国政治和商业交往场合处于通用地位的官方语言。

英语在印度普及是和英国对印度的殖民统治联系在一起的。在殖民之初,英国殖民当局为了维护殖民统治,加速殖民扩张,培养印度民众的政治认同和文化认同,对印度教育进行了英式改造,而语言则是其重要的载体和工具。英国历史学家麦考利曾提出:"要在印度培养一批本国精英,使他们拥有印度人的血统和肤色,头脑里装的却是英国人的品位、思想、道德和才

---

[1] 王喜文:《工业4.0给了印度成为制造业强国的机会》,《物联网技术》,2015年第5期。

[2] 维布哈·马哈詹、靳松:《印度科技创新政策的经验与启示》,《科技与金融》,2018年第11期。

智。"随后,英国的殖民教育政策开始鼓励在印度广泛使用英语,印度使用英语交流的人数也在逐渐增加。目前在印度全国有近3.7亿人可以使用英语进行对话。在教育语言普及方面,87%的印度学校用英语授课,高等教育机构则全部采用英语教学。

这种英语取代本土语言的情况一定程度上削弱了本国文化影响力,但是也构成了新的优势,特别是在经济层面。一方面,语言上的优势使得印度人更为熟悉西方的政治制度、法律制度、社会结构等。相对来说,印度的国际交流人才多于其他发展中国家,在联合国和其他国际组织中,都可以看到较多的印度人。最显著的例子就是软件产业,据一份民间报告显示,在硅谷的职工构成中,印度人占6%,但却有15%新创企业由印度人创立,大量知名的科技公司也由印度裔担任其高管,如谷歌、Adobe、诺基亚、微软等,大部分分析人士认为,英语带来的语言优势和西方思辨方式是使西方科技公司偏爱印度裔职工的一个重要原因。另一方面,由于从小就接受英语教育,印度人进入欧美社会并不需要跨越语言和文化门槛,而是自然接轨。他们对外交流也用英语,只是口音有区别,这使得印度和西方在知识和思想层面上的传递较其他非英语国家要更加高效,由于英语的普及,高等教育机构采用英语作为教学语言,印度高校学生能够较顺利地获得世界科技发展的重要信息,在对西方知识的逻辑和理解上能够有更贴近原文的认识。

四、私营经济发展完备

私营经济是印度经济发展的一个重要组成部分。与印度的国有企业相比,印度私营企业的发展历史更长。早在独立之前,以塔塔集团为代表的私营企业已经开始发展。这些私营公司的创始人主要由早期的地主、商人和高利贷者转变而来,他们利用机会将商业资本转化为工业资本,在孟买、加尔各答、金奈等发达城市进行投资,并最终成为全国知名的财团。比如塔塔、比尔拉、塔帕尔、莫迪、巴佳吉等。[①]这些财团的创始人,大多是在印度遭受殖民统治时期开始拓展业务,他们拥有非常精确的掌握和使用时机的能力。

---

① 张敏秋:《印度最大的私营企业集团——塔塔》,《亚非纵横》,1997年第2期。

印度崛起与推进新型大国合作研究

在印度独立之前,像塔塔和比拉尔这样的私营公司就已经创造了巨额的私人资产,甚至营业额曾经超过印度最大的英国公司。[①]当时印度的民族工业受到殖民统治者的压迫,因此这些私营企业推动了印度企业的现代化发展,一些大的私营企业或财团除了在电力、电信、石油化工、钢铁、水泥、化纤、汽车制造等领域具有举足轻重的地位之外,还积极将目标投向信息技术、软件开发等新兴产业。

在印度独立之后,由于私人财团的主要目的是追求利润,因此他们在市场敏感性和掌握政策的灵活性方面都远远超过国有企业,由于许可证制度的推行,那些能够利用市场规律,结合本国经济环境和政策,制定适当的发展体系和目标,并同政府保持了密切关系的财团获得了更好的发展机会,财团在不断壮大的同时也开始逐渐参与到印度的政治决策之中,大部分科技财团也在这一时期发展起来。

独立之初,几乎全部的生产和贸易都掌握在私营企业手中,公营企业很小。[②]对于私营经济,印度政府通过建立起发展银行和金融机构网络给以资助和支持。

但在经济改革前,印度政府更多的是通过建立大量控制和调节性机构,让私营经济在混合经济特定的框架内运行,而不是仅以利润动机为指导。[③]1951年,政府通过了《工业(发展和管理)法》,1956年通过了《印度公司法》,1969年通过了《垄断与限制性贸易行为法》用以限制和指导私营企业发展。让私营企业的投资与政府五年规划的发展保持一致,使其服务于设定的社会和经济发展目标。同时还要考虑平衡地区经济发展,保护中小企业,防止经济权力的集中。印度政府还通过许可证法和其他一些工业政策法令和经济政策规范对私营企业的产品、数量、价格等进行严格的限制,政府甚至还对私营企业的投资规模及其在全国计划投资中的比例做了较为具体的规定。

由于政府的扶持,印度的公营企业很快发展起来,规模不断扩大。但由

---

① 徐成鹏:《印度企业海外并购及其对中国企业的启示——以印度塔塔集团为例》,《黑龙江对外经贸》,2010年第4期。

② 鲁达尔·达特、K. P. M. 桑达拉姆著,雷启淮等译:《印度经济》,四川大学出版社,1993年版,第366页。

③ 同上,第369页。

于保护过度、管理不善,公营企业的经济效益不佳、大多连年亏损,印度政府财政负担沉重。而对私营经济的限制,导致消费品工业发展严重滞后,就业问题突出。面对这些问题,印度政府进行经济政策上的调整。20世纪90年代初,面对国内经济困境和严峻的国际挑战,印度政府又被迫对经济进行了多方面的改革。改革的一个重要方向就是促进经济私有化,减少了对私营企业的控制,除涉及国防、安全等领域外全部向私营经济开放,不再限制大型私营企业的投资规模。从此以后,印度私营企业实现了快速发展。目前,印度私营经济已经成为一个成熟、庞大的经济体系,对GDP的贡献率高达85%,在扩大就业和增加政府税收等方面也发挥着决定性的作用。

由于制度性障碍和基础设施落后等因素的影响,印度制造业发展相对不足,城市化水平低,无法解决大量年轻人就业问题,难以释放其潜在的人口红利。而创造大量就业机会需要大量投资,在此之前,由于基础设施、法律法规、政府效率等问题,以及中央与各邦繁杂的规章体系都制约了劳动力红利的释放。[1]

莫迪期望通过进一步的经济改革来为经济发展增加新的动力,而发展完备的私营企业则为印度经济发展提供了投资支持和管理指导。当前印度有20多家跨国公司,它们在世界上拥有很高的知名度。除了比尔拉、安巴尼和塔塔这样的老财团外,还有一些如兰巴辛、TVS、森德拉姆、英雄集团、奥尼达、维迪康的私营企业已经进入世界知名公司名单。[2]随着印度经济的发展,印度的私营企业广泛渗透信息技术、文化、金融、教育以及医疗等服务领域,成为印度经济快速发展的新生力量。[3]

五、金融制度较为完备

印度的证券交易行业起步较早,发展程度较高。全国目前有23个证券交易所,其中孟买证券交易所(BSE)和印度国家证券交易所(NSE)是印

---

[1] 林跃勤等著:《金砖国家发展报告(2017)——机制完善与成效提升》,社会科学文献出版社,2017年版。

[2] Pradhan, Jaya Prakash and V. Abraham, "Overseas Mergers and Acquisitions by Indian Enterprises: Patterns and Motivations," Mpra Paper 85.33(2004).

[3] 顾列铭:《印度企业:全球收购新主角》,《观察与思考》,2008年第14期。

印度崛起与推进新型大国合作研究

度两个最大的交易所。孟买证券交易所起源于1857年英国殖民时期,是亚洲历史最悠久的证券交易所,随后印度在艾哈迈德、加尔各答等地建立了证券交易所。由于经济持续增长,印度股市近几年来一直处于较好发展状态,孟买Sensex指数从2008年最低点的7697点上升至2020年底的最高点41681点,10多年累计涨幅高达541%。孟买指数从2001年9月21日最低点2594.87点开始一路上涨,这波牛市竟然走了19年之久。孟买30指数、印度标普精选指数涨幅更为明显,长期上行趋势中只有两个短期下行趋势。上市公司数量也在不断增多,截至2019年10月,孟买证交所上市公司数量达5484家,位居全球第一。孟买证交所与印度国家证交所上市公司共7436家,总市值约为4.1万亿美元,上市公司总市值占GDP比重达151%。

在大多数情况下,政府通过投资条例和法律来为投资提供明确的保护,这些制度化的规则可以确保外国投资者的资金受到可预测和稳定的监管,同时可以不受政府任意行为的影响。印度的证券市场制度体系由来已久,在开启市场化改革之后,印度政府对金融业开启了较为全面的改革,不仅对金融监管机制、银行体系及股票市场进行改革,还对金融衍生品市场、保险市场及债务市场进行改革。可以概括为三点:一是股票发行实行了欧洲和美国成熟市场的登记制度,并赋予了企业对市场的定价权;二是股票交易方实行"T+2"规则,衍生品实行"T+1"规则,并且允许做空机制长期存在于印度股市,形成了比较完整的双向交易机制并且有无涨跌停板限制;三是印度金融市场对外开放力度大,外资金融机构同样享受国民待遇,海外资金持股占比持续上升。[①]近三十年的金融改革显著提高了印度金融部门的运作水平,大量出现的私人银行激发了银行业竞争,提高了利率市场化水平,降低了不良贷款率;资本市场开放程度不断提高,吸引了大量外资进入,增加了股票市场活力,近一半的股票市场资金来自国外投资;而在非银行金融机构层面,逐渐放松的金融管制促进保险业、私募基金等行业的快速发展;管制仍然较为严格的是外汇市场,虽然制定了放开管制的相关法规,但是在实际操作上仍有大量的规定和限制没有及时更新。

---

① Pathak, Joy, "Whay Determines Capital Structure of Listed Firms in India? Some Empirical Evidences from the India capital Market," Social Science Electronic Publishing (2010).

第二章　印度崛起的条件

在交易机制层面,印度金融市场的发展与中国的发展截然不同,原因在于印度的卖空交易发展较快。卖空机制为投资者提供了风险对冲工具和抑制过度投机的有效权重,这在一定程度上可以避免市场的起伏。印度卖空机制的存在也是海外投资者敢于进入印度市场的重要保证。印度股市过去一直保持相对稳定,与交易机制的完善密不可分。印度虽然有很多交易所,但各交易所都建立了结算中心,并且强制在各交易所设立结算保证金,交易所根据市场情况调整结算准备金的最低标准。这使得交易所在市场波动剧烈,走势不乐观的情况下,能够有效地维持市场的稳定性,减轻市场波动影响,保障中小投资者的利益。印度除了交易所结算保证金制度,还有特殊的投资者权益保护制度,所有投资者依法享有股民的各项权益,支持鼓励投资者合法维权,拥有完善的集体诉讼制度。上市公司虚假经营和财务欺诈,恶意操纵股票价格等违法行为将受到法律的严惩,投资者可以得到相应的赔偿。[①]

此外,印度金融市场的退市制度比较完善。一方面,对上市公司进行筛选,有利于提高市场上交易的股票整体水平;另一方面,它也是对违反法律法规的上市公司进行惩戒的重要武器,可以发挥对上市公司的监督作用。印度退市制度相对严格,规定自愿退市的公司在五年内不得重新申请上市,被强制退市的公司十年之内不得重新申请上市。除此之外印度制定了具体的退市标准,并从财务业绩和资产负债等各方面对上市公司的相关情况进行分析,如公司存在经营违规、合并分立和破产等问题均会被强制退市。同时印度证券交易委员会给予证券交易所相对宽松的自主权,股票的退市规则、退市的具体过程基本不干预,使交易所成为执法与监管的主体。

印度的现代金融市场基本上按照欧洲和美国的成熟市场运作,其股票市场高度国际化、市场化和自由化。在国家主权融资方面,印度的资本项目基本开放,国内外资金可以自由流动,为国内金融市场的发展提供基础。在一级市场方面,允许在印度注册的外资公司申请上市,比如渣打集团除在伦敦及香港上市外,也在印度国家证券交易所上市。海外投资者 FPI 可以持有印度上市企业的股票比例最高为 24%,与此同时海外投资者在债券、期

[①] Patil R. H., "Current State of the Indian Capital Market," *Economic & Political Weekly*.41.11 (2006):1001−1011.

货、期权及其他衍生品方面拥有相对自由的投资空间。对个人投资者而言，长期以来印度允许外国个人开立账户进入金融市场交易之中，扩大了金融参与群体的范围，也进一步提高了印度金融市场的开放程度。所以，印度完善的金融制度体系和金融市场使得其具有吸引外国资本的制度优势，这也将为印度"以经济建设推动国家崛起"的战略发挥不可替代的作用。

第四节 印度崛起的国际环境基础

一、国际空间相对宽松

由大国向强国迈进一直是印度对外战略的重心，在当今国际社会中，各国已开始正视印度的发展潜力，实际上印度已经成为世界上经济增长最快的经济体之一。大部分国内外学者认为特殊的地理区位、人口红利、"中国平衡者"的角色等因素赋予了印度巨大的增长潜力，西方国家时常在国际事务中增加印度的话语权就是基于这一心理预期。

印度独立初期，冷战两极格局已基本形成，尼赫鲁根据国内外形势奉行不结盟政策作为印度外交的基本方针，这使印度可以游离美苏两大阵营之外，一方面使印度不会受到单一大国的挟持，增加了自主性；另一方面也可以在双方之间充当平衡者的角色，谋取更多利益。作为"不结盟运动"的发起国之一，使印度在欠发达国家中获得了较高的声望，使印度的大国战略思维不断发展深化，最显著的表现就是将南亚次大陆视为自己的势力范围，更而又将印度洋纳入自己的发展战略之中。

冷战结束之后，以经济全球化和政治多极化为特点的全球化趋势便成为世界各国对外交往所面对的国际环境基础，外部环境的变化无疑会影响所有国家和地区的对外关系，印度也不例外。为应对国际形势的变化，印度政府对不结盟政策进行了调整，将不结盟政策转向强调大国平衡的合作外交。印度更为注重全方位的务实外交，在政治上强调独立自主，在经济上加强各国间密切合作，共同发展。尤其是因效仿英国所建立的代议制民主制

第二章 印度崛起的条件

度被美欧所认可而以"世界最大民主国家"的自封,并获得了西方世界的承认。由此开始,其不结盟外交政策逐步转型为突出强调与大国友好合作的外交新政策。

莫迪当选总理后,他将印度的大国战略思维进一步付诸实践,通过在国际上塑造"世界大师"(Vishwaguru)的形象,将印度的民主和人口、侨民智力和金融资源用于服务全世界[1];印度还通过"东向行动"强化升级原有的东亚、东南亚政策,旨在强化对亚太地区战略参与,牵制中国的同时为发展与美、日、澳及东盟国家关系注入新的动力[2];通过南盟和环孟加拉湾经合组织进一步强化印度在区域内的主导地位,同时防止国际恐怖主义组织渗入印度。在国际社会当中,几乎所有具有全球影响力的国际组织,印度都参与其中,包括二十国集团、不结盟运动、英联邦、金砖国家、南亚区域合作联盟和上海合作组织等。不仅如此,印度也一直在努力推动联合国改革,其目的是成为联合国安理会常任理事国,旨在利用发言权并在世界政治事务发挥足够重要的作用。

凭借其持续发展的经济、优越的地缘位置和所谓的民主价值观念,以及其独特的地缘政治优势,印度被美国纳入全球战略的重要组成部分,成为美国"亚太再平衡战略"的重要一环。近年来,美国特朗普政府提出的"印太战略"将美国亚太安全体系扩大到印度洋区域,作为"印太战略"重要支柱的美、日、印、澳"四方联盟"近期也比较活跃,它们把中国在印度洋日益增加的存在视为威胁和挑战,借着维护"印太"地区海上秩序的借口,孤立、遏制崛起的中国,试图削弱中国在印太地区日益上升的影响力。作为印度洋和南亚的力量中心,印度成为美国拉拢的对象。2016年3月,负责南亚和中亚事务的助理国务卿尼沙·德赛·比斯沃(Nisha Desai Biswal)在华盛顿表示:"作为一个致力于推进以规则为基础的国际秩序的地区大国,印度已成为印度-太平洋地区推进海上安全的关键参与者和重要伙伴。美国和印度为保护所有国家的航行自由进行了'前所未有'的合作。"2017年11月,特朗普开启亚洲之行前,白宫发言人在记者会上谈到,印度在印度洋和太平洋

---

[1] C.Raja Mohan, Modi's World: Expanding India's Sphere of Influence, *Harperhollins Publishers*, 2015, p.198.

[2] 吴兆礼:《印度亚太战略发展、目标与实施路径》,《南亚研究》,2015年第4期。

地区发挥重要作用。

面对美国的拉拢,印度则表现出了更多的谨慎,印度一些学者就认为"美国地区安全秩序的愿景是基于安全战略上的对华遏制,这与印度建立包容性地区秩序的愿景相矛盾"。尽管印度在某些方面将中国视为对手,但新德里也将北京视为双边和全球事务中的重要伙伴。2018年6月,印度总理莫迪在第17届香格里拉对话会上发言也指出,印太是一个自然区域,印度并不把印太地区视为一个战略,不认为它是一个由有限成员组成的集团,也绝不认为它是针对任何国家的。印度在印太地区的愿景是建设一个自由、开放、包容的地区,包容各方,共同追求进步和繁荣。它包括这一地理区域的所有国家以及其他与之有利害关系的国家。

二、海外印侨反哺母国

印度被认为仅次于英国和中国的世界上第三大海外移民群体国家,印侨在国外的影响力及资金对印度的发展发挥了重要的作用。从历史上看,在19世纪末开始,毛里求斯成为英国对殖民地引进印度劳工的起点,前后约有50万印度劳工到达毛里求斯,当前70%的毛里求斯人都是印度劳工的后代。[1]在毛里求斯取得成功后,英国殖民者还将印度劳工引到苏里南、圭亚那、留尼汪岛、斐济等国家。这一波早期全球人口流动带来的影响极其深远。印度原始移民在这些国家的社会经济、文化和政治生活等方面发挥了巨大的作用,有力促进了这些地区民族国家的形成。[2]

通过不断向海外移民,印度移民在许多海外地区形成了人口优势,在许多国家占有重要地位,比如印度(包括巴基斯坦)后裔就构成了毛里求斯人口的大部分,有这样人口结构的国家还包括南美洲的苏里南和圭亚那、大洋洲的斐济、加勒比海岛国特立尼达和多巴哥等。塞舌尔、马达加斯加、新加坡、马来西亚等国都有大量印度移民后裔。到2017年,世界印地语大会已

---

[1] Amrith, S. S., "Indians Overseas? Governing Tamil Migration to Malaya 1870-1941," *Past & Present* 208.1(2010):231-261.

[2] 张秀明:《海外印度移民及印度政府的侨务政策》,《华侨华人历史研究》,2005年第1期。

第二章　印度崛起的条件

经举办了七届,上述国家都会派人参加,这些国家在一种血缘和文化认同所形成的纽带基础上开展了更多国际合作。

庞大的海外印度人为母国印度带来的积极影响是多方面的:在政治上,发展与移民所在国的友好关系以维护印度利益;在文化上,推动世界了解印度,扩大印度软实力的影响力;在经济上,加强印度与世界的联系,促进印度经济发展。在政治上,海外印度移民还可以通过院外活动、组建印裔集团等方式参与居住国的对印政治决策,依托选举政治来帮助印度表达政治主张和利益诉求,维护印度国家利益。在经济方面,印度在欧美等发达国家拥有大量中高级软件人才,从20世纪80年代开始,印度政府对软件产业实行了多项扶持优惠政策,创造了良好的投资环境,对海外留学或工作的人员返回国家开办软件公司或者从事软件工作给予扶持鼓励。[1]这些海外归国的软件人才具备良好的从事软件开发与服务的技能,在积累丰富经验的同时也拥有一定数量的资金,特别是与海外同行联系密切,形成了一张巨大的海外"关系网",这对促进软件出口发挥了重要作用。

经济上的作用还表现在,印度移民经常以侨汇和投资的方式反哺母国。一方面通过侨汇使得印度获得了大量外汇收入,使得印度在开放经济下获得了额外的金融支持。另一方面,大部分在海外获得成功的印度人往往会对印度进行投资。既有资金支持,又有知识和技能的输入,这为印度的经济和技术发展提供了强大的动力。

在文化上的影响表现为国内和国外两个方面,首先在国内方面,大量印度人走出国门,推动了传统思想的革新,由于男性外出务工使得女性必须走上一家之主的位置,"这直接冲击了传统的男女等级观念和就业观念"[2],同时大量侨民通过与国内亲属的紧密联系,向印度国内特别是农村地区传播了新的观念,因此男女平等的观念更是得到了传播与巩固。

在国外方面主要是帮助提升印度软实力,海外印度移民既是传播印度文化的重要载体,也是提升印度软实力的重要渠道。根据联合国经济事务

---

[1] 丘立本:《印度国际移民与侨务工作的历史与现状》,《华侨华人历史研究》,2012年第1期。

[2] K.C. Zachariah, P.R. Gopinathan Nair, S. Irudaya Rajan, Return Emigrants in Kerala Rehabition Problem and Development Potential Center for Development Studies Indian, *Working Paper*, 2001, p.319.

部的数据,2017 年约有 1700 万印度人居住在海外,与 1990 年的 700 万相比,增长了 143%。这使得印度成为世界范围内最大的移民来源国。根据联合国移民署发布的《2022 世界移民报告》,2020 年,印度是最大的移民流出国,目前有约 1800 万印度裔移民生活在海外。同年接收海外汇款最多的国家也是印度,总量达到了 831.5 亿美元,[1]这些资金为印度经济发展做出巨大贡献。这些海外印度人大多保留印度传统文化习俗,是印度文化的有力倡导者。例如,在"国际瑜伽日"当天,海外印度人积极组织在东道国的活动,以促进东道国与印度母国之间的友好关系。由于许多海外印度人具有很高的社会地位,比如在美国许多大公司由印度裔美国人经营,他们跻身于高科技行业等重要岗位,成为某些知名跨国企业的决策者之一。[2]这些成功的海外印度人在一定程度上维护了印度的国际形象,提升了印度在发达国家中的国际影响力。

当前,莫迪政府采用了许多新策略来加强与海外印度人的关系。他在 2015 年 5 月访问上海,8 月访问斐济,2016 年 3 月访问布鲁塞尔,7 月访问约翰内斯堡期间都接见了当地印侨,并与他们进行了交流。与以前的印度领导人不同,莫迪希望通过与海外印度人的交流和联系,有效地吸引海外印度人回国投资。正如莫迪所言:"我们不仅使用数字来衡量海外印度人,还将其视为一种力量"。[3]

三、国际贸易逐年向好发展

总体来说,近年来印度经济增长迅速、对外贸易活跃,国际收支表现较好,外国投资不断增加,这为印度的发展提供了较好的国际经济条件。trading-economics 数据显示,印度的商品出口额由 2015 年的 220 亿美元左右增长到 2018 年的超过 280 亿美元,进口额由 2015 年不足 300 亿美元增长

---

[1] World Migration Report 2022, International Organization for Migration(IOM)https://worldmigrationreport.iom.int/wmr-2022-interactive/.

[2] Naujoks, Daniel, "Migration, Citizenship, and Development: Diasporic Membership Policies and Overseas Indians in the United States," *South Asian Diaspora* 7.1(2015):70-72.

[3] 转引自王晓文:《印度莫迪政府的大国战略评析》,《现代国际关系》,2017 年第 5 期。

第二章 印度崛起的条件

到2018年超过400亿美元,随之而来的是经常账户赤字的快速变动——由2015年的不足4亿美元迅速增长到2018年的超过190亿美元[①]。不断发展的对外贸易迅速提升了印度在世界贸易之中的地位,20世纪90年代初,对外贸易在印度的GDP中的占比为12.8%,而在2012年这一比例增长到了48%,近年来回落到了28%左右[②]。国际贸易额在GDP中的占比是衡量一个经济体全球化程度的重要指标,虽然百分比指标受到基数大小的影响,因此印度的高占比不意味着其贸易额绝对值的扩大,但是仍然表现出了印度的开放程度的不断扩大。

在FDI和OFDI方面,一方面越来越多的印度跨国公司开始进入欧美发达国家市场,特别是英国成为印度最重要的海外直接投资目的地,主要产业是IT及其相关行业,主要形式则是跨国并购。另一方面,印度吸引外国直接投资额呈现跳跃式的增长态势,资金主要来自欧美发达国家和日本,产业由单一制造业拓展到了全行业,石油、电力、服务业增长迅速。而中印双边投资规模则相对较小,有待提升。[③]由于国内投资依然严重不足,为吸引外资,2019年,印度进一步放松对FDI相关投资的限制。措施包括进一步扩大外资投资的自动许可范围和进一步提高外资的持股比例。比如FDI投资单一品牌的零售贸易和建设项目将不需要任何政府批准。在一系列政策的刺激和鼓励下,2018-2019财年,印度吸引外国直接投资(FDI)达到643.7亿美元,在过去的五年里,印度外国直接投资2860亿美元,[④]为历史新高。印度是一个主要依靠国内消费推动经济增长的经济体,但由于贫富差距悬殊,城市和农村存在大量的贫困人口,他们的收入增长缓慢,仅仅依靠国内消费难以支撑经济持续稳定地增长,因此扩大投资就成为另一重要的经济手段。

总体来看,国际贸易总额的不断增加以及外国投资的持续流入,进一步促进了印度经济与世界的联系,弥补了国内建设资金的不足,外国资本还

[①] Tradingeconomics, India Trade, https://tradingeconomics.com/india/current-account.

[②] World Bank Data, https://data.worldbank.org.cn/.

[③] 李毅:《印度经济数字地图2013》,科学出版社,2013年版,第91页。

[④] DPIIT, Annual Report 2018-19, https://dipp.gov.in/sites/default/files/annualReport_2018-19_E_0.pdf.

印度崛起与推进新型大国合作研究

带来了新资源、新技术和新的管理模式,为印度经济的发展提供了持续的动力,这是印度崛起最重要的体现和前提。开放程度的不断扩大将会提升印度在国际贸易中的地位和影响力,同时带来更多的资本流入。持续的资本流入意味着印度的营商环境正在改善,国家建设的资金压力得到缓解,国内技术可以加速提升。由此可见,印度不断发展的国际贸易正在从国外国内两个层面助力印度的崛起,在国外层面提升印度贸易地位进而增加其国际社会话语权,在国内层面吸引资金提高国内发展建设水平。

第三章
印度未来的发展前景

第一节 发展机遇

一、对印度相对有利的国际环境

对于南亚区域而言,印度拥有主导性地位,地区环境比较稳定。印度在领土面积、人口规模、军事实力和发展水平等方面居于绝对优势地位。印度在南亚地区还有无与伦比的地缘优势,印度处于整个南亚次大陆的中心,其他南亚国家都与印度接壤或者隔海相望,相互之间除了巴基斯坦与阿富汗,并不毗邻。所以对周边国家来讲,相互之间无论是经济联系还是人员流通,或多或少都会在不同程度上依赖印度。特别是尼泊尔和不丹两个内陆国家,其对外贸易高度依赖印度,北部喜马拉雅山脉的阻隔使其过境贸易运输几乎完全依赖印度,很多时候这也成为印度把控他们内政外交的重要手段。此外,印度还可以为南亚国家的精英提供教育,为普通民众提供就业等机会。这些都是印度成为南亚地区主导力量的客观条件。同时在主观上印度以英国在南亚殖民体系的继承者自居,南亚被视为其理所当然的势力范围。印度主导下的南亚,除非其主动出击,周边国家几乎不可能干预印度的发展进程。同时,通过干预周边国家的对外政策,印度得以保持区域内发展方向的总体步调一致,确保大部分周边国家的发展基本能够服务于印度的发展需求。

对于周边环境来说,相对于欧洲、中东等地区,中亚局势社会秩序逐步好转,和平重建正在推进,保持基本稳定。阿富汗被塔利班接管以来,形势总体表现稳定。东南亚始终作为"东进政策"的首要区域,双方也保持了良好的关系。而在亚太地区,印度新的"东进政策"将重点关注日、韩、新、澳等

印度崛起与推进新型大国合作研究

国,并主动与亚太地区其他国家发展关系。与中国的关系在短暂的波折后,快速回归正常轨道,经贸联系也日益密切。通过卓有成效的周边外交、大国外交和多边外交,印度已经获得了一个相对稳定的区域和周边环境,这为其国内经济建设和社会发展提供了一个良好的外部空间和环境。

当前,世界面临的挑战依然突出。新冠肺炎疫情的影响仍未消散,俄乌冲突的爆发导致全球局势更加复杂、严峻,霸权主义、强权政治依然存在,地区冲突和局部战争持续不断,经济全球化出现波折,多边主义理念和秩序受到冲击,保护主义、单边主义时有抬头,民贸易摩擦粹主义兴起,大国之间战略竞争和地缘政治的博弈加剧。当今世界正在经历百年未有之大变局,新兴市场国家和发展中国家快速崛起,国际力量对比更趋均衡。和平与发展依然是当今时代的主题。[①]随着经济全球化、社会信息化、文化多样化深入发展,各国间的了解越来越多,联系和依存日益加深。但也面临粮食安全、气候变化、环境污染、疾病流行、跨国犯罪等全球性挑战,面对这些挑战,世界各国已经形成一个"利益共同体"和"命运共同体"。世界各国只有联合起来,才能共同应对这些挑战,和平与发展成为大部分国家极力维持的国际环境状态。另外核武器的存在及有核国家数量的趋于稳定,使得各国产生了"抽象的敬畏感"[②],这种核威慑下的多方克制要求各国更多地运用协商手段解决争端,同时在核问题上保持一致,大国之间的博弈和竞争更多通过经济手段来实现"利益制衡"。特朗普政府时期,"美国优先"的政策开始实施,美国先后退出跨太平洋战略经济伙伴协定(TPP)、巴黎气候协定、联合国教科文组织、伊朗核协议等多边协议或多边组织,然后又与全球众多国家开打贸易战,甚至包括美国的盟友欧盟、日本和韩国等,当然和世界第一贸易大国中国的贸易战是特朗普政府发力的重点。拜登入主白宫后,美国政府继续沿用对华遏制战略,并在政治上打造围堵中国的联盟体系,在经济上制定"印太经济框架"。在中美全面对抗,尤其是贸易摩擦不断加剧的背景下,美国对中国商品大幅加税,中国做出反击,对部分美国商品增加关税。在美国发动对中国的贸易战中,印度似乎从中看到了机会,印度《经济时报》

---

① 习近平在2018年中非合作论坛北京峰会开幕式上的主旨讲话,新华网,2018年9月3日,http://www.xinhuanet.com/politics/2018-09/03/c_1123373881.htm。
② 李彬:《军备控制理论与分析》,国防工业出版社,2006年版。

76

第三章 印度未来的发展前景

根据一份研究结果称,中美贸易战,印度可以填补美国在中国的出口份额,尤其是在中国的棉花、玉米、杏仁、小麦和高粱市场中占有更大份额。[1]印度《金融快报》的文章也认为,中美贸易战可能对全球的贸易格局带来持久的变化,对印度来说蕴含着巨大的潜力。印度可能增加向中国出口商品和服务,同时也增加向美国出口商品和服务,因为关税壁垒让双方的商品变得昂贵。[2]2019年,中国对美国进出口3.73万亿元,下降10.7%。但中美贸易战以来,印度似乎并没有从中获益很多:一是由于中美贸易规模巨大,贸易依存度较高,除了某些领域,美中贸易额实际减缓的并不多。二是印度的基础设施不足,缺乏完整的产业链体系,再加上劳工、税收和其他一些制度上的缺陷,印度很难取代中国成为世界制造业基地。

二、世界产业结构调整与转移

国家或地区的产业结构是随着经济的发展而不断变动的,产业结构的调整和优化反过来也会促进经济发展。世界经济发展的规律显示,农业化、工业化和后工业化是一个国家由低向高发展演化的基本路径,产业结构也在进行同向性的优化和调整,产业的科技含量不断提升。随着社会生产力的发展,劳动力首先由第一产业向第二产业转移,第一产业的就业人口比重逐渐下降;当社会生产力和人均国民收入进一步提高时,劳动力便由第二产业向第三产业转移,第三产业就业人口比重显著增加,三大产业的产值和在国民生产总值中的比重也是逐渐随之变化。比如美国在19世纪末20世纪初基本完成了由农业国向工业国的过渡,工业产值在1890年第一次超过了农业产值,第二产业上升为主导产业。到20世纪50年代,美国第一产业和

---

[1] Kirtika Suneja, "India can replace US exports to China amid trade war, finds study," *The Economic Times*,Aug 28, 2018, https://economictimes.indiatimes.com/news/economy/foreign-trade/india-can-replace-us-exports-to-china-amid-trade-war-finds-study/articleshow/65568130.cms.

[2] RC Acharya, "US-China trade war holds a vast potential for India," *Financial Express*,July 9, 2019, https://www.financialexpress.com/opinion/us-china-trade-war-holds-a-vast-potential-for-india/1637342/.

印度崛起与推进新型大国合作研究

第二产业不断下降,第三产业变为主导产业,占50%左右。[①]20世纪90年代以来,随着以大规模集成电路、微型计算机和互联网为载体的信息通信技术的发展,信息产业得以兴盛和发展起来。联合国贸发会议发布的《2019数字经济报告》就显示,过去十年里,全球信通技术服务和可数字化交付的服务出口增长速度远快于整体服务出口的增长速度,到2018年,可数字化交付的服务出口达到2.9万亿美元,占全球服务出口的50%。[②]由此可见,信息产业的发展相当迅猛。

20世纪上半叶,瑞典经济学家赫克歇尔和俄林提出了"要素禀赋理论"。要素禀赋理论认为:在生产活动中,除了技术和劳动生产率的差异以外,还有资本、土地等生产要素的差异。同种商品在不同国家的相对价格差异是国际贸易的直接基础,而价格差异则是由各国生产要素禀赋不同,从而要素相对价格不同决定的,所以要素禀赋不同是国际贸易产生的根本原因。生产要素比例的差异造成了生产成本和商品价格的不同,从而导致比较优势的产生。一个国家应生产和出口密集使用其相对充裕生产要素的产品,进口较密集使用其稀缺生产要素的产品,比如对劳动力丰富而资本缺少的发展中国家或地区而言,劳动力要素的价格必然比较便宜,他们就能够便宜地生产需要使用大量这类廉价要素的商品,从而在劳动密集型产品的生产上拥有成本和价格的相对优势。因此劳动力丰富,资本相对较少的国家就应该发展劳动力相对密集的产业,生产并出口劳动力相对密集的产品,用劳动力相对密集的技术,很多发展中国家或地区大多采用这样的战略。反过来,如果资本相对丰富,劳动力相对较少,就应该发展资本密集产业,生产并出口资本比较密集的产品,用资本比较密集的技术。[③]

根据要素禀赋和比较优势理论,产业经常在不同经济发展水平的国家和地区之间转移。发达国家具有资金和技术等优势,因而大力发展资本和技术密集型产业,并将不具备优势的劳动密集型产业向发展中国家转移。日本和亚洲"四小龙"在20世纪50—60年代,就利用它们的劳动力相对丰

---

① 刘永焕:《发达国家产业结构调整的经验借鉴——以美国和德国为例》,《经济论坛》,2017年第5期。
② 《2019数字经济报告》,联合国贸易和发展会议,https://unctad.org/en/PublicationsLibrary/der2019_overview_ch.pdf。
③ 林毅夫:《比较优势与中国经济发展》,《招商周刊》,2005年第44期。

第三章 印度未来的发展前景

富的优势大力发展由西方发达国家转移的劳动密集型产业。20世纪80年代，中国也是劳动力丰富且价格低廉的比较优势，承接了由西方和日本等发达国家，甚至是亚洲"四小龙"转移的劳动密集型产业。后来，随着经济不断发展，积累的资本逐渐增加，人均资本拥有量大幅提高，要素禀赋结构得以提升，才逐渐把产业结构提升到资本、技术密集型乃至信息密集型产业。所以，由于生产力水平和资源禀赋的差异，产业会在世界范围内进行转移和流动，这给发展中国家提供难得的发展机遇。

印度的经济结构中，服务业占比最大达到57.8%，其次是工业28.3%和农业13.9%，在工业中制造业的比例只有15.4%[1]，这样的结构和一般发展中国家存在较大差异，这和印度以发展软件、服务外包，并立足国内市场与消费的经济发展道路相一致。但由于制造业发展缓慢，城市经济发展无法容纳农村剩余劳动力，大量农村人口无法进入经济体系而失业，因此印度的贫困问题还比较严重，贫富差距不断扩大。要解决贫困问题、创造更多就业机会乃至更好地发展印度的服务业都需要第二产业的快速发展，制造业的充分发展是一个发展中人口大国步入发达国家绕不过去的阶段。服务业毕竟主要是为国内的第一产业和第二产业的发展提供服务及支撑体系，如果把服务业的发展更多地依托于欧美等外部市场，当外需疲软时或者政策、汇率的变化都会大大影响服务业的发展。而印度与中国具有相似的比较优势，最明显的就是丰富而低廉的劳动力资源。印度拥有全球最大、最年轻的劳动人口，工作年龄人口占总人口的2/3，但其收入水平却在"金砖五国"中排名最低，约为2000美元。[2]所以印度也可以充分利用这些比较优势，并结合世界第三次产业结构调整与转移的机会，大力发展制造业。

此外，中国正在通过"一带一路"倡议的方式对产业机构进行系统优化。其中南亚是"一带一路"建设的重要区域，中巴经济走廊、孟中印缅经济走廊、中尼印经济走廊等一系列中-南亚经济合作规划，都将为提升印度的基础设施水平和经济的对外开放提供帮助，并为印度的产业优化和升级带

---

[1] Economic Survey of India 2019-20, https://www.indiabudget.gov.in/economicsurvey/.

[2] "India's Strong Economy Continues to Lead Global Growth," IMF, https://www.imf.org/en/News/Articles/2018/08/07/NA080818-India-Strong-Economy-Continues-to-Lead-Global-Growth.

印度崛起与推进新型大国合作研究

来更多机会,中印将都会从中收益。

面对这些外部机遇,印度可以根据自身经济结构的特点,在保持原有服务业优势的同时,补齐制造业短板,从而实现经济的持续发展。莫迪第一次当选总理后不久,印度政府就大力推进"印度制造"计划,目前来看,莫迪扩大开放,放松管制,加大投入的改革取得了一定成效。相比莫迪2014年5月就职前,2018年印度经济已经得到很大改善。印度政府外交部经济外交和邦事务司发布的经济报告显示,过去五年间,印度经济增长平均6.9%,并且尽管受新冠肺炎疫情影响,但预计2020-2021财年印度经济增速将保持在6%到6.5%的水平。[1]另外,民主制度的逐渐完善有效遏制了腐败,提高了效率,并且印度政府还进一步推动政府治理的廉洁透明,例如,印度政府将纳税人宪章载入法律,对公司法拟作修订,要求某些民事行为承担刑事责任,为官方数据制定新国家政策,通过促进一体化信息平台建设,使信息发布更加及时透明,在公营银行的治理改革上注入493亿美元,以让公营的银行更具竞争力的同时也更加透明化。[2]与此同时,一系列经济改革措施成效开始显现,废钞令和商品服务税改革的负面效应开始退散[3],另外,印度政府也积极运用宏观政策工具来促进本国营商环境的改善,如拨款38.5亿美元用于促进2020—2021年间本国产业和商贸的发展。[4]印度对营商便利性的重视将有助于释放印度的增长潜力。中美贸易纠纷,可能对世界贸易格局产生一定的影响,世界范围内的产业结构调整也将持续存在,这对具有劳动力和语言优势的印度而言是一个巨大的机遇。通过对接世界产业结构,印度的就业问题和结构性改革将得到进一步的调整和完善,从而推动经济健康发展。

---

[1] "Annual Report 2019-20," Ministry of External Affairs of India, http://www.mea.gov.in/Uploads/PublicationDocs/32489_AR_Spread_2020_new.pdf.

[2] "Union Budget 2020-2021," Ministry of Finance of India, https://www.indiabudget.gov.in/keytoBudDoc.php.

[3] Arvind Panagariya, "Modinomics at Four: Why India Is on the Path to Long-Term Prosperity," *Foreign Affairs*, 2018, 96(3).

[4] 《2020—2021政府预算》,印度财政部,https://www.indiabudget.gov.in/keytoBudDoc.php。

第三章　印度未来的发展前景

三、新科技革命的兴起

2008年美国金融危机以后,全球经济增长放缓,发达国家和新兴市场国家开始探索新的增长方式,新一轮的产业技术革命随之迅速展开。"当前世界经济正处于大调整大变革之中,总体增长动力不足,复苏乏力。但新一轮科技和产业变革已经进入快速发展期,新技术、新产业、新业态、新模式正在给人类社会生产、就业、消费和日常生活带来颠覆性变化。"[1]由于科技资源是有限的,因此一国无法做到对新技术革命的全方面覆盖,唯有全球合作才能达到这一目标。但是由于政治等因素存在,各国往往选择优先投入某一有利于本国、更具战略性的新技术领域,即根据确定的创新战略在目标领域重点推进以取得优先突破。

当前新科技革命包括以下几个领域:新一代人工智能、大数据、物联网、云计算、机器人、共享经济、虚拟现实技术、移动互联网等。其运作逻辑在于通过物联网、互联网产生海量数据存储在云平台,再通过大数据分析服务于更高技术层级的人工智能,从而显著促进经济、社会发展。新一代的人工智能将是本次产业革命的核心技术与业态,成为能够颠覆现有生产方式的重大技术创新,同时也是发展中国家追赶发达国家的重要契机。

印度当前重点发展新一代人工智能、移动互联网、电子商务、云计算、共享经济、物联网等。在新一代人工智能方面,印度已经加入了第一批队伍,中美是当前AI发展的主导国,各占市场规模的42%和23%,而后是欧洲、新加坡、日本、印度[2];在移动互联网方面,印度通过下调移动流量资费、提升网速等方式,迅速扩大了移动互联网用户的规模。这也带来了印度民众娱乐方式的转变,2016年印度人每周花费在移动设备上的时间达到28小时,是电视的7倍、报纸杂志的14倍,其中45%为娱乐,34%为社交,其他包括购

---

[1] 徐占忱:《全球科技创新态势与中国应对》,《国际经济分析与展望(2017—2018)》,2018年4月。
[2] 《中美两国人工智能产业发展全面解读》,腾讯研究院,2017年7月26日,https://www.sohu.com/a/164056885_353595。

物 4%，金融 2%，新闻 2%。[1]2018 年印度移动互联网用户占全球互联网用户的 12%，仅次于中国，排名第二。[2]印度的移动互联网将会深刻影响到整个国家未来的经济乃至政治发展；在电子商务方面，印度实现了快速发展，其市场规模由 2010 年的 8.7 亿美元上升至 2017 年的约 223.5 亿美元，其中印度跨境网购成交额的 58.4% 是由智能手机等移动设备完成的，大大高于俄罗斯、南非和巴西三国；[3]在云计算方面，印度采取了与国际互联网巨头合作的发展方式，配合莫迪对外开放政策，亚马逊、微软相继宣布云服务进入印度，通过同印度本土互联网企业的战略合作，构建了印度的云计算产业；在共享经济方面，2016 年全球共享经济融资规模最大的是美国，超过 100 亿美元，其次是中国和印度，处于 10 亿—100 亿美元的第二区间。在物联网方面，莫迪政府推出了《物联网策略》，旨在将信息技术与物联网技术融入工业发展中，进一步提升印度的制造业优势，通过普及高速网络、开设高等教育课程、在基础行业加大物联网投入等方式，尽快扩大全国物联网产业。目前，印度制造业和重工业的相对落后使得物联网、机器人等产业发展相对迟缓，但印度发达的软件产业，众多跨国公司和海外硅谷中的印度和印度裔科技、管理人才为其大数据、云计算等产业的发展提供了强大的技术和人才支撑。

四、后发优势

格申克龙提出的后发优势理论认为，后发国家工业化相比先发国家具有一定的优势，表现在工业化设计上拥有较多的可选择性，通过对发达国家制度和技术的模仿与引进，借鉴经验，吸收资金，从而缩短工业化时间，较快进入工业化阶段。后发优势不仅仅是依靠技术模仿，后发优势还是制度改革的优势。但很多落后国家并不清楚他们所获得的优势是通过市场化改革

---

[1] Mary Meeker, *Internet Trends Report 2017*, May 1, 2017, https://www.kleinerperkins.com/perspectives/internet-trends-report-2017.

[2] Mary Meeker, *Internet Trends Report 2019*, June 11, 2019, https://www.bondcap.com/report/itr19/.

[3] 《金砖国家电子商务发展报告（2018 更新版）》，阿里研究院，2018 年 7 月，http://www.100ec.cn/detail--6462325.html。

第三章　印度未来的发展前景

获得的。米塞斯指出："东方民族没认识到他们最需要的并非西方的技术，而是产生这些技术的社会秩序，他们最为缺乏的是经济自由和民间的原创力，但是实际上他们只是寻求工程师和机器，东西方的差距在社会和经济制度。"[1]因此在制度和经济增长之间存在一种关系，即市场化改革使技术推动经济发展，制度改革则可以创造使技术得到利用的市场，市场居于后发国家发挥后发优势避免后发劣势的关键点。

印度经济具有明显的后发优势，主要体现在以下几个方面：一是与西方相似的民主制度，这使印度在开放经济中拥有较好的外部环境。不同于中国，印度的市场经济地位已被广泛承认，即使印度一直采用较为严格的进口替代的工业化政策，也并未动摇外部对其市场经济地位承认。因此印度在融入世界经济和引入外部资源上拥有相对优势。二是基础设施不足，潜力巨大。印度政府计划 2020—2025 年间在基础设施投资 1.4 万亿美元[2]，通过国家基础设施计划，重点发展公路、铁路、民航、航运、电信、石油和天然气等，这将推动印度经济发展更具有包容性和持续性。三是劳动力红利。世界银行数据显示，2014—2019 年六年来印度劳动力参与率（占 15—64 岁人口总数百分比）都保持在 50% 以上，其平均值约为 52.71%，其中 15—24 岁的年轻劳动力参与率则基本保持在 29.39% 左右，2018 年稍许下降，为 27.635%。[3]印度年轻人基数庞大，人均收入水平较低，同时，妇女在劳动力中的占比也属于较低水平。这意味着，印度拥有极其丰富的劳动力储备，一旦劳动力成本的优势全部发挥出来，再结合其他制度上的创新，消除经济发展中的结构性矛盾，印度制造业水平将会迅速提高，经济发展的潜力也将得到充分挖掘。四是在营商环境方面还有较大的提升空间。在世界银行的营商环境排名中，印度从 2014 年的第 142 位跃升至 2019 年的第 63 位[4]，世界银行赞誉印度连续三年位列进步最大的前十名，但印度在创业便利度、纳税

---

[1]　朱海就:《"后发优势"是市场化改革的产物》,《深圳特区报》,2018 年 7 月 24 日。
[2]　Economic Survey of India 2019-20, https://www.indiabudget.gov.in/economic-survey/.
[3]　Labor force participation rate for ages 15-24, total (%) (modeled ILO estimate) – South Asia, India, World Bank, https://data.worldbank.org/indicator/SL.TLF.ACTI.1524.ZS?end=2018&locations=8S-IN&start=2007.
[4]　Economic Survey of India 2019-20, https://www.indiabudget.gov.in/economic-survey/.

和执行合同等方面仍然落后较多,在物流、税务和海关、航运和港口部门的协调还需要不断加强。五是印度的外贸依存度还比较低。2019年度进出口贸易总额占GDP的比重只有大约26%,不及中国的31%,也远低于除美国以外的其他发达国家,这反映出印度经济参与国际经济的程度、对外贸易的依赖程度都较低。未来随着印度对外开放的扩大,经济结构的逐步完善,经济发展战略的调整,印度的对外贸易还有很大的发展潜力。

第二节 面临的挑战

一、社会因素

作为一个文明古国,印度传统社会结构持久而稳定。印度独立至今,民主、法制等现代社会的理念和制度,现代的工业和高等教育体系在印度早已建立起来,但原有的社会结构仍然得以保存下来,即使有些改变,这些改变也还显得微不足道,印度社会结构到目前为止还具有"前现代"的特征。前现代的社会结构和现代政治和经济结构就形成了一个矛盾的对立体。

在这个传统的社会结构中,社会阶层分化现象明显。从收入来源看可分为工人阶层、中产阶层和富人阶层,其中工人和中产阶层占据了大多数;从区域分布看可分为城市阶层、农村阶层,其中城市阶层在物质方面享有优势,而农村阶层则显得更加传统。[1]印度的工人阶层分化较为复杂,知识工人、服务工人、传统工人之间在收入和家庭背景上存在巨大差别,表现在正式就业与非正式就业的不平衡上,绝大多数工人处于非正式就业部门之中,非正式就业部门往往无法提供稳定的工作和全面的社会保障体系,其中大部分企业还在规避其对雇佣人员的义务,由此加大了工人阶层内部物质生活水平和劳动力素质的差距。印度的中产阶层是印度经济社会发展的重要

---

[1] 金永丽:《印度现代化进程与社会分层演变》,济南出版社,2015年版。

第三章 印度未来的发展前景

力量,其本身随着印度经济的发展而呈现不断扩大的趋势,并且成为印度经济改革的坚定支持者。但是因为种姓、地区和语言的分割,中产阶层并未完全成为一个独立的阶层,他们和工人阶层一样具有明显的分化趋向,表现为数量占优的上等种姓和中等种姓阶层联合剥削下层阶级,并通过对高等教育的垄断来阻碍阶层之间的流动。在城乡分层上,印度农村社会分为大土地所有者和无地劳工两个部分。地主阶层一方面恪守传统文化而拒绝雇用不符合其理念的农工;另一方面科技进步导致对农业工人的需求减少,很多劳动力只得离开农村,但由于印度经济结构性问题的存在,城市激增的人口得不到足够的就业机会,农村移民的大量涌入将农村贫困问题转移到了城市中,所以贫困、贫富差距的问题不仅广泛存在于农村,也大量存在于城市。印度这种特殊的城市化进程加大了城市不同阶层的社会和经济差距。

印度宗教、民族众多,文化、语言都繁复多样,多元性是印度社会的一个显著特点。然而,印度的多元化社会目前正面临冲击与挑战:一方面,维系政治与文化多元的世俗主义原则正在受到民粹主义包装的印度教民族主义的严峻挑战;另一方面,种姓政治与地方主义使得印度社会进一步碎片化,国内各个利益集团之间缺少共容利益进一步导致"国境内的分裂"。[1]宗教政治化和政治宗教化倾向在印度不断强化,"印度教价值观"在中产阶级中得到广泛认同;教派冲突加剧,极端主义行为频发;社会分裂与极化,原本中立、理性的温和派也被迫或主动选择极端方向,从而加剧社会分裂。有印度学者认为,印度独立以后的言论自由和社会包容的黄金时代已经过去,政府在捍卫世俗主义方面显得懦弱和克制,印度社会显得越来越偏执,暴力事件也在增多。[2]

印度文化丰富多彩,但是传统文化在很多时候却不利于印度的崛起。其中宗教对印度的现代化进程产生了较大的负面影响。在印度,宗教矛盾与冲突频繁发生,这严重影响了印度社会稳定和经济发展,制约着印度现代化的步伐。尤其是印度教与伊斯兰教,印度教与锡克教之间的矛盾和冲突危及了成千上万印度民众的安全。印度几乎存在世界上所有的宗教教派,

---

[1] 杨怡爽:《印度多元化社会面临的挑战》,《印度洋地区发展报告(2016)》,社会科学文献出版社,2016年6月版。

[2] Soutik Biswas,"Ramachandra Guha: How the right wing hounded out a Gandi biographer," BBC, 3 Nov, 2018, https://www.bbc.com/news/world-asia-india-46069120.

宗教意识在人们的头脑中根深蒂固,尤其是印度教意识无所不在,对绝大多数印度人来说,印度教既是一种信仰,也是一种生活方式。印度教宣扬"业报轮回",个人必须通过修行和积累功德,才能达到"梵我合一"。因此,印度教徒在精神与物质这个哲学根本问题上表现出重精神轻物质的倾向,它同时也决定了绝大多数印度人最基本的价值观。他们的行为模式也就与一个现代社会中的经济人存在着千差万别,对社会和经济发展而言毫无裨益,更多时候反而是一种负担。

种姓制度是在印度等南亚国家普遍存在的一种以血统论为基础的社会体系。作为社会秩序和规则的基础,种姓制度曾经在历史上发挥过一定的积极作用。但是在今天,它已经严重束缚了印度经济和社会发展。尽管独立以后,印度就废除了种姓制度,宪法也明文规定不准阶级歧视,政府还实施了"保留政策",以保障低种姓和贱民受教育和求职权利,但是种姓制度在印度社会特别是农村仍然有着巨大的影响。种姓制度的阶级性、封闭性、守旧性特征非常明显,它对各个种姓职业的规定,不同种姓间教育机会的不均,导致了阶层的固化,贫富差距的扩大,社会公平的缺失和人力资源的错置,这些都严重阻碍了印度经济的活力和创造性,不利于印度现代市场经济的建立和健康发展,也不利于整个印度社会的和谐稳定。

二、政治因素

通过社群政治和地方主义将社会和经济事务政治化的现象广泛存在于印度社群主义之中,构成了印度特有的政治特色。莫迪上任后实施了一系列优待弱势群体的国家计划,旨在强化印度社会的稳定性,减少社会的碎片化程度。但是长久存在的社群政治和地方主义造成了印度社会文化凝聚力不足、中央地方权力不集中等社会碎片化问题,在民主政治的催化下形成了鲜明的社会对立倾向。

虽然莫迪政府一直在宣扬"印度教民族主义"以解决各个社群间的碎片化严重问题,但是社群政治的不公现象仍然持续存在,表现为大多数低种姓(表列种姓、表列部落、其他落后种姓)仍然被排斥在主流社会生活之外,绝大多数政党的执政纲领都具有族群利益性质,种姓成为政治动员的无穷资源,为相关政党争取政治资源提供稳固的基础;种姓集团政治化加剧了种

第三章　印度未来的发展前景

姓分化和对立,高种姓与低种姓之间的矛盾冲突经常围绕配额和预留制度等问题展开;城镇化、工业化没有解决以农村为根基的种姓歧视,反而成了种姓集团分裂与斗争的新的表现方式;经济飞速增长打破原有社会关系的同时,又促成了新的以社群为基础的社会关系形成,使得冲突根源越来越多地与经济利益挂钩而非传统历史宿怨。经济和政治上的竞争促使人民寻求本族群的庇护,加速了社群主义和社会分化的进程,造成经济利益上的社群对立;网络和社交媒体的发展助长了身份认同与群体极化,反而加速了小群体的形成,成为族群政治和教派政治进行政治动员的新工具。印度的社群政治正是在这种环境下保持了长期的活力,使得针对特定种姓和族群的歧视与暴力活动日趋加剧。经济利益与种姓问题结合越来越紧密,地方经济结构与种姓冲突挂钩,使得种姓对抗在种姓政党支持下呈现鲜明的地域与行业特点,由此加大了印度社会的碎片化趋向。

地方主义广泛存在于多民族国家之中,正常的地方主义能够增强一国的文化多样性,有效保护国民的合法权益,但当地方主义走向极端化时,便会引发国家的内部危机。印度的地方主义问题来源于复杂的民族构成、种类繁多的宗教门派、地区经济发展水平不一、各邦语言差异大等结构性因素,这虽然赋予了印度文化多元化的特征,但同时也加剧了其分散化的程度,使得一些地方出现分离主义倾向,由此催生了各种地方性政党和政治组织。这些合法的地方主义组织往往代表了该地区族群的行动方向,当中央政府的政策目标与之相左时,中央就需要妥协换取地方主义组织的配合,而这又会引起那些配合中央政策地方的不满,从而产生新的地方主义倾向,这加剧了中央与地方的政治博弈。由于印度地方主义政党往往具有极其鲜明的排外特征,表现出激进极端的行为特征和民粹主义诉求,因此成为地方局势不稳定的导火索,而经济发展的长期停滞则加速地方主义上升为分离主义,以印度东北部地区为例,该地区地理上相对偏远、与国家主体部分隔离,相应地导致东北部地区政治、文化发展偏离印度社会主流,叛乱、失业、毒品走私和基础设施落后等问题长期制约着这里的经济与社会发展,从而导致当地连年的民族分离主义运动。近年来,印度中央政府对东北各邦的社会发展采取了近乎封闭的方式,道路的不畅通导致了该地区经济发展远远落后于其他地区。解决东北部地区安全形势不稳定的根本方式是促进经济发展、提高民众生活水平,但是印度政府在这一地区的首位任务一直是维持稳定,地方政府和人民的需求被推后,由此也造成了地方政府同中央政府的矛盾,在具体政策执行上,地方政府往往不合作,从而深化了印度社会的碎片化问题。

种姓制度和族群政治固化了等级观念,使得社会下层常常会主动选择依附于上层社会结构,并对上层产生服从心理,使得少数的社群团体获得了大多数下层的拥护和依附,财团政治正是这一现象下的产物。印度各个财团家族通过选举动员连接官僚阶层、借助印刷和视频媒介、依靠司法机构及其他独立监管机构等方式参与政治,影响政府决策,[1]这间接强化了家族政治。由于单独依靠党内费用已不足以满足政党的竞选需求,因此大部分印度政党都将工商企业的选举献金视为一个重要的选举资源,这也强化了献金财团或企业的政治影响力。由于强烈的族群和等级观念贯穿于整个印度社会结构,因此印度的大部分政党的党内决策具有明显的封闭性,[2]当一个党派成为执政党后,政党领导人便可以通过对行政机构施加压力以便本党或特定群体能够免受检查,"使政党成为腐败的保护伞,可以大胆地向商界表达资金诉求"。[3]这种效果在地方政党上也是一样的,甚至更加严重,因为地方层面的家族政治更加普遍,财团家族借助社群主义和地方主义强化了自身的阶层特权。

三、经济和环境因素

基础教育和基础设施的普及程度是一个国家经济增长是否可持续的重要参考标准。广泛的基础教育可以为经济发展提供高素质的劳动力储备,完善的基础设施则可以为经济建设提供可靠的支持,但是印度的基础教育普及和基础设施建设程度都还很滞后。印度基础教育相对滞后的情况存在已久,新加坡国立大学南亚研究机构 2019 年发布的年度教育报告就显示,尽管在 2018 年印度已有 97% 以上的小学适龄儿童入学,较以往有很大进

---

[1] Niraja Gopal Jayal, Pratap Bhanu Mehta, *The Oxford Companion to Politics in India*, 2010.

[2] 楼春豪:《印度财团的政治影响力研究》,时事出版社,2016 年版。

[3] Vineeta Yadav, *Political Paties Business Groups And Corruption In Developing Countries*, 2011.

步,但是同入学情况改善相比,印度的高辍学率仍令人担忧,多达29%的儿童在完成小学教育五年级以前就已经辍学,有43%以上的儿童在完成小学学业以前辍学,仅有42%的青少年完成了高中教育,而印度也因此跻身全球儿童辍学的前五名之列。[1]同整个基础教育研究状况相比,农村基础教育的滞后情况尤为严重,印度人口识字率为64.8%,而居住于广大农村地区的弱势群体则更低,表列种姓识字率为54.7%,表列部落仅为47.1%[2]。长期注重高等教育而忽视基础教育的政策,造成了贫富差距的进一步扩大。这种高等教育发达、职业教育薄弱、基础教育滞后的畸形教育体系阻碍了全社会教育水平和人民综合素质的提升,使得通过教育改善弱势群体贫困状况的机制没有建立起来,进而阻碍了经济的发展。

在基础设施方面,虽然印度的基础设施建设在南亚区域内处于较高水平,但是其建设滞后现象仍然存在。以人均用电量为例,尽管相较20世纪70年代,印度人均用电量已增加了8倍[3],以人均805千瓦时位居南亚第一,但距离3132千瓦时的世界平均水平仍有很大差距[4]。虽然莫迪政府在居民住房、道路建设、铁路联通等方面都做出了规划,但是相比于世界其他地方以及全国的发展需要,印度的基础设施建设在质量和密度上还有很大的发展空间。这些城乡发展、交通发展上的不平衡现象,已经影响到了印度的物联网、电子信息等新技术产业的发展,对其经济的可持续增长造成了不可忽视的压力。此外,印度在医疗、公共卫生等系统和领域的发展还有待加强,任何突发性的公共卫生事件和危机都会对印度经济持续性发展造成重大冲击。2020年初开始肆虐全球的新冠肺炎疫情对印度人民的健康和经济发展也造成了巨大的冲击。疫情的突发和流行导致的封锁几乎使很多国家的经

---

[1] 《印度基础教育的危机》,《2018年度教育状况报告》,新加坡国立大学南亚研究机构,https://www.isas.nus.edu.sg/wp-content/uploads/2019/07/ISAS-Insights-No.-572.pdf.

[2] Government of India, "Ministry of Social Justice and Empowerment," *Annual Report 2011-2012*, Nov 28, 2018, http://www.socialjustice.nic.in/pdf/arileng.pdf.

[3] World Bank Group, "Indians Use 8x as Much Electricity as They Did in the 70s," May 10, 2019, http://datawrapper.dwcdn.net/Uy5i4/2/.

[4] The World Bank Data: "Electric power consumption (kWh per capita)," July 9, 2019, https://data.worldbank.org/indicator/EG.USE.ELEC.KH.PC?locations=IN-PK-BD-LK-NP-AF.

印度崛起与推进新型大国合作研究

济活动陷入停滞,国际货币基金组织《世界经济展望》预测2020年全球增长率预计将下降4.9%,而2020年印度经济将大幅缩水4.5%。①世界银行也预测印度经济将在2020-2021财年萎缩3.2%。②国际评级机构也纷纷表示印度经济正陷入严重困境,预测本财年增长将出现较大幅度的收缩。

国际贸易是推动一国经济增长的驱动力之一,尽管近年来印度的经济高速发展程度被认为仅次于中国,对世界贸易的贡献总体上有所增加。③但是产业结构不合理、劳动力分配不均衡等问题使得印度的私人投资和出口质量仍然处于相对较低水平,从而削弱了经济长期增长的前景④,造成了印度营商环境欠佳。贸易便利化指数作为评估一国经济建设环境的重要指标,除了可以对该国贸易环境提供判断依据外,也能够较为客观公正地展示国家发展水平。通过将印度的贸易便利化措施分为四个一级指标和十二个次级指标⑤,并对数据⑥进行处理⑦后得到国别层面和地区层面两组数据,并以

---

① "A Crisis Like No Other, An Uncertain Recovery," "World Economic Outlook Update, June 2020," IMF, https://www.imf.org/en/Publications/WEO/Issues/2020/06/24/WEOUpdateJune2020.

② "India's economy to contract by 3.2 per cent in fiscal year 2020−21: World Bank," https://www.worldbank.org.

③ World Bank Group: "World Integrated Trade Solution−summary," July 8, 2019, https://wits.worldbank.org/CountryProfile/en/Country/IND/Year/2016/Summarytext.

④ "Home of India," World Bank Group, https://www.worldbank.org/en/country/india/overview.

⑤ 港口效率PE(港口基础设施质量a1、机场基础设施质量a2、海关程序烦琐程度a3)、海关环境CE(非常规支付和贿赂b1、贸易壁垒b2、腐败指数b3)、规制环境RE(政策制定透明度c1、司法独立性c2、警察服务的可靠性c3)、电子商务EB(互联网用户数d1、固定宽带互联网订阅d2、新技术的使用d3)。

⑥ WEF: "The Global Competitiveness Report 2018," https://www.weforum.og/reports/the−global−competitveness−report−2018.

⑦ 从GCI 2018中选取了2010—2017年各个次级指标的对应数据,计算出对应4个一级指标数据,再根据权重计算出贸易便利化指标(TWFTI)的值。由于次级指标的赋值方式不一样,如港口基础设施质量、贸易壁垒等采取了1−7分评分赋值,而如互联网用户数则采取了百分比赋值,因此有必要调整原始数据以进行最终贸易便利化的比较分析。首先是对单一对象的单个次级指标进行了简单平均,得到了一个对象的单个次级指标的平均数;而后对4个对象的次级指标分类进行了简单平均,所有对象得到了单一次级指标的平均数;最后将前者除以后者,得到了调整后的单一对象的单个次级指标指数。这种计算方式可以将调整后的数据同1相比较,如果等于1,则该国或该地区在整个层面内处于平均水平,大于1则说明在层面内处于领先水平,反之亦然。

第三章　印度未来的发展前景

此对印度的贸易便利化水平进行评估。

表 3-1　国别数据（2010—2017）

国家	印度	美国	中国(除港澳台)	日本
TWTFI	0.836985283	1.132045661	0.907582657	1.128732023

表 3-2　地区数据（2016—2017）

地区	印度	欧洲（不包括独联体国家）北美洲	南亚	东亚
TWTFI	0.969515037	1.152807296	0.819428486	1.062249182

通过收集整理2010年—2017年印度和另外三个经济体美国、中国、日本的相关数据并比较,发现印度的国际贸易便利化水平仍然较低。细化到一级指标后如表3-1,印度的一级指标排名均处于四国中的第四位,且同平均水平有一定差距,其中电子商务层面弱势明显,规制环境方面则表现较好。中国也低于平均水平,但在海关环境和港口效率上表现较好。

细化到调整后的次级指标如表3-2,印度的固定宽带订阅和互联网用户数百分比指标出现极大劣势,同样中国在这一方面的表现也与认知不符,这可能是由于区域结构差异问题和指标计量方式造成的。首先,基础设施及经济结构的区域发展水平不均特别是城乡差异过大造成了固定宽带发展不如移动网络那样有较高普及度,导致在固定宽带方面的数据则不如意。其次,由于固定宽带订阅指标采取了计数的方式,互联网用户数量采取了百分比方式,因此在调整时对每个单一指标进行了总体加权平均的方式使得拥有庞大人口基数但是区域发展不协调的两个国家出现了明显弱势,同时数据的时间跨度涵盖了两国互联网产业较长的发展过程,也显示出较大方差的存在。因此得到了似乎与平时主观感受不符的结果,但这也恰恰表明印度和中国在区域协调发展方面还需要加大力度。

印度崛起与推进新型大国合作研究

通过收集整理 2016—2017 年印度和欧洲与北美洲、东亚、南亚的相关数据并比较,发现印度的国际贸易便利化水平在地区内处于领先状态,同东亚和欧美相比,差距不像国别对比那样明显但仍然较低,只有港口效率上达到了平均水平。在电子商务上印度弱势依旧明显,但是东亚地区的数据已有明显改善。原因主要是两方面:一是地区数据扩大了人口基数,使得平均后的差异不再那么显著;二是数据选取的时间区间较短,而且中国电子商务在样本时间段内已获得高速发展。

在国家和地区层面的数据对比表明,印度的国际贸易便利化程度还不高,虽然在地区内达到领先水平,但是同主要经济体相比还有一定差距。此外,美国对外经济政策不确定性上升、风险偏好突然恶化、贸易紧张局势加剧、政治和政策不明朗等因素都可能引起全球金融环境收紧,这可能导致亚洲产出下降幅度高达四点三个百分点。一些新兴市场国家已经出现的金融市场动荡可能会进一步恶化。[1]新冠肺炎疫情的全球扩散将进一步打击世界经济。国际货币基金组织总裁表示:"2020年全球经济增长或将出现衰退,至少像金融危机一样糟或更糟。"[2]

由于全球市场经济的发展阶段不同,发达国家和部分新兴国家的产业结构调整进度在不断加快。世界劳动密集型产业已开始由中国转向东南亚、南亚地区,这为拥有庞大廉价劳动力储备的印度提供了一个产业结构转型的难得机遇,通过接收从中国转移出来的制造业,从而使自身经济发展与国际产业结构调整接轨。其传导机制是欧美发达国家由于劳动力成本的居高不下,先后将劳动密集型产业向发展中国家转移,其自身专注于发展资本密集型、技术密集型产业。但是印度的产业结构错配问题却使得这一传导机制很难生效。印度的服务业占 GDP 比重处于 50% 以上,但占比接近 14% 的农业吸纳了 51% 的就业人口,各产业产出和就业比重严重失衡,大量劳动力被配置在低产出部门,政府补贴使得其高财政支出与低产出矛盾不断加大。但是羸弱的制造业无法容纳下富余劳动力或是将劳动力从农业中分

---

[1] Mihir Sharma, "Can India become a $5 trillion economy?" June 20, 2019, https://economictimes.indiatimes.com/news/economy/indicators/can-india-become-a-5-trillion-economy/articleshow/69869145.cms.

[2] 《国际货币基金组织总裁:2020 全球经济或将出现衰退》,中国新闻网,http://life.chinanews.com/gj/2020/03-24/9135383.shtml。

第三章 印度未来的发展前景

流,而强大的软件和金融等服务业将大量高素质人才吸收至其中,又造成就业矛盾与贫富差距矛盾不断加大。因此,印度要想通过对接世界产业结构的调整来发展制造业,必须先解决自身经济结构的内在问题。为了维持经济快速增长,提高13亿人口的收入,印度需要在改革的道路上继续努力。[1]但是,由于部分发达国家的保守主义,特别是特朗普上台后的美国贸易收缩造成的高端制造业回流,对印度通过出口导向发展制造业,进而提高整个国家的制造业水平形成了一定挑战。

环境保护问题是可持续发展的重要议题之一,环境问题不仅会带来人体健康、动植物生存等社会福利问题,还会加剧贫困,拉低经济增长的速度和质量,抵消经济增长的成果。据世界卫生组织报告,世界上空气污染最严重的20个城市中,有13个在印度,其中德里是污染最严重的城市。印度每年排放大约400万吨二氧化碳,700万吨悬浮物,20万吨氮氧化物,20万吨氮氢化物,这导致大多数大城市的空气污染程度超过世卫组织设定的标准;近年来由于过度抽取地下水和工业废水排放量增加,印度70%人口的饮用水被严重污染。除此之外,海洋污染也日益严重,油轮油井泄漏、农业用杀虫剂及化肥渗透、工厂排污、采矿排污等造成了近海海域受到不同程度污染。[2]庞大的人口基数同地区的不平衡发展共同作用于生存环境,使得印度的环境自我修复能力较弱,加之组织机构间决策过程与执行过程对接缓慢、相关部门职责不清等问题,使得印度环境保护面临严峻局面。碎片化的社会意味着印度利益主体的多元化,造成了政府政策的制定和推行必须考虑到多方面的利益,让使环保政策的执行流于形式,普通民众依然是环境恶化的最大受害者。"随着印度工业化和城镇化进程加快,印度在2015年至2045年间将比现阶段面临更严峻的环境压力,直至2045年人均GDP接近1万美元时才有可能出现使环境问题得到根本性整治。"[3]

---

[1] IMF: "India's Strong Economy Continues to Lead Global Growth," August 7, 2018, https://www.imf.org/en/News/Articles/2018/08/07/NA080818-India-Strong-Economy-Continues-to-Lead-Global-Growth.

[2] Satish Kumar, *Protecting Environment: A Quest for NGOs*, Delhi: Kalinga Publications, 1999.

[3] 汉春伟、李霞:《"一带一路"下的中国与印度环保比较研究与合作前景分析》,《环境科学与管理》,2016年第9期。

四、国际因素

作为南亚大国,印度不仅在军事、经济和科技等硬实力上占有绝对优势,而且在价值观念、文化和社会制度等软实力上对周边中小国家也具有强大的影响力。但由于宗教上的矛盾、领土上的纠纷、水资源上的争夺以及经济上的竞争,再加上印度把南亚作为自己的势力范围,加强对其他小国的控制,引起了这些国家的反感,甚至爆发激烈的冲突。如在历史上就曾与巴基斯坦进行过三次战争。目前,印巴之间的矛盾依然看不到解决的希望,冷战与不时的冲突仍然存在,两国间的军备竞赛也在不断升级。

南亚还是世界上区域整合最为缓慢的地区之一,地区一体化发展进程十分滞后。从地缘特征来看,南亚地区自古便很少存在长时间持续的大一统中央集权王朝,各个地方往往以邦国的形式存在,与中央政权更多地保持着联盟的关系;特殊的地理特征割裂了印度东西、南北之间的联系,靠近孟加拉湾的东部地区倾向于与东南亚、东亚开展贸易往来,处于阿拉伯海的西部地区则将贸易重点放到了中亚、东非沿岸。近代英国殖民统治对南亚的强行整合并不成功,为了加强对南亚的统治,殖民当局反而利用了已存在的土地矛盾、宗教矛盾来制造民族内部隔阂,以削弱反殖民统治的力量。而在经济一体化进程上,虽然成立一个区域经济联盟的目标已经得到南亚各国的广泛认同,但在具体实施环节,主导国家印度并未对这一目标产生太大兴趣,原因在于印度之外的南亚市场无法有效满足其经济需要,目前印度的出口份额中,南亚国家只有尼泊尔(1.74%)和斯里兰卡(1.58%)进入了前二十名;而在进口来源国中,南亚其他国家几乎没有成为主要占比对象。[①]2016年,南亚地区内部出口额占出口总额的比例仅为7.2%,为世界最低[②]。南亚市场的低吸引力抑制了印度以主导国身份构建区域一体化经济的动力。区域一体化进程的低效会弱化印度在对外政治和经济行动中所取得的成果,也会对其国内改革产生外部压力。当前,印巴在区域内多边合作中

[①] "Country Analysis," WITS, http://wits.worldbank.org/visualization/country-analysis-visualization.html.

[②] WITS: "Regional Trade Analysis," World Integrated Trade Solution, 2017, http://wits.Worldbank.org/visualization/regional — trade — analysis — visualization.html.

第三章　印度未来的发展前景

往往选择抛开对方,且更倾向于同域外国家开展合作。

　　由于南亚连接东南亚、中亚和西亚,并扼守印度洋航道,这些区域要么是大国地缘政治争夺的重点,要么是东西方贸易和交流的要道,所以该地区存在的地缘政治冲突具有长期性和结构性的特点,不仅包括域内国家如印巴之间的矛盾,而且中国、美国、俄罗斯等域外大国的地缘政治利益也涉及其中。作为区域内的两个实际拥核国家,印巴间的冲突将对世界和平发展产生重要的影响。而在区域外部,中国西藏地区几乎同整个南亚的北方接壤,这对发展重心位于北部的印度造成了巨大压力,使其对中国在南亚的相关行为常常做出过激反应,甚至主动出击；此外为了在国际海运中保持影响力,西方国家也常常参与到南亚地区政治之中,在必要时调和印巴矛盾以确保航运稳定；美国为强化印度实力以平衡中国的影响力,一方面突出印度的区域内主导性地位,另一方面也主动让印度承担更多的地区和国际性事务。地缘政治的复杂性使得莫迪必须在抓住机遇、谋求发展的同时,保持印度的独立性和话语权,这无疑加大了其改革的难度,而全球贸易紧张局势的升级则进一步收紧了莫迪的改革空间。

　　在与美国关系上,印美之间虽然也出现了贸易摩擦,但双方关系的大方向并未改变。2018年6月,美国分别对印度的钢、铝征收了25%和10%的关税,印度则对从美国进口的部分农产品征收报复性关税,但是这一反制措施却一拖再拖,直至2019年6月5日美国取消对印度的普惠制待遇,这意味着印度有2900多种总价值约56亿美元的对美出口商品将不再享受免税待遇,随后印度宣布对美国的25种商品征收报复性关税,美印贸易的紧张局势由此形成。美国在贸易上对印度的不满主要来自两个方面：一是印度无节制地对农业和乳制品、药品和医疗设备实行进口许可制度和市场控制,造成美国很难将其在这些行业的优势商品输入印度；二是印度对知识产权的保护方式同美国的要求相左,特别是在药品仿制上,美印之间的多次经贸争端均源于此。虽然保护知识产权的价值观已经得到了国际社会的认同,但是却因此而加大了国家间的发展差距及各国人民的生活水平差距。对于贫富差距很大的印度来说,其知识产权制度的确在维持发达国家和发展中国家知识产权平衡之间发挥了关键作用[1],这也是印度政府始终保持"特立独行"的知识产权保护政策的重要原因之一。虽然美印贸易摩擦很快就被缓和了,但这却是美国逆全球化行为的一个缩影,这一行为实际上对奉行多边主义的印度来说仍然产生了威胁。世界各地民粹主义兴起不断冲击着基于国际规则的全球化和国际秩序[2],就连加拿大作为美国的正式贸易伙伴和盟友尚且被美国视作"安全威胁"[3],那么印度寻求得到美国钢铁和铝关税豁免的努力失败也是情理之中的。因此无论美国是否已经成为可靠的贸易伙伴,不断上升的孤立主义和保护主义潮流以及进口替代和新重商主义复兴的迹象,都必将导向一个逆全球化的阶段[4]。

第三节 印度的崛起前景

一、印度产业结构调整展望

印度作为一个发展中人口大国,服务业占 GDP 的比重高达 57% 以上,农业占比约 14%,工业占比只有约 29%,这样的经济结构没有充分利用劳

---

[1] Divesh Kaul, "Evolving Trade Undercurrents At The Regional Level: Tides of India's Preferential Trading In The Indian Ocean And Beyond," *Indian Journal Of International Law* , 2019.

[2] Daniel Ben-Ami, "World Trade: Is Protectionism on the Rise," IPE , February 2017, https://www.ipe.com/investment/briefing-investment/world-trade-is-protectionism-on-the-rise/www.ipe.com/investment/briefing-investment/world-trade-is-protectionism-on-the-rise/10017403.

[3] Swaminathan S., Anklesaria Aiyar, "The New US-Mexico-Canada Agreement has Grim Implications for India," *The Economic Times*, October 10, 2018, https://economictimes.indiatimes.com/news/economy/foreign-trade/view-the-new-us-mexico-canada-agreement-has-grim-implications-for-india/articleshow/66139654.cms.

[4] Divesh Kaul, "Evolving Trade Undercurrents At The Regional Level: Tides of India's Preferential Trading In the Indian Ocean And Beyond," *Indian Journal of International Law* ,2019.

第三章　印度未来的发展前景

动力比较优势,不能解决大量的失业和贫困问题。经济结构的不平衡阻碍了印度经济的持续发展,因此印度产业结构调整一直在向"扩大制造业规模,保持服务业优势,以加大社会福利投入与建设来推进和巩固结构性改革"的目标发展。自莫迪执政以来,印度支出逐年扩大,最高时占GDP比重19.42%,但进入2018年后有所回落,最新数据为占GDP比重的13.21%;印度政府债务占GDP比重一直保持在68.5%—69.6%的水平,在全球债务风险加大的局势下该指标短时间内将不会扩大;在制造业方面,总体来看保持了增长态势,2019-2020财年的制造业PMI指数为54.5,处于近年来的较高水平,虽不及最高值55.30,但是考虑到全球贸易紧张局势和产业结构转型的双重压力,以及突发的全球性新冠肺炎疫情,印度制造业的发展在短期内将会出现衰退;服务业PMI指数自2017年以来总体保持稳定,最高值达到57.5,但近期滑落至55.5[1],考虑到新冠肺炎疫情的蔓延趋势,预测该项指数短期内可能出现大幅衰退;工业生产增速放缓,且出现下降趋势,并于2019年第三季度出现超过4%的负增长;营商环境排名由2014年全球134位上升至2019年的63位,预测会进一步提升;腐败排名则有所反复,2014年位于第85位,2015年上升至第76位,而后出现下降趋势,在2019年回升至第80位,如果莫迪的改革能够继续顺利推行,政治治理能够不断优化,那么印度的腐败排名在未来会出现进一步的下降。

废钞令和商品与服务税改革等措施的实施直接带动了营商环境的改善,虽然莫迪的经济发展改革战略在实施过程中存在不少问题与挑战,但只要莫迪能稳固执政,只要国际上大量劳动密集产业的转移继续进行,印度产业结构调整在未来就会继续推进并且不断优化,未来行动的优先领域,包括维持宏观经济稳定,进一步减少贫困的持续计划,进一步的综合税收改革以及提高生产力,缩小印度各地区之间的差距,进一步完善基础设施等就可期待。

---

[1] Economic Survey of India 2019-2020, https://www.indiabudget.gov.in/economicsurvey/.

二、印度新技术革命展望

新技术产业的发展会对印度未来产生重大影响,决定印度能否完成产业结构改革,实现服务业升级,甚至能否完成南亚经济一体化目标。产业结构的不均衡使得印度的新技术产业发展空间极大,虽然相对落后的制造业和运输业限制了其在新技术设备生产及普及上的能力,但是迅速扩大的客户群体对通信基础设施和移动设备的普及提出了更广泛的要求,较为发达的服务业带动了外资引进型高端新技术产业的发展。因此,印度的新技术产业发展将通过对现有重点产业的继续推进、对短板产业的补充扶持展开,侧重于数据层级的移动网络与设备,以及技术层级的数据分析与处理上两个领域上,重点产业包括基础设施建设、移动终端普及以及大数据和云计算等产业。随着莫迪政府继续推动基础设施建设,印度的移动互联网普及率在未来会进一步提升,同时,移动终端的普及率也会随之提高,这将主要体现在智能手机、平板电脑的出货率等数据上。印度已经成为全球第二大手机制造国,在莫迪政府保护本土产业的政策作用下,未来印度移动设备制造商(如 LAVA),将会由进口廉价设备转向自主研发,三星、小米、苹果等厂商已经宣布在未来会分阶段将零部件生产、整机组装等业务转移至印度,[①]印度的电子设备市场很可能将会出现类似于中国 2007 年至 2014 年间"百花齐放"的态势,而在大数据、云计算产业方面,印度已经取得了一定的成果,有相关数据显示,印度公共云服务投资预计将以 29% 的增长率从 2015 年的 9.68 亿美元增长到 2020 年的 35.28 亿美元,[②]凭借其人才储备和技术储备,加上外国企业的参与,在未来短期内取得较大发展并非不可能。继续扩大的移动通信产业和高级数据处理产业将会为印度创造新的发展机遇和就业岗位,印度很有可能成为下一个全球电子制造业的中心。

薄弱产业发展则将围绕两方面展开:一是在机器人产业方面,尽管全球

[①] 《智能手机已成为印度制造业亮点,本土厂商开始崛起》,新浪科技,2018 年 10 月 25 日,http://tech.sina.com.cn/t/2018-10-25/doc-ihmxrkzw6927463.shtml。

[②] "Is India the Next Frontier for the Data Center Industry?" https://www.cbre.us/research-and-reports/india-is-india-the-next-frontier-for-the-data-center-industry-june-2018.

机器人市场规模在不断扩大,但增长类型主要集中在工业机器人和服务机器人领域,明显同印度需要将农业人口转移至制造业的方向不符,因此机器人产业的未来发展可能不被看好。最新数据显示,印度万名员工配备的机器人密度仅为3,在所有大国中排名垫底。制造业发展的滞后也会拖累人工智能产业的发展,当前新一代人工智能竞争集中在人工智能基础、智能应用与分析技术、智能物件等领域,一个薄弱的制造业很难在短时间内支撑其本土AI产业的发展。二是物联网产业方面,尽管印度政府推出了《物联网策略》,但是印度自身的物联网基础使得这一目标很难全部达成。当前全球物联网市场在不断扩大,《华尔街日报》援引市场研究公司IDC称,随着移动设备近年来飞速普及,及其周边平台和服务的不断扩张,预计到2020年,物联网市场规模将从2014年的6558亿美元,增长至1.7万亿美元。[1]这对正在加大基础设施投资和拥有强大软件服务实力的印度来说是一个机遇,印度未来很有可能凭借物联网行业为结构性改革兜底,甚至以此间接达成南亚一体化的目标。

三、经济政策安排

未来印度经济政策将继续围绕结构性改革展开,经济政策目标将继续以扩大政府调控力度、平衡地区经济发展运行为主,[2] 由于改革尚未完成,为了确保政策的连续性并赢得对政策的广泛支持,莫迪政府将继续保持宽松的货币政策,以健全的贸易政策加以配合,来改善增长前景并减少下行风险。与此同时,在金融市场上,印度继续深化债券市场,为非永久居民投资商开放特定公债,将公司债券的外国证券投资限度从其已发行股份的9%增加至15%,在国际金融服务中心智慧城市设立国际金银交易所,为全球市

---

[1] 吴晓喻:《2020年物联网市场规模将达1.7万亿美元》,中国日报网,http://caijing.chinadaily.com.cn/2015-06/03/content_20900486.htm。

[2] OECD: "2017 OECD Economic Survey of India- Strong reforms are boosting inclusive growth," March 28, 2017, http://www.oecd.org/eco/surveys/economic-survey-india.htm.

印度崛起与推进新型大国合作研究

场参与者提供选择。①通过审慎使用宏观工具来避免金融风险的积累,所制定的财政政策在增长、平等和可持续性之间保持平衡。新冠肺炎疫情加大了全球经济严重下滑的风险,这要求莫迪政府的经济政策应更具果断性,同步实施更宽松的财政政策作为宽松货币政策的补充。

在莫迪上一任期内,围绕平衡地区发展推出了很多相关举措,地区差异巨大、落后地区发展不明显、大部分邦的农村发展水平落后是印度经济发展的重大短板。②2019年莫迪成功取得连任,随后不久就提出了新的经济增长目标和优先事项,包括在2024年印度成为5万亿美元的经济体、继续促进普惠发展、进一步推进结构改革等,外界将这一系列的措施称为"莫迪2.0",并表示未来五年对印度来说将是变革性的③,这些安排均显示出莫迪政府非常重视经济的包容性发展以及未来的深层次变革。虽然就目前而言5万亿美元的经济目标缺乏具体细节,但是经济结构错配以及收入分配不公的现实,已经严重阻碍印度经济的可持续发展,因此莫迪第二任期的经济政策的关注重点将包括国民福利提升、劳动法规改革、支持创业创新能力、深化税收改革等结构性改革。

具体将包括:

第一,以普惠和包容的发展为政策制定的主旋律,将普惠发展贯穿于莫迪大多数经济政策之中,这与莫迪及其政党所标榜的"代表平民阶层利益"的竞选形象密不可分,围绕"全民开户"的人民金融计划成果扶持弱势群体,运用全民账户实现补贴和支持资金的直接发放。

第二,通过劳动法改革为经济增长加入新动力,重点关注女性劳动力的释放。2020-2021财年印度政府向女性相关项目拨款40.3亿美元,通过强化对女性劳动权益的保护,进一步强化印度劳动力优势,为女性提供技能培

---

① "Union Budget 2020-2021," Ministry of Finance of India, https://www.indiabudget.gov.in/keytoBudDoc.php.

② OECD: "2017 OECD Economic Survey of India- Strong reforms are boosting inclusive growth," March 28,2017, http://www.oecd.org/eco/surveys/economic-survey-india.htm.

③ PTI: "Modi govt 2.0 sets sight on making India USD 5 trillion economy," *Economic Times*, July 21, 2019, https://economictimes.indiatimes.com/news/economy/policy/modi-govt-2-0-sets-sightson-making-india-usd-5-trillion-economy/articleshow/70316852.cms.

第三章　印度未来的发展前景

训和经济支持、从政策层面为女性创业者提供优惠支持将成为印度劳工政策发力点。

第三，扩大公共支出和补贴。尽管财政赤字在逐年扩大，但是为了确保改革的持续推行，印度政府将继续推行财政扩张政策，主要聚力于能够产生一定经济与社会效益的公共卫生事业、社会基础设施建设以及对某些行业的补贴上，在医疗卫生行业，将继续推进覆盖全民的医保规划，在2020—2021年预算中，印度政府将为医疗行业拨款97.2亿美元，其中9.0141亿美元将用于总理公共卫生计划（Jan Arogya Yojana），旨在为贫困和弱势群体提供健康保险保障。与此同时，政府还注重加强对医疗和护理人员的技能培训，拨款4.2亿美元，为医护人员开设专门衔接课程，以加强其海外工作竞争力。[1]政府还对清洁印度计划拨款17.3亿美元。莫迪刚上任时取消农产品最低价格限定以减少补贴的措施极大减少了农民的选票支持，在结构改革进一步深化、新一届大选做出了更多对农民有利的竞选承诺下，莫迪政府或将对农民做出补偿以换取更多的支持，例如为农业、灌溉和农村发展等拨款281.8亿美元，通过公私合营方式建立包括铁路和航空等在内的物流系统，形成无缝链接的生鲜食物（奶、肉和鱼等）全国性冷藏供应链[2]。

第四，干预银行业以确保债务安全，通过降低商业银行中的国有资本占比和消除国有银行体系的坏账等措施，实现进一步的金融开放并建立良好营商环境。为了确保扩大政府开支后的债务安全，印度政府将通过资本重组、银行合并等方式来降低自身对商业银行经营的参与度，以释放金融活力、保持国有银行资产负债表的健康。

第五，提升全民创新创业能力。对青年劳动力的技能培训与创新能力培训将成为一个重点，已推行的"印度创业，印度崛起"计划（Start Up India, Stand Up India）将通过鼓励创业和创新管理模式的方式来提升印度新兴行业的运作能力。目前，莫迪政府已在全印度375个行业中建立了超过13000个培训中心，旨在提高印度年轻人的工作技能。

第六，继续深化税收改革。长期存在的国内市场不统一及中央财政收

---

[1] "Union Budget 2020-2021," Ministry of Finance of India, https://www.indiabudget.gov.in/keytoBudDoc.php.

[2] Ibid.

入不稳定的情况,已经不能适应财政支出不断扩大的需求,为确保政府债务在 GDP 中所占比下降,通过税收改革增加政府收入已经成为印度政府税制改革重点。这些措施将包括但不仅限于取消对富裕阶层的税收优惠政策、用房地产税补贴地方财政、扩大征税范围的同时下调企业所得税率、增加税务管理人员的数量等。

第七,利用央行为改革提供资金助力。由于政党博弈一定程度上制约了莫迪政府制定有利于其改革的财政政策,他希望通过货币政策弥补部分缺失的财政政策。为了确保新任期内的政策得以稳定实行,未来印度经济政策将继续保持一个有利于改革的基本方向,而印度央行在其中将扮演更加积极的角色。

四、国际地位

在与南亚区域内各国关系上,印度是一家独大,其他国家很难主导联合。而且印度自独立后便通过加强与南亚各国的联系、削弱其相互间及与外界的联系,以巩固自身的主导地位;南亚各国相近的文化也为印度输出软实力提供了便利,使之占据了区域内的文化制高点,由此在舆论上拥有强大的话语权;南亚地区目前的安全格局也给了印度维持影响力的条件,南亚这种以印度为中心的安全格局具有明显的不对称性和不平衡性,是一种非民主化的安全机制,印度通过其超强实力构建了一个由其主导的隐形国际组织。近年来,随着"一带一路"倡议在南亚的推动和实施,中国加强了与包括印度在内的所有南亚国家的经贸联系,影响力也不断扩大,其他南亚国家也希望密切与中国的联系来平衡印度。但就区域环境而言,中国对印度在南亚的主导地位所能发挥的平衡作用是有限的,不会取代印度在南亚的主导地位。而对于印度来说,莫迪不断密切与海外移民的联系,扩大市场开放程度,期望在南亚建立以印度为主导的经济一体化组织来抵消"一带一路"倡议的影响。

在同周边区域关系上,印度在中亚将会加强与美国的合作,尤其是在阿富汗问题上。2020 年 5 月,美国阿富汗问题特使扎勒梅·哈利勒扎德在访问印度时强调了印度对阿富汗问题所发挥的积极作用,并在同印度外交部长苏杰生和国家安全顾问阿吉特·多瓦尔会面时建议印度与塔利班进行接

第三章　印度未来的发展前景

触。①阿富汗和印度特殊的地缘关系使得印度十分重视与阿富汗的政治、经济联系,随着美国从阿富汗撤军的速度加快,保持印度在阿富汗的存在一方面可以遏制中亚恐怖主义向印度国内蔓延,另一方面可以对巴基斯坦造成压力,确保其西北地区的相对安全。因此,在美国推动下,印度与阿富汗官方交往密切,包括高层外交、安全合作、投资合作、经济援助等方面。在经济上,印度对阿富汗民生、基建等领域援助目前已经超过30亿美元;在政治上,印度、阿富汗领导人频繁指责巴基斯坦对阿富汗安全形势恶化负责;在安全上,印度持续为阿富汗提供军事援助和人员培训。②可以确定的是,这些合作在未来将会长期持续下去。

印度与东南亚的关系则体现在与东盟的交往上,由"东向政策"到"东进政策"的演进,印度始终将东盟置于印度对外政策的核心地位,莫迪政府强化了与东亚的联系,但并没有放松与东盟的联系。东南亚与南亚一样扼守着最繁忙的国际航运水道,是联系世界上人口最密集、经济活力最高的几个地区,因此要想实现印度的大国梦,那么印度在未来长期内仍必须将东南亚作为其外交重点地区之一。在南海问题、昆曼大通道等同中国有关的问题上,一方面开展经济合作,分化中国-东盟自贸区的影响力;另一方面在南海支持"航行自由",声援越南、菲律宾等国的主权诉求,从而平衡中国在印度洋的影响力。作为与南亚东西接壤的两个地区,东南亚和中亚的稳定决定了印度发展的基本环境格局,通过平衡两个区域内中国的影响力,从而延缓中国力量进入南亚,为印度发展提供稳定的周边环境,是印度未来周边外交的基本方向。

在与域外国家关系上,印度围绕美、欧、俄等传统大国及亚太区域国家展开合作。在对美关系上积极参与美国提出的"印太战略",美国想要将南亚纳入其全球战略体系,就必须得到印度的配合,而印度想要由印度洋走向太平洋,也只能寻求美国的协助。从历史上来看,印度先是积极回应奥巴马政府"亚太再平衡战略",2017年美日印澳四国战略对话重启,美国向印度抛出"印太战略",莫迪政府也给予了积极回应。2018年8月,美国授予印度

---

① 《美国阿富汗问题特使建议印度直接与阿富汗塔利班对话》,兰州大学阿富汗研究中心,2020年5月9日,http://afuhan.org/newsinfo/395627.html?templateId=1133604。

② 王世达:《阿富汗和平进程新态势及前景》,《国际问题研究》,2019年第1期。

战略贸易许可地位,使印度能够从美国进口各类高科技产品,包括敏感的防务装备。由于印美不存在直接的地缘政治冲突,又有压缩中国战略空间的图谋,因此双方在未来展开更深、更广范围合作的可能性较大,"印太战略"则为双方的安全合作提供了一个平台。但大国抱负使得印度不会全面倒向美国,一方面这与东进政策中东盟为核心、积极同东亚开展合作的目标不符,另一方面,印度日益觉醒的大国意识及莫迪有作为领导人的抱负不会允许印度成为美国制衡中国的棋子。在与欧盟关系上,则会不断加深双方的依赖程度。值得注意的是,特朗普在全球进行的贸易战中推动了欧洲与印度的关系,具有强大资本实力的欧洲对于急需外国投资的印度来说是必须留住的盟友。但是在处理与欧洲关系时,印欧都不敢触及美国的利益,未来短期内双方的抉择是:共同合作应对不断升级的贸易紧张局势,还是向美国妥协换取贸易优惠。但不论哪一种,印欧密切联系应对全球新格局是一个长期的方向。在与俄罗斯关系上,印度不会出现突然的转向,叙利亚战争后俄罗斯与西方国家几乎决裂,但是印度并未因此与俄罗斯恶化关系,原因在于印俄之间的友好关系具有长期性,长期的友好关系使俄罗斯在与印度的关系中有优势,在包括军火贸易、支持印度"入常"等问题上,印度需要俄罗斯的支持。但是相较于印俄关系,显然中俄关系将会是俄罗斯的外交重点,印度自身也明白这一事实。未来印俄关系仍将以俄罗斯为主动一方,并以有限合作为主,双方将会保持关系长期稳定。印俄间可能也会通过合作制衡中国在其多边合作中的力量和影响,确保印俄在中印俄三方交往中能够拥有足够的话语权。在与亚太国家关系上,"印太战略"契合了"东进政策"中强化与东亚国家交往的目标,积极参与"印太战略",在美国主导下强化与日本、韩国、澳大利亚、新西兰的关系符合其"东进政策",特别是与日本和澳大利亚合作,前者具有强大的资本和技术优势,后者拥有庞大的资源优势,强化关系符合印度崛起的需要;较强的"制华"色彩,也符合印度想要平衡中国影响力的需要,因此未来印度会在"东进政策"的基础上积极发展与亚太国家的关系。

五、社会文化环境展望

莫迪的民族主义竞选策略和执政方式,使得右翼势力正在以有系统、有

第三章 印度未来的发展前景

顺序的方式引导印度舆论,造成了印度民族主义空前的强大。莫迪的改革能否成功,很大程度上取决于其执政的稳固与否,这为人民党运用民族主义来增加选票满足自身政治需求提供了足够的支持,即通过迎合选民来确保政策的有效性。人民党的民族主义竞选策略大获成功,加大了印度各政党效仿的可能性,通过极端化的竞选纲领、参与宗教主义、民族主义的活动以换取选票支持,这将会在舆论上极大地影响民众情绪,从而让民众在有关政治问题、宗教问题上的态度转向极端化。一些政党活动甚至不惜通过民族主义假新闻的形式来表达诉求,但是相较于左翼政党,右翼政党的信息往往连贯且更强有力,因此传播速度也更快[①]。这些政治活动很多与印度教结合在一起,人民党政府官员参与宗教活动、印度教人物参与政治活动,在社会营造了偏离世俗主义的倾向。带有民族主义情绪的一方往往更具有行动力,他们通过社区活动、社交媒体宣传甚至网络暴力等方式,使得原本在社会中处于理性的温和派别也被迫走向极端化。部分地区出现了民族主义者打压左派、干预学术、言论的行为。

经济的高速发展也影响着城市年轻一代人生活方式,传统社会风俗正在被摒弃,但是在上一辈人特别是农村群体中,各个地方各个阶层的传统观念依然根深蒂固,但二者都存在着民族主义的共同倾向。尽管经济已不断开放,但是社会价值观处于保守和趋于极端的对峙局面显然不利于通过扩大开放实现经济发展的愿望,特别是近年来对"印度教价值观"的大力宣传,使得世俗主义被进一步削弱。种姓制度等旧有习俗在城市生活习惯中已经逐渐褪色,但是在社群政治中仍有着重要影响力,表现为低种姓群体既被排斥在政治生活之外,也表现为该群体利用这一身份谋取政治利益。但不论是哪一种方式,都表明种姓制度在政治生活中仍起作用。这种城乡生活、政治生活的断层将会进一步恶化思维方式的代际差异现象,拉大思想开放的断层,通过对印度人分享新闻模式进行研究发现,无论年轻人还是上一辈人,几乎都在向民族主义路线靠拢,这样就会导致新的知识思想很难在不同的人群间传递,从而间接加剧了城乡文化的断层程度。

因此,政党活动与民间右倾组织共同引领印度社会继续保持右倾化趋

---

① "Nationalism A Driving Force Behind Fake News In India," BBC Research Shows, Nov.11, 2018.

印度崛起与推进新型大国合作研究

势,形成拉拢中间派别、打压"左倾"派别的社会氛围,这些行动包括但不限于强化印度教主导的教派主义、维持种姓制下的社群政治,施行中产阶级为主体的风俗习惯解放运动。媒体宣传则在这些活动中扮演了重要角色,互联网和移动通信技术的普及放大了媒体的社会影响力,而不断扩大的中产阶级作为互联网的主力军,其在社会舆论中的话语权也随之扩大。大部分中产阶级的印度青年一代正在通过宣传开放价值观来表达自身诉求,向政府表现出改革的期望和要求。当前印度的社会冲突越来越多地同经济利益挂钩,这也将不断削弱旧有生活习俗在新一代印度人群体中的存在感。

第四章
印度崛起的意义、影响及其对外战略

第一节 印度崛起的意义和影响

一、印度崛起的意义

(一)印度崛起的政治意义

印度是南亚次大陆最大的国家,有着众多的人口和广袤的土地,有着辉煌的历史和灿烂的文化,有着快速增长的经济实力和国际影响力。古印度是世界四大文明古国之一,今天的印度文明也自成一体。印度不仅在南亚范围内充当着最重要的地区主导角色,在世界政治版图上也占据重要地位。印度的崛起对于整个国家和民族来说是一件大事。从历史上看,印度曾不断遭受外来种族的入侵,文明多次受到重大冲击和影响。特别是近代以来,葡萄牙、荷兰、法国、英国等西方列强将侵略目标锁定印度,在印度先后建立殖民地。英国对印度的殖民统治更是长达一个多世纪,其在印度殖民活动也最广泛和深入,影响到了近现代印度政治、经济、社会、军事、文化、教育等方方面面。印度民族主义情绪在这个时期也不断高涨,要求国家独立、民族自决的呼声越来越高。1947年,印度正式获得独立,宣告了英国的殖民统治终结。印度实现国家的崛起成为举国上下的共识和期待。

印度的崛起首先是经济实力的崛起,但并不能否认印度追求的这一崛起是全方位的。事实上,印度经济实力的崛起,必然刺激印度在政治方面要求更高的国际地位和国际影响力。在印度的战略与政治文化思想中,一直

印度崛起与推进新型大国合作研究

怀有大国梦想。[①]从印度国民情绪和政党意识形态来看,印度民族主义势头一直处于上升的过程中。在政治意义上,印度的崛起首先意味着印度从近代的悲惨遭遇中彻底走出来,在摆脱殖民统治、实现民族独立的基础上,通过大力发展经济增强国家实力引导国家和民族走向复兴,从一个积贫积弱的大国走向一个现代化的强国,重振其民族过往的辉煌和信心;其次,印度的崛起意味着其有更充分的实力保障国家安全,有更多的手段和资源维护其在南亚地区的主导地位;最后,印度的崛起意味着其能更从容地由南亚走向世界舞台,实现在世界上发挥与其人口规模相当的影响力。

虽然印度大国崛起的过程不会一帆风顺,但其可能引发的地缘政治影响不容忽视。[②]对世界来说,印度是21世纪以来继中国之后又一个崛起的文明型大国。如果说中国的崛起冲击了近代以来建立的以西方为中心的一整套国际政治秩序,那么如今印度的崛起将继续挑战西方主导的国际秩序,推动国际政治格局从以西方为主向着更均衡的多极方向演变,东方的古老文明将在世界舞台上占据更大的分量。从全人类的角度看,印度是一个拥有超过13亿人口的世界大国,其崛起是一个十数亿级人口大国的崛起。纵观近代世界史,曾经崛起的强国,其人口规模远远不到十亿级。这样一个国家的崛起,最直接的表现便是国民经济和收入的显著增长,推动国民生活水平的提高,不断减少贫困人口,这对于整个人类福祉的提升,具有空前意义。一个十数亿人口的大国在国际事务中发挥越来越重要的作用,有利于世界和平的平衡稳定运行。此外,作为一个有着悠久灿烂文明的国家,印度的崛起意味着印度文明的角色将在世界文化中发挥重要作用,促进人类文明的多样性存在和多极化发展。

(二)印度崛起的经济意义

印度的崛起,意味着其将逐渐摆脱贫穷落后的面貌,以经济大国的身份出现在世界舞台上。2018年,印度国内生产总值达到约2.72万亿美元,超

[①] Steven A. Hoffmann, "Perception and China Policy in India," in Francine R. Frankel and Harry Hardings eds., *The India - China Relationship: What the United States Needs to Know*, New York: Columbia University Press, 2004, pp. 33-34.

[②] 李莉:《印度大国崛起战略新动向》,《现代国际关系》,2017年第12期。

第四章 印度崛起的意义、影响及其对外战略

过法国,跃居世界第六位①。2019年印度国内生产总值达到约2.94万亿美元,超过英国,成为世界第五大经济体。②根据英国经济与商业研究中心报告,印度将在2026年超越德国成为全球第四大经济体,在2034年超过日本成为全球第三大经济体。③

而从购买力平价(PPP)来看,印度2019年的GDP总额为10.51万亿美元,超过日本和德国,已经成为世界第三大经济体。印度经济总量提升的背后,其经济结构、产业层次、创新能力、可持续发展潜力都发生了较大的进步。随着经济竞争力的增强,印度经济在世界经济中将占据越来越重要的地位。

印度的崛起,意味着十数亿人口将不断提高收入水平和生活质量,贫困人口将持续减少,这在印度经济社会发展史上也是空前的。2017年,印度人均国内生产总值为1939美元,2018年人均国内生产总值达到2038美元④,虽然仍远低于世界平均水平,但值得注意的是,2000年印度人均国内生产总值只有443美元,还不到2017年的四分之一。而近年来印度经济增长不断加速,显示着印度国民生活水平也得到了快速提升。

印度的崛起,也预示着其未来的经济增长具有无限潜力、大幅提升印度在国际社会中话语权和影响力,这既是以其快速发展的经济、不断增强的实力为依托和后盾,同时经济发展、实力增强又可以增强世界投资印度的信心,并为印度的出口和对外投资背书。同样,印度国防能力的提升和外交的主动作为,也将为其深入参与世界经济提供保障。

对世界经济而言,印度的崛起,为世界经济注入巨大动力。从2015年开始,印度经济增长的速度开始超过中国,成为全球增速最快的经济体。印度国内生产总值2017年为2.5975万亿美元,较2016年的2.2742万亿美元,

---

① World Bank, https://data.worldbank.org.cn/country/%E5%8D%B0%E5%BA%A6.
② 《美智库:印度已经超过英法,成为世界第五大经济体》,《人民日报》海外网,https://baijiahao.baidu.com/s?id=1658946896318819526&wfr=spider&for=pc。
③ "India may overtake Germany to become fourth-largest economy by 2026," Centre for Economics and Business Research, https://cebr.com/reports/business-today-india-may-overtake-germany-to-become-fourth-largest-economy-by-2026-cebr-report/.
④ World Bank, https://data.worldbank.org.cn/country/%E5%8D%B0%E5%BA%A6.

印度崛起与推进新型大国合作研究

增量为 0.3233 万亿,对世界经济增长的贡献率达到 6.81%[1]。彭博社就以国际货币基金组织数据为基础,对各国经济增长的全球贡献率进行了预测,2019 年印度对全球经济增长贡献为 13.5%,排名世界第三,而到 2024 年,其经济增长贡献率还将提升至 15.5%,超越美国成为第二[2]。由此可见,印度经济增长的全球贡献率已呈连年增长趋势。考虑到印度经济增速仍维持在高位,未来印度将成为世界经济中举足轻重的角色。根据印度财政部长的预测,印度国内生产总值在 2030 年将达到近 10 万亿美元,成为届时世界第三大经济体。美国国家情报委员会的一份报告指出,到 2030 年,"印度可能会像今天的中国那样,成为全球的增长引擎"。[3]

印度的崛起,将为世界经济发展提供新的经验。自经济改革以来,印度与中国的发展都很成功,但在发展模式上却大有不同。从经济增长动力来看,印度国内消费是拉动经济增长的主要引擎,在一定程度上减少了对外部经济体的依赖;从经济结构来看,服务业在其国民经济中占有较大比例,软件业发展特别出彩;从企业成分来看,印度私营经济占比更高,更具发展活力和可持续性。印度经验为广大发展中国家的经济发展提供了一条有别于中国经济发展方式的借鉴。

印度的崛起,将重塑世界经济格局。近代以来,全球经济重心从欧洲转移到大西洋沿岸,又转移到亚太地区。印度的崛起,一方面可激发亚洲经济板块的活力,提升亚洲经济板块在全球经济中的份额;另一方面,印度经济在世界经济中的比重上升,有助于缩小南北差距,带动广大发展中国家经济增长,有利于减少人类贫困。南方国家经济的发展,将有力冲击现有的世界经济秩序,也必将带动世界经济秩序朝着更均衡的格局演进。

---

[1] World Bank, https://data.worldbank.org.cn/country/%E5%8D%B0%E5%BA%A6, 2018 年 11 月 28 日。

[2] 《5 年后中印将是全球经济增长最大贡献国》,中华人民共和国商务部,2019 年 10 月 29 日,http://www.mofcom.gov.cn/article/i/jyjl/m/201910/20191002908450.shtml。

[3] Persis Khambatta, Amb. Karl F, Inderfurth, India's Emerging Economy: Sector by Sector, http://csis.org/files/publication/121221_WadhwaniChair_USIndiaInsight.pdf, 2012 年 12 月 21 日。

第四章　印度崛起的意义、影响及其对外战略

（三）印度崛起的安全意义

印度的崛起也是其军事力量的崛起。事实上，印度在成为地区大国和谋求世界大国的过程中，军事力量一直在增强。随着印度经济的增长，其国防预算也越来越多。根据瑞典斯德哥尔摩国际和平研究所发布最新报告，印度防务预算在2018年达到620亿美元，已经超过英国。[①]在过去的10年里，印度军队武器进口规模稳居世界第一位。印度的主要武器进口国是俄罗斯和美国等。21世纪以来，印度从俄罗斯购买了"戈尔什科夫"号航空母舰、"基洛"级潜艇和苏-30重型战斗机等新一代主战武器，特别是对海空军进行大幅升级。印度一直致力于发展其海军力量，执行"印度洋控制战略"。[②]这些军购对于印度维持其在印度洋的军事存在，应付与周边国家的冲突，防范非传统安全威胁，显得更加有"底气"。

印度的崛起包括其军事实力的快速增长，意味着其在世界安全格局中的地位不断上升。印度作为国际政治和世界经济上的新兴一"极"，也在不断追求成为军事一"极"，以维护其国家利益，增强地区和国际影响力。从一定意义上讲，这有利于世界多极化发展，有利于世界安全力量的均衡配置。但也应该看到，印度过分追求军事"硬实力"的增长，在部分国际争端中倾向采取军事冒险主义的做法，缺乏理性克制，对区域安全产生了不少挑战。作为南亚地区最强大的国家，印度将大量的资源用于军事领域，不能不对其试图塑造的和平形象产生消极影响，增加邻国的防范与猜疑。周边国家鉴于心理上的不安全感，势必引发军备竞赛。[③]近几年，印度已表示有意采取必要措施，成为一流核大国。美国军备控制协会称，印度很可能拥有约100件核武器。另据日本《外教学者》杂志报道，印度在核武器监管方面存在巨大隐患。

[①] 数据来源：瑞典斯德哥尔摩国际和平研究所，https://www.sipri.org/，2018年12月。

[②] Wang X, "India's Ocean Strategy and Its Influence on China," *International Forum*, 2004, p. 4.

[③] 李忠林：《印度崛起的优势和劣势及其辩证关系》，《和平与发展》，2013年第2期。

二、印度崛起对世界秩序的影响

（一）对世界秩序的积极影响

首先，崛起的印度将成为国际秩序中新的制衡力量，在世界格局多极化的进程中扮演生力军作用。1991年苏联解体后，美国成为世界上唯一的超级大国，在世界秩序中起主导作用。欧盟、俄罗斯、日本等传统资本主义强国，在世界秩序中发挥着重要的支撑作用，特别是上述国家的外交政策渐趋独立，对于世界格局的稳定和平衡至关重要。进入21世纪，以中国为代表的新兴市场国家，政治上要求平等民主的秩序，经济上要求公平合理的秩序，安全上要求以联合国为核心的集体安全秩序，被美国认为是对其主导的单极世界的挑战与冲击。印度的崛起标志着印度成为国际社会主要角色中的新成员，将为世界各大国关系，特别是三边与多边关系注入新的重要因素，[1]对于维护世界安全稳定，推进经济全球化，推动国际政治民主化，改革不合理的国际政治经济秩序具有重要意义。

其次，近14亿人口的印度将在世界舞台上扮演更重要的角色。印度的崛起是一个十亿级人口大国的崛起，这意味着占人类总数近五分之一的新群体集体进入世界舞台的中心，成为国际格局中的重要角色，并将在世界秩序的构建和改革中发挥重要作用。这一庞大群体的声音和利益将在国际社会得到重视，国际秩序的革新也将吸取更多人的智慧。

最后，南亚地区的话语权将更加凸显。印度首先是南亚的印度，其次才是世界的印度。印度作为南亚次大陆最大的国家，其影响力在南亚首屈一指。印度独立以后，不断增加其在南亚地区的影响力，充当南亚地区的领导角色。印度从地区性大国向全球性大国迈进的过程中，必然将首先整合南亚的资源，以区域政治、经济、外交为依托，向全球展示南亚力量。印度的崛起也为南亚其他国家创造了条件，客观上也把更多机遇带到了南亚，国际上将会出现更多的南亚元素和南亚声音。

---

[1] 陈峰君:《印度崛起及其对世界格局的影响》,《紫光阁》,2007年第4期。

第四章　印度崛起的意义、影响及其对外战略

（二）对世界秩序的新挑战

印度崛起对世界秩序形成了新的挑战，主要表现在两个方面：

一是地区霸权主义抬头。由于自然地理原因和历史原因，印度成为南亚地区实力最强的国家。随着印度崛起，印度国家实力在该地区一骑绝尘，不断把南亚视为自己的势力范围。印度认为，若要成为全球大国，就必须牢牢把握住在南亚的主导权，以此为基础提高自己在国际事务中的话语权。同时，要确保自身与南亚其他国家的关系，防止域外势力的干预。印度的外交理念在某种程度上是矛盾的。一方面印度主张独立自主的原则，反对霸权主义、干涉主义，推行不结盟政策，主张建立平等民主的国际秩序；另一方面，印度作为曾经的英国殖民地，却继承了英国的殖民思想，再结合印度的民族主义，把周边小国看成自己的附属国。在实际外交操作中，吞并锡金，控制不丹的外交事务，在尼泊尔寻求特权，肢解巴基斯坦，支持孟加拉独立，干涉斯里兰卡内战等，无不显示了它的地区霸权主义的作为。

除了寻求对南亚小国的控制外，印度还排斥域外国家参与南亚事务。最突出的是阻止中国与该地区国家的正常交往和友好合作。1983年印度版"门罗主义"——英迪拉主义（Indira Doctrine）正式出笼，其中提到"印度不会干涉这一地区任何国家的内部事务，除非被要求这么做，也不容忍外来大国有这种干涉行为；如果需要外部援助来应付内部危机，应首先从本地区内寻求援助"。[①]2013年中国提出"一带一路"倡议后，印度对此保持高度戒心，视之为对其区域霸权的威胁，甚至阻碍"一带一路"建设在南亚地区的进展。一方面印度热衷于参与其他大国提出的区域合作计划来平衡"一带一路"倡议的影响，如日本提出的"高质量基础设施伙伴计划"（目前，印度是日本该计划的第一大对外援助国）和俄罗斯、伊朗等国的"第二苏伊士运河"计划；另一方面，印度提出了自身的互联互通计划以对抗"一带一路"建设，如"季风计划"等，同时还对其周边国家参与"一带一路"建设项目进行干预，其中较为典型的案例就是斯里兰卡科伦坡港口城项目[②]。另外，印度对"中巴经济走廊"也表示严重关切。

[①] 龙兴春：《印度在南亚的霸权外交》，《成都师范学院学报》，2016年8月。
[②] 梅冠群：《印度对"一带一路"的态度研究》，《亚太经济》，2018年第2期。

二是经济秩序可能变得更加复杂。在国际社会中,新兴国家与守成国家不可避免地会产生种种矛盾,其中重要的一个方面便是经济权利的纠纷。守成大国通过多年的经营,逐渐形成一套符合自身利益发展的经济模式和国际合作规则,但新兴大国往往在发展模式上与守成大国存在差异,要求改革游戏规则,构建更有利于自身发展的经济秩序。随着自身的崛起,印度必然对原有国际经济秩序造成冲击。中国的崛起,使世界经济中出现了一股新兴力量,同时也使得世界经济秩序更趋复杂。而印度近年来快速崛起,势必会对世界经济格局带来变动,增加国际经济秩序的复杂性,对原有世界经济秩序造成新的冲击。

三、印度崛起对中印关系的影响

近年来,国际问题研究领域喜欢把印度的崛起与中国的崛起相提并论。从时间上看,印度的崛起进程比中国的崛起进程晚了十几年,但都对世界产生了深远的影响,当然印度崛起也不可避免地对中印关系产生深远的影响。

(一)印度的崛起意味着中印关系的发展将呈现新特点

1. 中印关系中积极因素与消极因素同时存在

事实上,中印关系具有多重属性,这是由双方互为相邻大国又同处快速发展的历史阶段决定的。作为相邻大国,意味着双方有更多的合作条件和机会。除传统双边贸易外,双向投资、互联互通、产能合作、金融合作等都是中印未来极具潜力的对接领域。但是,双方又有领土争端,边界问题一直是两国关系的"火药桶",也是长期导致两国政治互信度较低的原因所在。双方同处快速发展的历史阶段,同是极具潜力的新兴市场国家,这又决定了两国在世界格局多极化、国际秩序改革、经济全球化、气候变化、独立自主外交等方面有相近的看法。但同样的发展阶段又决定了两国存在一定意义上的同质化竞争,双方互相视为潜在的战略对手。

随着中国和印度崛起进程的叠加,双边关系中的双重性质将持续存在,期待消灭其中任何一面的想法是不现实的。诚如印度前外交秘书拉奥琪所言,"中印关系复杂且具有多面性,两国的竞争与合作总是相互重叠,适当的

第四章　印度崛起的意义、影响及其对外战略

健康竞争对两国关系未必是坏事,反而可能会诱发更有意义的合作。"①在中印两国将来的交往与合作中,"求同存异"仍是妥善处理双边关系的重要原则。

2. 中印关系因双方本身发展变量而难以形成稳定模式

中国和印度都是正在崛起的大国,未来的发展潜力仍然很足。但总结历史大国崛起的规律可以看到,没有任何大国的崛起过程是完美的长期线性上升的。中国和印度在崛起过程中面临的自身挑战和世界性挑战,只会比过去的大国更多,中印两国仍存在崛起中停滞、发展中失速的风险。而这些问题的非对称性出现,将带来两国实力和战略预期的变化,影响两国外交决策。即使中印两国的崛起过程较为顺利,双方在不同阶段的发展节奏的不同,也会影响到双方的心理和行动。因此,应该预见,两国的动态变化过程,将使中印关系的发展不断调整,不可能保持一个长期静态稳定局面。

3. 中印关系的互动影响着未来国际关系格局的发展和演变

20世纪90年代苏联的解体标志着两极格局的终结,国际格局进入新的调整期。而随着21世纪到来,特别是2008年全球金融危机过后,发展中国家表现突出,特别是以中国和印度为代表的亚洲地区,在世界经济版图中的地位显著上升。中国和印度在崛起的过程中,已经成为拉动亚洲乃至全球经济增长的最重要引擎,因此两国关系早已超越了双边关系的范畴,而深深影响着世界秩序。

中国在过去十多年的时间里,经济增速一直保持在全球前列,把东亚乃至亚洲带入世界经济发展最具活力和潜力地区的行列里。而印度也后来居上,持续的人口红利得到释放,国内经济改革稳步推进,多年在经济增长速度方面一直较快,并且深深改变了南亚的发展格局。中国经济增速仍保持在高于世界平均的水平上,并且经济转型与升级取得显著成效,在国内经济改革、社会治理、国防实力提升、国际事务参与和全球环境与安全治理等方面成就更加突出。可以说,印度快速发展阶段和中国的全面发展阶段正从不同维度上塑造着世界格局,两国不仅通过双边关系的复杂互动影响着国际关系,而且通过地区层面上的影响力外溢,加快地区与全球国际关系格局的互动。如果说五六年前人们观察中印关系的视角逐渐从南亚转向亚太,

---

① 蓝建学:《新时期印度外交与中印关系》,《国际问题研究》,2015年第3期。

印度崛起与推进新型大国合作研究

那么现在研究中印关系的维度则应从亚太转向世界。当前,受亚太地缘政治变局等因素触动,中印都在"重新发现"对方,着手构建"中印关系新模式",客观上推动以合作共赢为核心的新型国际关系。[①]

(二)印度的崛起对中印关系的影响具有两面性

1. 促进双方经贸合作的扩大与深化

印度经济的崛起,使得印度有更多的主观愿望和客观需要参与国际经济。一方面,印度经济的发展提高了制造业、服务业效率,在人口红利和经济改革的刺激下,印度逐渐成为又一"世界工厂"。印度崛起需要其商品和服务走出国门,也需要其企业和技术走向世界。另一方面,人口红利和国民收入的快速增长,催生了印度庞大的国内市场。20世纪90年代以来,特别是进入21世纪,经济实力稳步提升的中国和印度,双边贸易扩大成了顺理成章的事情。从时间维度上看,中印双边经贸往来呈现曲折发展的态势,但长期来看呈增长趋势,并不断创造新的纪录。2000年,中印两国贸易额为29亿美元,2008年增至518亿美元,增长了近18倍。2009年,受全球金融危机影响,中印贸易额有所下降,但2010年开始恢复增长。2012年,印度铁矿石产量紧缩导致对华出口大幅减少,中印贸易额再次下降;之后中印贸易进入增长停滞期,一直持续到2016年。[②]2017年,两国贸易额达到844亿美元,同比增长20.5%。2018年,双边贸易额为955.43亿美元,同比增长13.2%,[③]为历史最高值。2019年,双边贸易额928.15亿美元,同比略有下降。

2. 对中国安全、战略和地区影响力等方面形成挑战

第一,中印边界问题解决的难度升级。中印边界问题是中国现阶段在陆上边界中存在的主要问题,始终是中印关系发展的主要障碍。中国政府主张通过和平谈判解决双方领土争端。随着印度崛起和综合国力的提升,印度对边界争端的态度趋向强硬。随着印度近年来国防军事力量的增强,印度不断增加在中印争议领土地区的军事力量,大规模建设军事设施,加大

---

① 蓝建学:《新时期印度外交与中印关系》,《国际问题研究》,2015年第3期。
② 李若杨、张春宇:《中印经贸合作的机遇与前景》,《中国远洋海运》,2019年第2期。
③ 《中国同印度关系》,中华人民共和国外交部网站,https://www.fmprc.gov.cn/web/gjhdq_676201/gj_676203/yz_676205/1206_677220/sbgx_677224/。

第四章 印度崛起的意义、影响及其对外战略

武装力量投入,使得该地区爆发军事冲突的可能性增大。莫迪政府上台后,以国家硬实力为后盾,在处理国际争议问题时倾向于使用武力冒险。2017年"洞朗事件"和2020年"加勒万河谷冲突",集中反映了这一变化。印度的崛起,使印度对待边界争端的看法,无论是其国民心理还是国家安全战略,都发生了显著改变,印度越来越希望通过使用强力而非和平谈判解决问题,这将大大加深中印边界问题解决的障碍和风险。

第二,印度加大与中国争夺地区主导权。印度的崛起,使印度对自身角色、自身能力有了重新的判断,其政策向更积极有作为的方向调整。随着"一带一路"倡议在亚洲逐渐铺开,印度把中国与南亚国家的经济合作与互联互通,视作对其地区霸权的威胁,使用多种手段阻挠该倡议的推行和实施。另外,印度还推出环印度洋地区合作联盟(IORA)来增强对南亚各国的影响力与控制力。该联盟的蓝色经济合作区主要包括印度、马尔代夫、斯里兰卡、孟加拉国、缅甸、印度尼西亚、巴基斯坦、伊朗、阿曼等国,几乎将整个印度洋地区全部涵盖进来。[1]在印度洋上,印度过分渲染中国的军事存在,不断增加国防开支特别是海空军军费,购买新一代海空武器,用以遏制所谓的中国在印度洋的军事存在。一些印度防务专家认为,印度能够通过谋求排除域外大国来维护自己在印度洋地区主导地位。[2]印度要以印度洋为核心,全面加强印度的威慑力量,监视并遏止其他大国对印度洋地区的任何干涉[3],通过威慑限制其在印度洋的行动自由。[4]

此外,印度还提出了"东向行动"政策,将战略目标直指东南亚地区。"深化与东盟的关系是印度这一政策的关键。为此,莫迪政府一方面积极推动印度和东盟各国的互联互通。2015年,莫迪承诺提供10亿美元信贷额度,支持印度与东盟间的物理和数字互联互通项目[5];另一方面,印度加强同CLMV国家(CLMV为柬埔寨、老挝、缅甸和越南四国的首字母)的产业

---

[1] 梅冠群:《印度对"一带一路"的态度研究》,《亚太经济》,2018年第2期。
[2] David Brewster, "An Indian Sphere of Influence in the Indian Ocean?" *Security Challenges* Vol. 6, No. 3, Spring 2010, p.16.
[3] 左立平:《国家海上威慑论》,时事出版社,2012年版,第176页。
[4] James R. Holmes, "Looking south: Indian Ocean" in David Scott (eds), *Handbook of India's International Relations*, London, Taylor & Francis Group, 2011, p. 162.
[5] 转引自李莉:《印度东进战略与印太外交》,《现代国际关系》,2018年第1期。

合作。印度工商部制定了《印度与 CLMV 经济一体化战略》，并于 2016 年设立本金为 7700 万美元的项目发展基金，鼓励印度私人企业赴四国投资设厂。①2019 年 4 月 15 日，在新德里举行的第 21 届东盟—印度高级官员会议（AISOM）上，两国高级官员正式做出了执行《东盟－印度和平，进步与共同繁荣伙伴关系行动计划（2016—2020）》的决定，并进一步商讨了执行文件的具体措施。②2013 年，美国太平洋战区司令洛克利尔首次提出"印太"的概念，这标志着美国把印度的地位提高到战略全局的高度。印度积极响应这一战略，在太平洋方向视中国为对手，为争夺在此地区的影响力，不惜将自己的战略与美国、日本等国捆绑。

第三，对我国国家安全构成威胁。中国是印度最大的邻国，且双方边境地区存在面积达 12.5 万平方千米的争议领土，甚至在 20 世纪有过严重的边界冲突。再加上受国内民族主义思潮的影响，印度在战略层面一直视中国为安全威胁和竞争对手。20 世纪后二十年以来，中印关系正常化，但是印度人眼中的"中国威胁"逐渐从意识形态蔓延到地缘政治、军事建设、经济、海洋等领域。③随着近些年印度经济实力的增强，配合其安全战略，印度军方动作不断，武器装备升级换代步伐加快。印度奉行谋求形成"可靠威慑"能力，不断研发、列装可搭载核弹头的弹道导弹、超音速巡航导弹，从国外购买先进战机、大型运输机、察打一体无人机、核潜艇等先进装备，全面提升对中国的战略威慑能力。修建边境道路，同时在前沿地区新建油库、弹药库、军需库等，加大作战物资储备。④

第四，严密戒备中国"一带一路"倡议。2013 年，中国国家主席习近平在访问中亚和东南亚国家时首次提出"一带一路"倡议。无论是"丝绸之路经济带"，还是"21 世纪海上丝绸之路"，若联通亚欧大陆，必然绕不开印度洋和南亚。而从地缘经济和地缘政治看，以印度为首的南亚板块正处于"一

---

① 转引自李莉：《印度东进战略与印太外交》，《现代国际关系》，2018 年第 1 期。
② 东南亚国家联盟（ASEAN）网站，https://asean.org/asean-india-deepen-strategic-partnership/。
③ 陈小萍：《印度对华安全认知与政策选择：印度教民族主义的视角》，《南亚研究季刊》，2018 年第 3 期。
④ 罗锡兵：《新时期印度军事战略调整对我西部地区周边安全的影响》，《南方论刊》，2018 年第 3 期。

第四章 印度崛起的意义、影响及其对外战略

带"和"一路"的交汇地带。"一带一路"倡议提出后,印度对之的态度极为谨慎敏感。这一方面有以"中巴经济走廊"为代表的中巴经济互联互通和战略合作被印度视为威胁,但另一方面,中国整合亚欧经济板块的努力,被印度视为争夺地区主导权。印度认为,一旦中国主导了该地区的合作方式和贸易规则,则印度大国地位面临严重威胁。印度学者拉贾戈帕兰(Pajago-pa- lan)和比斯瓦斯(Biswas)便认为,印度不加入"一带一路"倡议缘于政治因素,印度对中国的"反感"使两国很难形成实质性合作。[1] 也有印度专家认为,中国的"一带一路"和孟中印缅经济走廊都将接入印度东北,而这一地区与印度国内其他地区的联系不够紧密,分离主义严重,因此与中国的交通连接将威胁到印度东北的领土安全。[2]

在这种认识基础上,印度采取了一些行动抵制或迟滞"一带一路"的推进:一是通过制造摩擦和事端,在"一带一路"涉及的地区层面形成紧张局势。如2017年"洞朗事件",印度通过制造非法越界,形成两国在边境地区的小规模对峙,以此牵制中国"一带一路"倡议在此地区的推进速度。二是通过与域外势力的合作,在中国关切的主权和安全利益方面挑事。如积极推动"印太战略",鼓吹"美日印澳"四国战略,与台湾发展暧昧关系等,以此牵制中国战略的实施。三是通过向南亚邻国施加压力,迫使这些国家停止参与"一带一路"建设。如在一些中国与南亚国家合作的基建项目上,印度在背后指指点点,甚至政府出面向对方政府施压,使一些签约项目出现变故。四是通过派出本国企业,与中国企业在南亚国家恶意竞争。事事与中国攀比,与中国在南亚及其他区域不断展开恶性竞争,导致经常出现"两败俱伤、渔翁得利"的情况。尽管有时印度没有这样的实力与中国争项目,但由于其"捣乱",也会大大增加中国的竞争成本。[3]

第五,经贸、科技竞争与摩擦。中印经贸合作在一定程度上确实充当了

---

[1] Rajeswari Pillai Pajagopalan and Arka Biswas, "India – China Relations under Xi Jinping: An Indian Perspective," in *China: An International Journal*, Vol. 15, No. 1, 2017, pp. 120 – 139.

[2] Kanwal Sibal, "China's Maritime 'Silk Road' Proposals Are Not as Peaceful as They Seem," February 26, 2014, http: // www. indiandefencereview.com/chinas-maritime-silk-road-proposals-are-notas-peaceful-as-they - seem.

[3] 陈利君:《印度的南亚战略及其对"一带一路"国际合作的影响》,《当代世界》,2018年第3期。

两国关系中的积极因素甚至是压舱石,但中印经济合作本身仍存在诸多内生性矛盾。中国更为成熟完备的经济体系使得印度近年来在与中国的贸易中总是处于逆差状态,贸易赤字的快速提升使印度产生了极大的担忧。印度强调,"不能总是充当中国的原料和初级商品出口国,只能在有限期间内忍受对华贸易赤字,超过这一时限,经贸关系的积极性就会呈现负面基调"。客观上看,贸易赤字系国际经济交往中常见现象,中印贸易失衡缘于印度对华出口的结构性问题。[①]在科技领域,印度也逐渐开始了与中国的竞争。在美国等国的怂恿下,印度考虑将禁止华为、中兴等中国公司参与印度的5G网络建设投标。2020年6月底,印度国家信息技术部还以"国家安全考虑"为由宣布在印度全面禁用包括TikTok、微信等在内的59款中国企业的应用程序。[②]这是在中印边境冲突背景下发生的,但未来真正的竞争可能在科技领域愈演愈烈。

第二节 崛起中的印度对外战略目标

一、对自身大国角色的重新定位

印度从独立后一直视自己为国际政治中的大国角色,但过去对自身的大国角色定位和现在有很大不同。相比过去传统的大国定位,印度对自身大国角色的内涵和外延,做了全面而深刻的调整。

(一)印度大国角色定位的形成

印度对自身的大国定位,其渊源可以追溯到独立前后。在独立前,印度是英国的殖民地。一方面,英国人在殖民掠夺印度的同时,客观上带来了西

---

① 蓝建学:《新时期印度外交与中印关系》,《国际问题研究》,2015年第3期。
② "India Bans Dozens of Chinese Apps Amid Border Tensions," https://www.tmtpost.com/4505976.html?rss=souhu。

第四章　印度崛起的意义、影响及其对外战略

方国家现代的政治观念,其中重要的一项便是现代资本主义国家概念。事实上,英国为了便于自身的殖民统治,同时缓和印度的民族主义反抗,在印度颁布了具有西方式的宪法,并构建了现代西方宪政体制的国家架构。从此,印度真正由一个东方文明国家转变为一个具有现代西方政体架构的国家。1947年印度获得独立,标志着真正的"印度国家"诞生。独立后印度的资产阶级统治者在意识形态上仍然是亲英国的,英国的殖民主义和强权政治遗产也被印度资产阶级继承下来。当时的印度领导人仍旧认为,英国殖民统治时期,那个在南亚地区据于支配其他国家的英属印度,理应被原封不动地继承下来而丝毫不顾及南亚其他国家获得民族独立后,在政治上是独立、在对外关系中是平等的主权国家。此外,印度不仅认为自身理所当然地继承了英国在南亚的统治地位,还想获得英国在域外的扩张权利,包括其在西藏的某些特权。另一方面,英国殖民者经过上百年的经营,把印度发展成为南亚地区政治版图最大、经济实力最强,战略地位最优的国家,这使得印度有充分的手段和能力在地区推行其霸权外交。

印度的这种大国定位在印度领导人的言行中有着明显的体现。印度独立前夕,尼赫鲁就在《印度的发现》一书中称:"印度以它现在所处的地位,是不能在世界上扮演二等角色的。要么做一个有声有色的大国,要么销声匿迹。"[①]从中可以看出,印度独立后的第一代领导人,就为印度谋划了一流大国的目标。在当时紧张的两极对峙格局下,印度就把自己看作了能深刻影响全球政治格局的大国,这种意识也在印度的外交实践中有着深刻的体现,特别是在与南亚小国的互动中,印度是以占地区支配的大国自居的。此后,印度的核武器研制成功更是使其在战略实力和国民心态上强化了自己的大国心态。今天印度经济的快速崛起,更是让印度政府雄心勃勃,要把21世纪变为印度的世纪。2001年,印度内政部长阿德瓦尼宣称,"20世纪属于西方,中国在21世纪想成为世界的领导,但本世纪未来的岁月属于我们印度。"[②]

2014年,印度人民党再度上台执政。此时的印度已积累了更多的经验,

[①] 贾瓦哈拉尔·尼赫鲁:《印度的发现》,上海人民出版社,1956年版,第57页。
[②] 张家栋:《印度的新扩张倾向:现状、特征与局限》,《人民论坛·学术前沿》,2018年第1期。

印度崛起与推进新型大国合作研究

发展势头良好,具备了崛起的巨大潜力。当时新任总理莫迪在此基础上,提出以发展与良治为目标,推进重大的革命性变革,从根本上改变印度,构建崭新的印度政治文化的宏大目标,实现印度全方位崛起,[①]印度崛起这一话语的兴起使得印度开始重新审视自己的大国角色定位。

(二)印度大国角色定位的调整

其实,早在莫迪上台执政前,"印度角色再定位"这一话题已经初现端倪。在大选中,莫迪便提出了"建设一个强大、自立、自信的印度",并声称印度要实现成为世界性大国的"印度梦"。上台后,莫迪又提出"要为印度创造一个辉煌的未来,打造一个强大、发达、包容、并致力于世界和平与发展的印度"。在这一目标下,印度经济增速不断走高,国内改革也在大踏步进行。2015年2月,莫迪声称要带领印度发展成为"全球领导大国"(a leading power),而不只是一支制衡力量(a balancing power)。[②]在这一系列理念的指导下,外交政策出现一些变化。印度称"已做好准备承担全球伙伴责任",在外交实践中更加重视大国外交,不断与美、日等西方发达国家走近,进一步强化与俄罗斯的传统友谊,继续与中国的政治、经贸合作。

二、外交战略目标的调整与走向

(一)印度外交战略目标的调整

进入21世纪后,印度综合国力大幅提升,是其外交战略和外交政策调整的最大背景和动因。在这一阶段,印度外交开始积极作为。"实力""权力"与"控制力"等具有强力色彩的词语,在印度外交论述中的出现频率大幅增多,其国内民族主义情绪也越发高涨。

从2004年辛格政府上台执政后,印度外交的中心思路演变为"战略自主",即在保证与主要国家保持健康稳定关系的同时,大力发展多边关系,结

[①] Ashley J. Tallis, "India as a Leading Power," April 4, 2016, Paper, Carnegie Endowment for International Peace.

[②] 王晓文:《印度莫迪政府的大国战略评析》,《现代国际关系》,2017年第5期。

第四章　印度崛起的意义、影响及其对外战略

交可信赖的经济合作伙伴,以期为国内经济发展提供有利的外部环境,创造良好的外部空间。印度外交战略目标主要有三:一是处理好与几个大国特别是与美国的关系,避免被世界强国当作重要战略对手和潜在威胁国家。利用大国之间的各种矛盾,使自身处于有利局面中,为国家崛起的目标争取更多战略机遇;二是全面提高在国际事务中的话语权,以全球大国而非地区大国的姿态参与国际事务,同时保持外交的独立灵活性;三是外交为经济发展服务,将外交资源更多投入到与印度经贸关系密切或未来潜力巨大的经济体上,同时重视多边外交,积极参加地区和国际经济合作组织。

在2004—2014年国大党领导的两届团结进步联盟政府(UPA)后半期,尤其是2014年5月莫迪总理领导的、印度人民党主导的全国民主联盟(NDA)政府执政后,印度对外战略及政策发生了某种程度上的质变,奠定了当前印度对外政策的基本理念和框架。印度外交政策的两面性、进取性更加鲜明,基本围绕"大国外交"和"经济外交"两大轴心运转,力图从外交层面"再造印度"。[①]

(二)外交战略目标的走向

1. 把经济目标作为外交战略目标的优先考量

在战略目标上,把发展国内经济摆在如此突出的地位,在印度历史上可算作第一次。从立国之日起,印度外交就表现为鲜明的理想主义和浪漫主义色彩,痴迷于在国际社会中展示自身的政治理想和影响力,经济自然让位于这些方面。加之国际环境处于冷战时期,印度经济体系又具有明显的内向型特征,使得印度对于深入参与世界经济兴趣不大。但21世纪以来特别是2010年以来,印度外交向更加务实的方向发展,发展国内经济成为外交战略目标的优先考量。

综合国力,尤其是经济实力对一个大国崛起来说具有决定性意义。印度逐渐明白,印度的大国梦,必然要从经济开始。印度此前推行的政治优先的大国战略受挫,数十年付出的努力成效并不大,且继续推进越发艰难。印度的崛起必须以强大的经济实力作为支撑。2008年全球金融危机的爆发,让印度看到西方发达国家经济中也存在脆弱和不足的地方,而发展中国家

---

① 蓝建学:《新时期印度外交与中印关系》,《国际问题研究》,2015年第3期。

印度崛起与推进新型大国合作研究

可以凭借自身优势,找到新的经济增长机会,从而迎头赶上。加之中国经济奇迹的示范性效应,使印度对自身在经济发展方面的潜力有了更充足的信心。莫迪一上台便明确,发展经济为其首要任务,作为实用主义者,他强调引进外资对经济发展的重要作用,他希望通过放宽对外国资本的审查、加强与外国公司接触等来提振印度经济①。为吸引外资,莫迪政府宣布从2020年4月起实施简化版商品和服务税申报单,为吸引外国主权财富基金在私营行业的投资,对于2024年3月31日之前在印度基础设施和优先行业投资的利息、分红和资本利得收入100%免税,最短锁定期三年。与此同时,政府在同各利益攸关方协商后进一步开放在航空、媒体和保险业的外商直接投资,将允许保险业100%外商直接投资。②

2. 把地区平衡的关键性力量作为外交战略目标的自身定位

印度认为当前亚洲正处于大国角力的主战场,该地区力量的平衡不仅是地区安全的需要,也是国际格局和秩序稳定的需要。印度决策者认为自己就是关乎这场游戏天平平衡的关键力量。考虑到中美的战略角力,印度认为自己的战略价值在未来将不断凸显,因此更应该寻求战略自主,以"摇摆国家"的身份更能左右逢源。印度看到,如果中美利益理顺,矛盾淡化,印度便是最大输家。如果中国崛起的势头不减,印度有必要和美国走近,协调两国战略,从东西两个方向对中国进行遏制;如果美国咄咄逼人,则印度可以和中国联手,压制美国在亚洲的存在。

为了充当一个成功的"地区平衡力量",印度必须保证充分的战略自主性,避免被绑上任何势力的战车。即使印度目前与美国靠近,但印度仅仅把印美关系发展为具有战略协作性质的伙伴关系,以求得把战略博弈风险控制在一定范围。印度不会轻易加入美国主导的亚太同盟体系,但有利用美国制衡中国的现实目的。③印度的大国心态使其不能完全信任其他大国,两面下注,使自身处于"最被需要"位置,不断抬高"身价",是印度的重要战略

---

① 孙现朴:《印度莫迪政府外交战略调整及对中国的影响》,《当代世界与社会主义》,2018年第4期。

② "Union Budget 2020-2021," Ministry of Finance of India, https://www.indiabudget.gov.in/keytoBudDoc.php.

③ 罗建波:《印度对华主要关切与中印关系的未来》,《国际研究参考》,2017年第8期。

第四章　印度崛起的意义、影响及其对外战略

考虑。

3. 把主导南亚作为外交战略目标的实施基础

印度向全球性大国的迈进，离不开地区的支持。印度认为，若要成为世界广泛认可的大国，就必须表现出现有的影响力，印度之于南亚，就应该像美国之于美洲，英国之于英联邦，俄罗斯之于独联体一样。自身在南亚地区居于主导地位，控制整个地区的战略方向，不仅有助于维护自身的现实利益，还可以在域外国家参与该地区事务时，有求于印度，以此彰显大国地位。

为此，印度不顾自身反对霸权主义、殖民主义、帝国主义，要求推动国际关系民主化、平等化，呼吁构建新型国际秩序等一系列在国际舞台上的标签，开始了其双重标准的外交政策。在南亚地区，印度更倾向于实行双边主义策略，以自己强大的实力迫使小国屈服和让步，尽量避免多边方式或避免双边关系国际化。在地区安全局势出现不利于其利益的局面时，轻则干涉内政，重则武力介入。另一方面，印度也提出"邻国优先"战略，以此拉拢地区国家。此外，在南亚地区，印度特别防范域外国家势力进入，近年来中国"一带一路"倡议在该地区的推进，就被印度视为重要威胁。

4. 把实力外交作为外交战略目标的实现路径

实力外交在印度的外交政策中一直是重要选项。近年来印度的"大国梦"越来越清晰，实力的迅速提升使得印度在外交领域信心倍增。印度认为在迈向全球性大国的过程中，仅靠"和平共处""非暴力"等道义口号争取到国际社会认可和支持的途径已经不再适用，印度的战略目标调整必须更具雄心，实力外交理应成为重要支撑。为此，印度在外交实践中，利用国际和地区热点形势，综合运用自身的政治、经济、文化、军事手段，展开与大国的合作和竞争，以实现自身外交利益。在这一过程中，"不结盟""非暴力"等外交理念，基本消失在印度外交话语中。

5. 把东向、印太作为外交战略目标的重点方向

印度的"东向"政策早在冷战结束后便已有之，但进入21世纪后，"东向"政策的理论逻辑和战略考量发生了显著变化，"东向"政策成为印度在谋求世界大国的过程中，向域外落下的最重要的一枚棋子。"东向"政策对于印度新的意义在于：一是可以帮助印度跳出"南亚澡盆"，融入亚洲政治经济的核心地带——东亚，开始真正意义上的战略拓展；二是与中、日、韩经济合作可以促进其经济的可持续发展，这样才能保证其崛起的经济基础；三是由于

被赋予地区力量"平衡器"的新角色,印度可以不受约束地在该地区扩大安全存在和影响①。2014年11月,刚刚执政6个月的莫迪在第九届东亚峰会上正式宣布将"东向"政策升级为"东向行动"政策。②

"印太战略"是由美国制订,印度作为其中至关重要的角色参与进来。"印太战略"是一个多边合作的产物,它涵盖更多的政治意义,也更加突出大国外交,其设计时就涵盖浓厚的"制华"色彩:一方面,"印太战略"的目标与印度的大国战略目标存在一致性,印度也表示积极参与;但另一方面,"印太战略"与印度设想的自身"自主灵活"地介入地区事务存在矛盾,印度对此并没有放松警惕。就印度而言,"印太"概念总是与"东进"战略密切相关。莫迪"东向行动"政策出台时,即有人将之称为"印度的新亚太政策"③。

第三节 印度的大国外交和国际多边外交

一、大国外交

严格来说,印度的大国外交从建国初期就产生了。但其作为地区大国的地位是在1971年肢解巴基斯坦后,才得以完全实现。印度的大国战略是主宰南亚,控制印度洋,成为世界的主要力量。④进入21世纪后,随着其经济实力的增大,其大国外交的目标和思路愈见清晰和可操作。为确保在南亚—印度洋的主导地位,在世界经济版图上占据重要一席,谋求在国际政治中的权力甚至是安理会常任理事国的角色,印度的大国外交不断推进。

---

① 李莉:《印度东进战略与印太外交观》,《现代国际关系》,2018年第1期。
② "'Look East' Policy Now Turned into 'Act East' Policy: Modi," *The Hindu*, November 13, 2014.
③ Danielle Rajendram, "India's New Asia-Pacific Strategy: Modi Acts East," https://www.lowyinstitute.org/sites/default/files/in-dias-new-asia-pacific-strategy-modi-acts-east.pdf.
④ Pratip Chattopadhyay, "India's South Asian Neighbourhood: Policy and Politics," *The Indian Journal of Politi- cal Science*, Vol. 71, No. 4, Oct.-Dec., 2010, pp. 1251-1264.

第四章　印度崛起的意义、影响及其对外战略

2014年莫迪政府上台后,印度实施大国外交的节奏加快。莫迪领导下的印度,其大国外交呈现以下新的特点。

(一)把发展与美国的战略关系作为核心,以平衡亚太和走向世界

在印度的大国外交战略中,加强与大国的接触,通过发展与大国的关系来稳固自身的大国地位,借助大国的全球影响力拓展自身的影响力,是一个重要逻辑基础,也是在实际操作中对"不结盟"政策的重要修正。作为当今世界唯一超级大国的美国,自然成为印度大国外交中的重中之重。以莫迪为代表的印度决策者,放弃了其传统上对美国刻意保持距离的政策,在保证战略自主性的同时,加大与美国的战略互动,并刻意营造印美亲密无间的形象。印美两国合作也不断加强,2015年,两国签订《防务合作框架协议》;2016年,两国签订《后勤交流备忘录协定》。两国高层领导人的互动也异常频繁。2017年1月刚上任的美国总统特朗普,在与莫迪的通话中强调说:"尽管面临来自全世界的挑战,美国仍将印度视作真正的朋友和伙伴。"[①]2020年2月美国总统特朗普访问印度,美、印两国达成了30亿美元军售协议,并签署了3项能源领域的谅解备忘录。两国防务合作不断深化,战略伙伴关系实现快速发展。

(二)把发展与其他大国的关系作为支撑,为其大国外交创造良好的国际环境

除发展与美国的战略关系外,近年来印度也逐步将外交目光锁定其他政治经济大国。发展与中国、俄罗斯、英国、法国这四个安理会常任理事国的关系,都在印度外交的统筹推进中。印度一直在谋求成为联合国安理会常任理事国,尽管这一目标困难重重,进展缓慢,短期内看不到前景,但仍努力发展与上述四个大国的外交关系,以为实现这一目标继续做好铺垫。2015年11月,莫迪出访英国时声称,印英关系应当成为"领先的全球伙伴关系之一",两国签署了超过90亿英镑的商业协议。2018年4月,莫迪总理再度访英,两国高层签署了长达五年的网络合作框架协议,其中包含了

[①] 王晓文:《印度莫迪政府的大国战略评析》,《现代国际关系》,2017年第5期。

印度崛起与推进新型大国合作研究

十四个合作领域,成立了四个工作组,分别负责网络外交、网络犯罪、事件响应和数字经济,而英国也成为除美国外唯一和印度进行年度网络对话和相关工作联合的国家。6月,两国政府同意通过《刑事事项司法互助双边条约》。①2016年1月,莫迪邀请法国总统奥朗德访问印度,两国同意在气候、反恐及经贸等领域加强合作,有效地促进了印法关系的升温。2019年,印法双边贸易额为115.9亿欧元,与上年同期相比上涨0.60%,在此期间,印度对法国出口总值为62.3亿欧元,增长了4%。②2016年10月,莫迪与普京在"金砖"峰会期间举行会晤,两国签署了太空探索、能源合作、铁路升级等近20项联合开发协议。这些协议为两国"今后数年展开更深入的国防和经济合作奠定了基础"。③

(三)把发展与南亚国家的关系作为基础,以彰显大国地位

印度与南亚邻国关系一直是印度外交的重点,从当年的"古杰拉尔主义"到瓦杰帕伊的印巴和平外交,印度历届政府都把外交优先方向放在南亚地区。④几乎所有南亚国家都与印度构成邻国关系,同时印度与这些国家间的关系又错综复杂,如果处理不好,印度就可能被拖困于南亚地区,不利于从容地实施其大国外交战略。

对于同南亚国家的关系,印度一直是软硬两种手段并用:一方面,印度使用强硬态度处理南亚问题,以争取获取地区主导权。首先是打压巴基斯坦,印度虽偶尔也有和平处理印巴关系的声音,但在边境军事冲突问题上实际做法却并不"温和",以致2016年和2019年两次出现紧张形势。除军事手段外,印度通过其政治和经济权力,施压其他国家以做出有利于印度的政策改变。如2015年,印度施压斯里兰卡,叫停了中方投资的科伦坡港口城项目,这样的例子在南亚地区不胜枚举。

---

① Rahul Roy-Chaudhury, "India - UK cybersecurity cooperation: the way forward," IISS, Nov 2019, https://www.iiss.org/blogs/analysis/2019/11/sasia-india-uk-cybersecurity-cooperation.

② 《印法经贸简报》,印度驻法大使馆,https://www.eoiparis.gov.in/page/india-france-economic-and-commercial-relations-brief/。

③ 《印度和俄罗斯签署一系列国防和能源合作协议》,新华网,http://www.xinhuanet.com/world/2016-10/17/c_129324262.htm。

④ 荣鹰:《"莫迪主义"与中印关系的未来》,《国际问题研究》,2017年第6期。

第四章　印度崛起的意义、影响及其对外战略

另一方面,印度不断示好南亚国家,以稳定周边局势和推动经济合作。在与斯里兰卡、马尔代夫、孟加拉国、尼泊尔等国家的关系中,印度强调经贸合作和共同利益的作用。正如 2015 年莫迪在访问斯里兰卡时所称:"我梦想中印度的未来,也是我所期待的邻国的未来","世界将印度看作经济发展的最前沿,邻国应当成为首要的受益者。"[①]

此外,印度认为实现对印度洋的控制,是印度大国崛起的必备条件。印度自封为印度洋地区安全的"净提供者"(net provider),重点通过加强与毛里求斯、塞舌尔、斯里兰卡、马尔代夫等环印度洋中小国家海上安全合作,包括建造印度洋沿岸雷达监视网络,体现其存在和影响力。[②]

(四)把发展与亚洲国家的关系作为重点,寻求经济与外交的突破

"东向行动"在印度的对外政策中扮演十分重要的角色,它充当印度走出南亚的突破口。向东,印度一方面通过多种机制加强与东南亚国家的合作,同时增加与日本、韩国和澳大利亚等国的经贸联系。另一方面加强与日本、澳大利亚等美国盟友在印太的安全合作,以维护海上秩序为名遏制中国,并借此获取印度洋的主导权,提升在印太战略中的分量。向西北方向,印度加强与中亚国家的经济和能源合作。2015 年 7 月,莫迪访问中亚五国,成为印度历史上唯一遍访五个"斯坦国"的总理。此外,印度在伊朗投资建设恰巴哈尔港,通过该港口向北与阿富汗和中亚国家进行贸易。印度希望将恰巴哈尔港与俄罗斯、伊朗和阿塞拜疆三国打造的"北南"运输走廊连接起来,在中亚地区占据地缘优势。[③]

二、国际多边外交

印度在进行"有声有色"大国外交的同时,多边外交也在经历一个不断

[①] 王晓文:《印度莫迪政府的大国战略评析》,《现代国际关系》,2017 年第 5 期。
[②] C. Raja Mohan, "Modi and the Indian Ocean: Restoring India's Sphere of Influence," Asia Maritime Transparency Initiative, Center for International and Strategic Studies, June 18, 2015, http:// amti.csis.org/modi-andthe-indian-ocean-restoring-indias-sphere-of-influence/.
[③] 王晓文:《印度莫迪政府的大国战略评析》,《现代国际关系》,2017 年第 5 期。

成熟的过程。印度的大国外交更加侧重于对南亚地区主导角色的定位，与世界主要大国的双边关系的巩固以及与周边国家双边关系的发展，以谋求更加稳定的安全环境和政治地位。而其多边外交在目的、手段和表现形式等方面则与前者有所不同。

印度的多边外交在冷战结束后取得了比较明显的进展，因为这一时期国际格局急剧变化，印度对自己的角色也进行了重新评估。但事实上，与其双边外交一样，自独立初始，印度就在多边外交方面进行了探索。"不结盟运动"便是其代表。众所周知，印度为推动"不结盟运动"的发展做出了许多努力。"不结盟运动"不能算作一个正式的国际组织，因为它没有总部和常设机制，它的宗旨是奉行独立、自主、非集团的原则，反对任何形式的殖民主义、帝国主义和新殖民主义，鼓励亚非拉国家争取民族独立和经济发展。虽然这一组织成立的目的是平衡当时的两极格局和重建合理的世界政治经济秩序，但本身就为多边主义的发展提供了良好的前景。印度在20世纪60年代和70年代前期，通过不结盟运动进行了多边外交的尝试，并利用这一舞台增强了国际影响力。虽然70年代末，印度被质疑与苏联靠近，违背了不结盟运动原则，但它仍在这一重要舞台上开展了较为成功的多边外交。

20世纪90年代为印度多边外交进程中的一个关键时期，多边外交在印度外交实践中占据更为重要的地位。发生这一变化的主要原因有两个：

一是外部环境的急剧变化。苏联的解体和两极格局的终结，标志着一个紧张对峙的时代落幕，世界格局多极化的趋势变得势不可当。这对全球政治格局与安全格局产生了深刻的影响，印度自然需要重新定位自己的国际地位，评估自身安全环境。

一方面，苏联解体，美国成为世界上唯一的超级大国，在全面领先的政治、经济、军事、科技实力基础上，不断把前苏东国家和第三世界国家纳入其主导的国际秩序；俄罗斯继承了苏联的政治遗产和军事实力，仍旧活跃在各类国际组织中；法国、德国领导的欧洲一体化取得明显进展，成员不断扩充，欧洲国家作为一个整体在世界上发挥作用；中国改革开放已取得初步成效，逐步拉开与印度的差距，并以开放的姿态参与到全球各类合作中去。印度意识到，自己的实力与上述国家存在较大差距，离自身确立的大国目标反而越来越远了。除了实力差距外，印度相对封闭，仍延续传统权力时代风格的外交越来越不适应新的世界，印度决定走出南亚，广交朋友，利用日益活跃

第四章 印度崛起的意义、影响及其对外战略

起来的多边舞台扩充自己的实力和影响力。

另一方面,苏联解体使得印度的国家安全失去保障。在得不到苏联支持的情况下,印度认为自己的安全受到来自陆地上的中国和海洋上美国的威胁。此外,在冷战中形成的与邻国紧张的关系,其危害也逐渐显现,特别是面对有美国支持的邻国巴基斯坦,印度在南亚地区的主导地位被严重削弱。进入世纪之交,世界安全局势出现显著变化,中东安全局势的恶化以及非传统安全威胁的上升,使印度安全面临严峻的考验。印度意识到与周边太多国家的僵硬关系使自己的安全形势处于极度不利之中,必须改变树敌太多的局面,在多边外交上发力,将集体安全因素引入传统的以均势为主的安全理念中去,是改善安全困境的有效办法。

二是国内战略的微妙变化。两极对峙格局突然瓦解,新科技革命的成果快速显现,东亚一些国家经济的腾飞,使得印度也逐渐把关注重点从政治领域转向经济发展。在这种情况下,印度认识到,成为世界大国,必须具备与之相称的经济实力。美国卡内基和平基金会的印裔美国学者泰利斯感叹道,只有印度经济基础、治理能力提高,军事实力真正提升起来后,印度才能算得上是个"引领性"大国。[①]在这一观念转变的背景下,印度外交战略任务也从在两极格局中寻找自身生存空间,转移到为国内经济改革与建设提供稳定和优越的国际环境。

印度的经济改革在20世纪90年代初有了较大进展。改革强调经济市场化、国际化,发展开放的市场经济,印度经济开始融入国际市场。这一时期的经济开放,重点一是引进外来资本,推动本国工业化和农业的现代化;二是加快推动国际贸易发展,加大对欧、美、日等国高新技术产品的进口,同时推动印度产品出口。产品出口首先是面向南亚市场,进而逐渐扩大向东南亚等亚太地区出口市场。在当时,国际组织和多边舞台已经成为开展国际贸易和经济合作的重要平台,比如世界贸易组织和东盟。印度要想深度参与世界经济,就必须学会参与这些多边组织,向日益活跃的多边组织迈进。

在国际国内两个大背景的影响下,印度的多边外交取得积极进展,逐渐

[①] Ashley J. Tallis, "India as a Leading Power," April 4, 2016, Paper, Carnegie Endowment for International Peace.

印度崛起与推进新型大国合作研究

呈现出多层次、多样化、多领域的特点,并取得了良好的成效。

第一,印度继续参与和加入一些全球性多边组织或机构,力求发挥建设性作用。这些全球性组织或机构平台大多成立时间悠久,成员众多,主要大国往往都参与其中,运行较为成熟,在国际社会中有重要影响力。这些多边机制以联合国为代表,还包括国际货币基金组织、世界银行、世界贸易组织、亚太经合组织等。印度尤其重视参与联合国的活动,大力支持联合国采取集体行动和多边方式应对全球性问题。2017年6月,印度和联合国一道建立"印度-联合国发展伙伴基金",由联合国南南合作办公室(UNOSSC)管理,该基金迄今为止支持了在非洲、亚太、拉丁美洲和加勒比等地区开展的31个项目。[1] 积极支持和推动联合国改革,强烈主张扩大安理会,以增强其代表性和效力,真实反映现实的国际格局状况。[2] 印度在这些多边平台中结合自身特点发挥不同的作用,已经得到世界各国的广泛认可,成为其迈向全球性大国的重要舞台。

第二,印度继续巩固和新建一些地区性多边外交平台,力求发挥主导作用。这类平台或者早已建立,或者在印度的推动下建立,被印度视为发挥其权力的"主场"平台,包括南亚区域合作联盟(南盟)、环印度洋区域合作联盟、印孟缅斯泰经济合作组织等。这里面以南盟最为典型。南亚区域合作联盟(South Asian Association For Regional Cooperation, SAARC)成立于1985年12月,涵盖了南亚地区所有的八个国家,是一个涉及政治、经济、社会、文化、科学等领域的综合性多边平台。印度在联盟内的实力远远强于其他国家,在推动区域经济合作、降低关税、促进区域内国家对话、推动文化交流等方面,发挥了重要作用,使南亚区域合作联盟成为南亚区域一体化发展的重要载体。

第三,印度谨慎适度地加入一些新型多边外交平台,灵活运用,趋利避害。这类平台大多建立时间较晚,在国际政治经济格局出现变动的大背景

---

[1] "India-UN Fund approves initiative to enhance livelihoods while strengthening biodiversity in Togo,"联合国教科文组织,2018, https://zh.unesco.org/news/yin-du-lian-he-guo-ji-jin-zhi-chi-duo-ge-gai-shan-jing-ji-yu-bao-hu-sheng-wu-duo-yang-xing。

[2] 黄正多、李燕:《冷战结束以来印度多边外交的战略选择与体系构建》,《国际观察》,2015年第1期。

第四章　印度崛起的意义、影响及其对外战略

下出现,反映了新兴经济体的诉求,包括金砖国家组织、二十国集团、上海合作组织、亚洲基础设施投资银行、中印俄三边合作机制等。印度作为新兴市场国家,又迫切需要在这些组织中发挥重要作用,并利用这些组织推动世界政治经济秩序的变革。但是,印度也把组织内的一些其他国家特别是中国视为潜在竞争对手,在加入或建立这些组织时,持较为审慎保守的态度。在这类多边组织内活动时,表现也较为谨慎。

第四,印度积极与一些地区多边外交平台保持接触和合作,以更好地实现国家利益。印度多边外交的全球布局,促使印度必然接触世界其他地区的重要多边区域组织。欧洲联盟、非洲联盟、东南亚国家联盟、北美自由贸易区、阿拉伯国家联盟等,印度均与其建立了联系,甚至在一些区域组织中以观察员国的身份参与其中。比如印度非常重视与东盟发展合作关系,将东盟作为其走向亚太的理想通道,扩大其在亚太影响力的跳板,事实上这也是印度亚太总体战略的基石。[①]

三、绩效评估

(一)对大国外交的评估

总体来看,印度的大国外交战略基本符合其整体利益和诉求,其大国外交实践也紧紧围绕着这一战略展开,取得了显著的成效。但不可避免的是,印度的大国外交在战略理念上仍不够成熟,并存在许多缺陷,在实际操作中也存在较多瑕疵,很多既定目标也没有实现。并且受不断变化的国际环境的影响,印度的大国外交战略还遇到不少挑战。

印度的大国外交始于20世纪中期,但当时更多的是体现在国家定位和战略目标上,并无相应的实力和手段实现这一目标。20世纪90年代国际格局的大变动和21世纪印度经济实力的增强,才使印度的大国外交战略真正落地。莫迪上台后印度的大国外交风格更加趋于强势,但在具体操作上又更加灵活务实。从印度对外关系上看,印俄关系保持稳定发展,政治军事合

---

① 师学伟:《21世纪初印度与亚太多边机制关系分析》,《国际展望》,2012年第4期。

印度崛起与推进新型大国合作研究

作先行,经济合作也在推进;印欧关系虽偶有摩擦,但双边经济合作规模屡创新高,欧盟对印度的角色也越来越重视;印中关系问题不断,在边界问题、军事竞争、经贸问题上摩擦频发,但印度政府仍把风险管理在可控范围内;巧妙利用与中国的战略竞争,印度迅速密切与美国、日本、东南亚、澳大利亚等一些亚太国家的关系,以求获得安全和战略优势;印度外交还逐渐切入中亚、非洲、拉美等地区,形成全方位的大国外交格局。

从印度国内民众的评价来看,大多数印度民众对莫迪的大国外交战略表示支持,肯定了莫迪政府大国外交的成绩,认为莫迪政府的大国外交提升了印度的国际影响力。根据2016年美国民调机构皮尤研究中心发布的结果,关于印度的国际地位,68%的民众认为印度正在国际舞台上发挥越来越大的作用。[1]

当然,印度的大国外交也存在一些问题。在双边关系布局中,印度缺乏体系化、层次化、差异化的整体架构与思路。在处理与大国关系的过程中,缺乏战略定力,渴望多方交好,但往往不能实现。大国矛盾的复杂化和尖锐化,使得印度"脚踩多只船"策略的空间越来越小,难以像过去那样在不同大国之间游刃有余。[2]在处理与周边国家的冲突时,往往过于倾向冒险主义,使自身处于进退两难地位,尴尬收场。印度虽强调自己是一个独立自主的大国,但在大国博弈中必须借助其他大国增加自己的筹码,甚至在博弈过程中不能控制事态发展,丧失主动性,一定程度上增加了博弈风险。

(二)对多边外交的评估

印度的多边外交虽然在其外交进程的各个阶段都有体现,但更多的努力和成效来自冷战结束后特别是21世纪以来这段时期。毋庸置疑,印度的多边外交取得了很大进步。无论是印度参与的多边外交平台的数量,还是印度外交政策中多边主义的使用频次,都可以看出印度对多边外交的重视。近年来,印度领导人也越来越多地出现在国际多边组织场合,实现了印度从参与者向建设者的转变。具体看来,印度的多边外交战略分层次、多角度,

---

[1] 皮尤民调:莫迪总理支持率高达81%,https://www.fmprc.gov.cn/ce/cein/chn/gyyd/t1403587.htm,2019.1.29。

[2] 林民旺:《印度的"大国外交"越来越难玩转》,《世界知识》,2018年第22期。

第四章　印度崛起的意义、影响及其对外战略

显然经过了认真的设计。更值得一提的是,印度参与多边外交的实践,在手段运用上更谨慎、更灵活,外交决策处处维护或扩大自身的国家利益。

但不可否认的是,印度的多边外交也存在诸多问题。最典型的问题是在多边外交场合,过分强调了自身利益,而忽视其他国家的合理利益诉求与国际整体利益。表现为或谨小慎微,犹疑反复;或咄咄逼人,粗暴武断,这既有损印度的国家形象,也不利于互惠合作的达成。从这一点也可以看出,印度多边外交理念仍需要进一步发展、完善,应站在更高的视角审视与处理错综复杂的国际问题,在国际事务中承担更多大国责任。此外,印度多边外交的出发点是服务国内经济发展,但在具体操作方面,多边外交的成效有时并没有落实到服务经济方面,反而损害了与一些国家的经济合作。

第五章
中印共同崛起与相互再认知

第一节 中印正处于共同崛起的发展阶段

二战后,中印两国摆脱了殖民依附状况,建立了新的民主共和国,两国走上了共同的国家自强道路。由于两国长期遭受西方殖民主义者的压榨,历史欠账太多,经济发展基础十分薄弱。但经过两国人民长期的艰苦奋斗,至上世纪80年代初,都基本上建立起了较完善的国民经济体系,人民生活水平有了较大幅度的提高,国家实力都有了较大的增长,都为后来的改革开放打下了坚实的基础,为经济腾飞准备好了物质条件和制度条件,可以肯定地说,进入21世纪以来两国的崛起,自独立建国后几代人的奋斗,功不可没。

一、中国的崛起

中华人民共和国成立之际,中国已经历了一个世纪之久的苦难动荡。长期的封建统治、殖民剥削、军阀混战、日本军事侵略等事件极大地阻滞了中国经济社会前进,对中国发展造成了严重的破坏,到解放战争结束中华人民共和国成立时,中国像许多二战后获得新生的发展中国家一样,面临的是一个一穷二白、百废待兴的困难局面。为了恢复国民经济的增长,满足社会生活及再生产的需求,共产党领导下的中国政府开始着手对旧中国半封建、半殖民地的经济制度进行根本性的改造和变革,创建出了一个符合新中国国情的社会主义经济体制。经过近30年的时间,到了1978年改革开放之前,中国已经建立了比较完整独立的工业体系和国民经济体系,在原子弹、氢弹、人造地球卫星等尖端科学技术方面也取得了巨大成就,基本解决了8亿人民的温饱问题,国际地位和影响也有了极大的提高,成为与美苏两霸鼎立的第三世界的骑手。

印度崛起与推进新型大国合作研究

以1978年中国共产党十一届三中全会的召开为标志,中国走上了波澜壮阔的改革开放道路,中国经济社会迎来了新的发展阶段,整个国家在前30年打下的坚实基础上,迅速成长为一个现代化的工业国和世界主要经济大国,被世界公认为是和平中崛起的强国。

中国的经济改革首先从农村铺开。最初的农村改革并非自上而下,而是自下而上进行的,即由地方和农村率先试行联产责任承包,然后得到了上级的认可并推广,从而在广大的农村地区将这一新的联产责任承包制度固定下来,[1]该制度否定了人民公社制度下的集体经济使农民成为市场经济体制下自主的生产经营者。当国家提高了农产品收购价格后,农民的收入短期内获得较大提高,生产积极性的提高也为城市提供了丰富的农副产品供应,为城市改革创造了条件。在20世纪80年代中期,随着农村改革基本定型,政府也对城市地区及国有企业展开了大刀阔斧的改革,私营经济在此期间也逐渐获得了合法的地位,在不到20年的时间里,私营经济占GDP的比重就由1978年的1%蹿升至1996年的24%[2]。随着农村改革的成功和城市改革的不断推进,更为重要的是价格改革也在各种争论中随之启动,先是试行引入"价格双轨制",[3]随着改革的深入,"双轨制"被取消,改为除少数特殊商品仍由政府保留定价权外,其他的纷纷由纯粹的市场供求关系来定价,市场机制开始替代计划机制来发挥对资源的配置作用。到20世纪90年代下半叶,全国消费品的90%、投资品的80%已完全由市场定价[4],这意味

---

[1] 通常是指农户以家庭为单位向集体组织承包土地等生产资料和生产任务的农业生产责任制形式。其基本特点是在保留集体经济必要的统一经营的同时,集体将土地和其他生产资料承包给农户,承包户根据承包合同规定的权限,独立作出经营决策,并在完成国家和集体任务的前提下分享经营成果。一般做法是将土地等按人口或劳动力比例根据责、权、利相结合的原则分给农户经营。承包户和集体经济组织签订承包合同。

[2] 陈元生:《我国所有制变化趋势和改革重点》,《理论前沿》,1997年第24期,第8—10页。

[3] "价格双轨制"是指中国经济体制向市场经济过渡中的一种特殊的价格管理制度。从1981年开始,国家允许在完成计划的前提下企业自销部分产品,其价格由市场决定。这样就产生了国家指令性计划的产品按国家规定价格统一调拨,企业自行销售的产品的价格根据市场所决定的双轨制。

[4] 张卓元:《中国经济体制改革的总体回顾与展望》,《经济研究》,1998年第3期,第15—22页。

第五章　中印共同崛起与相互再认知

着市场力量已经在经济运行中占据了主导地位。与此同时,90年代中期,中国金融财税改革也取得重大进展,建立了与国际通行做法相一致的中央银行体制[1],进行了分税制改革[2]。在对外关系方面,政府实行了分梯度对外开放的策略,从80年代初开始,就率先在沿海一带建立起若干个"经济特区[3]",授予其更大的经济自主权和更加优惠的政策,以吸引外资的进入,随后再逐渐向内地延伸。2001年底,中国正式加入世界贸易组织(WTO),这标志着中国的外贸政策已与国际贸易体制接轨。自此,外国的资本、技术和现代经营理念等都被视为实现地方经济快速增长不可或缺的因素。到21世纪初,中国经济发展的制度框架已经基本成型,中国经济迎来了一波又一波的高速增长期,呈现出令世界瞩目的大国崛起之势。

最新的数据显示,从1978年改革开放至今,中国经济已保持了连续40年的高速增长,国内生产总值(GDP)规模从1978年的3678.7亿元增长到2017年的827121.7亿元,扣掉通胀因素,增长了34.46倍,年均增速高达9.5%;中国人均GDP从1978年的156.4美元提高到2017年的8826.99美元。[4]按照世界银行的划分标准,中国从低收入国家行列跃升到中等偏上收入国家行列。人民生活水平也有了提高。从经济规模上看,以汇率法计算的中国GDP规模,已位列全球第二,仅次于美国,成为GDP超十万亿美元级别的大国。另外,中国还已成为名副其实的"世界工厂"和全球100多个国家的头号贸易伙伴。

从图5-1和表5-1可见,中华人民共和国成立以来的前三十年中,经济发展上总体还是取得了较大的进步,保持了将近6%的年均增长率,但是,

---

[1] 1995年3月发布的《中华人民共和国中国人民银行法》第二条明确规定:"中国人民银行是中华人民共和国的中央银行。"
[2] 1994年实行的"分税制"改革的主要内容有:以法规的形式明确了中央与地方事权的划分、中央与地方收入的划分,同时分设中央和地方两套税务机构,分别为中央政府和地方政府筹集收入;明确了中央财政对地方财政税收返还数额和过渡时期的转移支付办法等。
[3] 1979年7月,中共中央、国务院同意在广东省的深圳、珠海、汕头三市和福建省的厦门市试办出口特区。1980年5月,中共中央和国务院决定将深圳、珠海、汕头和厦门这四个出口特区改称为经济特区。当年8月,第五届全国人民代表大会常务委员会第十五次会议批准《广东省经济特区条例》,这些经济特区相继兴建。
[4] 李建伟:《中国经济增长四十年回顾与展望》,《管理世界》,2018年第10期,第11—23页。

印度崛起与推进新型大国合作研究

这与当时经济水平较为落后、增长比较基数较低也有关系。更重要的是，在前三十年中，可以看到经济中出现了明显的负增长现象，有多个年份经济出现了大幅的经济总量绝对值下降；此外，经济大起大落的现象也较为突出、振荡幅度很大，显示出经济运行的稳定性较差。而在改革开放后40年里，除了个别年份遇到了经济困难而出现增长率相对下降以外，大多数年份都保持在接近两位数的水平，经济稳定性和连续性都十分良好，波动很小。在最近十年中，随着经济增长基数的日渐庞大，经济增速的下滑也较平稳，虽然增长的绝对量仍然可观。

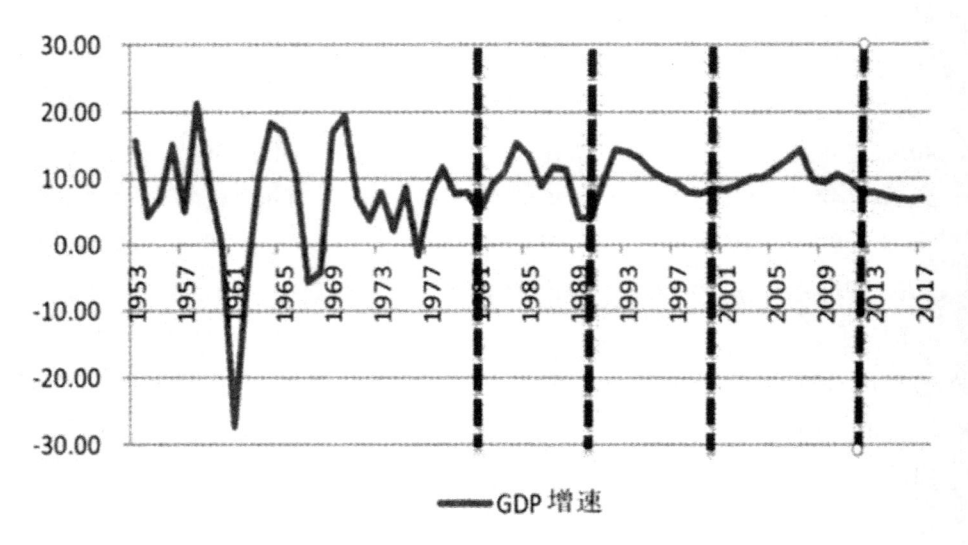

图 5-1 1953—2017 年中国 GDP 增速（%）

数据来源：WIND 资讯中国宏观数据库。[①]

表 5-1 不同时期中国经济年均增长状况

单位：%

年份	1953—1977	1978—1990	1990—2000	2000—2010	2010—2017
GDP	5.96	9.22	10.43	10.54	7.57

---

① 转引自李建伟：《中国经济增长四十年回顾与展望》，《管理世界》，2018年第10期，第11—23页。

续表

年份	1953—1977	1978—1990	1990—2000	2000—2010	2010—2017
第一产业	1.97	5.40	3.73	4.06	3.96
第二产业	10.89	10.07	13.48	11.55	7.57
工业	11.31	10.19	13.85	11.40	7.43
建筑业	7.53	8.72	10.33	12.68	8.07
第三产业	5.10	11.48	10.24	11.26	8.21
批发和零售业	3.77	11.34	8.16	12.87	9.02
运输、仓储及邮政业	7.63	9.28	10.42	8.93	6.93
住宿和餐饮业	3.22	13.55	12.43	10.02	5.99
金融业	7.11	17.66	7.32	12.56	8.88
房地产业	4.97	12.72	10.09	10.75	5.51
人均GDP	3.84	7.68	9.26	9.93	7.01

数据来源：根据WIND资讯中国宏观数据库提供数据计算得到[1]。

二、印度的崛起

印度是在20世纪90年代之后开始以崛起者的态势登上世界经济舞台的。在此之前，印度虽然拥有辽阔幅员、庞大的人口规模，但是印度的发展速度并不快。印度式经济增长速度成为低增长的代名词，印度在经济上远没有成为与其资源禀赋和潜力相匹配的大国。有关印度独立以后的经济发展状况的文献资料很多，最有代表性的当数《印度经济》一书[2]，其对独立以来印度的经济政策和经济绩效给予了详细的介绍，这有助于我们了解，为何在独立后的数十年内，印度经济表现一直欠佳。但进入80年代以来，特别是到90年代以后，印度经济有了突飞猛进式的飞跃。印度经济开始摆脱了

---

[1] 转引自李建伟：《中国经济增长四十年回顾与展望》，《管理世界》，2018年第10期，第11—23页。

[2] [印度]鲁达尔·达特、[印度]K.P.M.桑达拉姆：《印度经济》，雷启淮等译，四川大学出版社，1994年版。

印度崛起与推进新型大国合作研究

过去的徘徊状态,迅猛腾飞,有的年份增长率接近两位数,与之前形成了巨大的反差,印度也开始以崛起的新兴经济大国的形象吸引着全世界的关注。

众所周知,在独立前,印度经历了近200年的英国殖民统治,这阻碍了印度经济的正常发展进程,给印度经济和人民生活造成了巨大的损失。在殖民统治和封建势力的桎梏下,印度经济畸形落后,广大人民生活异常困苦。来自印度官方的数据显示[①],农业人口占印度全部自主人口中的比重,1950-1951年度估计为72.4%。1948-1949年度,农业产值占国民收入的比重高达48.1%,而现代工业仅占8.3%,即使加上手工业也只占19.8%。现代工业主要也是轻工业,仅纺织工业一项就占现代工业产值的40%左右,而重工业还不到10%,机器制造业几乎是空白。在农业方面,受殖民当局漠视和封建关系的严重束缚,原有灌溉系统被破坏,耕地不断荒芜,生产日趋凋落。1911年人均耕地面积为0.9英亩,到1941年减少到0.72英亩。1938-1939年度每英亩谷物产量比1909-1913年间的平均数下降25.9%。据杜德估计[②],二战前,印度多数人的平均收入是1便士到1.23便士一天。这个数字意味着:"印度人的平均收入只够喂饱三个人中的两个,或者一律给他们所需要的三餐中的两餐,如果他们肯一丝不挂,终年露宿,没有娱乐和消遣,除了食物之外什么也都不要,而那食物是最低等的、最粗糙的、最缺乏营养的。"从政治上看,国内四分五裂,满目疮痍。由于英国实行"分而治之"政策,导致印、巴分治,这不仅在经济上人为地割裂了原有联系,如主要的工业区和工业企业留在印度,而重要的工业原料(棉花、黄麻等)留在巴基斯坦,而且还导致了严重的教派冲突[③]。另外,还有土邦割据自治。所有这些,都使得独立时的印度处于极其不利的发展起点上。

有学者认为,[④]从独立以后到20世纪80年代以前,可以将印度经济划分为两个时期:一是1947年8月—1966年尼赫鲁经济战略的形成和实施时期(包括夏斯特里政府);二是1966年以来的英·甘地执政的尼赫鲁经济战略的调整和改革时期。但实际上,这两个时期战略在很多基本方面是一致的,都不过是根据国内外情况的变化,对前者的战略举措进行一些缓慢

---

① 巫宁耕:《战后发展中国家经济(分论)》,北京大学出版社,1988年版,第14页。
② 同上,第15页。
③ 同上,第16—17页。
④ 同上,第38页。

第五章 中印共同崛起与相互再认知

的、但又持续的调整和改革。

尼赫鲁战略的主要内容是:(1)在国营经济占主导的前提下,实行国营经济和私人经济的共同发展。(2)优先发展重工业,实现重工业的"进口替代";(3)争取经济上的独立自主,对外资采取有选择的利用政策。当然,尼赫鲁战略的出台,也是受到多种因素影响的结果[①]:一是印度资产阶段特别是大资产阶级对于建立一个资本主义工业国家的强烈愿望;二是当时社会主义国家建设成就的影响。

经过30余年的努力,印度经济取得了一定的成效。如表5-2所示,20世纪80年代以前,印度经济总体上保持着稳定的增长,主要经济指标都显示出不断改善的态势。唯一不妙的是物价指数长期偏高,显示出印度经济长期饱受通胀或商品供应短缺的困扰。

表5-2 独立以后到20世纪80年代初印度经济增长概况(%)

	国民收入	人均国民收入	农业生产	粮食生产	工业生产	电力	出口	进口	货币供应量	批发物价
"一五"	3.6	1.7	4.3	5.2	7.4	11.0	1.0	3.9	2.2	-2.7
"二五"	4.1	2.0	4.1	3.9	6.6	14.6	2.2	11.8	5.3	6.3
"三五"	2.4	0.1	-1.0	-2.0	9.0	14.3	4.2	4.4	9.6	5.8
三年计划	4.1	1.8	6.9	9.4	2.6	12.9	2.7	-4.9	8.5	8.1
"四五"	3.4	1.1	3.1	2.8	3.7	7.1	13.6	11.7	13.6	9.0
"五五"	5.3	3.0	4.6	5.4	6.2	9.0	18.3	19.5	9.5	6.3
1979—1980	-4.8	—	-15.2	-16.8	-1.4	2.1	12.1	34.2	17.7	21.4
1980—1981	7.7	—	15.6	18.1	4.0	5.9	4.6	37.3	18.1	16.7

资料来源:1.塔塔服务公司:《1983年统计概要》。2.印度政府:《1984—1985经济概览》[②]。

但横向比较,印度仍是处于发展过慢的行列之中。如表5-3所示,中国

---

① 巫宁耕:《战后发展中国家经济(分论)》,第20—23页。
② 同上,第109页。

印度崛起与推进新型大国合作研究

同期GDP的年均增长率达到了6.15%,日本为9.22%,新加坡、韩国、中国香港和中国台湾都从60年代起开始经济起飞,进入8%以上的增速轨道,大大超过了不到4%的印度增速。将近同一时期的两个拉美大国——巴西和墨西哥,也同样取得了较高的增长速度。1952—1978年,巴西GNP的年均增长率达到6.3%;1948—1961年和1974年—80年代间达到7%,1968—1974年间高达11%,1960—1980年的20年中,制造业增值了5倍,按现价计算的出口额从10亿美元上升到230亿美元;墨西哥也同样经历了长达20年的年增长率为6%—7%的持续的经济增长时期;50年代,年增长率为6%,60年代则达到8%,70年代上半期为6%—7%,1977—1981年间达到8%。[①]这样的对比已足以说明,独立以来的30年里,印度的增长潜力远没有得到充分的释放,更没有跻入时代发展的先进潮流。

表5-3 中国、日本、新加坡、韩国、中国香港和台湾的经济增长率

单位:%

国家或地区	高增长前期	GDP增长	高增长期	GDP增长	高增长后期	GDP增长
中国	1952—1978	6.15	1978—2000	9.52	—	—
日本	—	—	1955—1973	9.22	1973—2000	2.81
新加坡	1960—1965	5.74	1965—1984	9.86	1984—2000	7.18
韩国	1953—1962	3.84	1962—1991	8.48	1991—2000	5.76
中国香港	1966—1968	2.61	1968—1988	8.69	1988—2000	4.14
中国台湾	1951—1962	7.92	1962—1987	9.48	1987—2000	6.59

注:1. 本表中的中国指中国大陆。2. 表中的中国数据根据《中国统计年鉴,2001》中的GDP核算资料计算;日本数据根据日本内阁府经济社会综合研究所网(www.esri.cao.go.jp)中的不变价GDP核算资料计算;新加坡、韩国和香港数据根据IMF: International Financial Statistics, November, 2001(光盘)中相应国家和地区的GDP核算资料计算;台湾数据根据《"中

---

① [英]奈杰尔·哈里斯著,季业宏、李玉琳译:《第三世界的裂变》,改革出版社,1991年版,第97—98页。

华民国"台湾地区国民所得,2001》中的国内生产毛额核算资料计算。①

分水岭则出现在1980年前后②。面对经济发展的不彰,从1980年起,印度历届政府开始不断调整经济政策,放松对经济的计划管制。在80年代的英·甘地和拉·甘地执政时期,印度以经济自由化和引进竞争机制为导向,做了大量的改革尝试,包括放松对私营企业和出口的管制,鼓励出口和改善国营企业管理等,使得印度经济明显有了新的起色,80年代增长速度达到5.8%。但真正重大的改革要到90年代初才展开。80年代末,印度经历了频繁的政府更迭和层出不穷的政党斗争,严重影响到政府对国民经济的管理,最终在1991年酿成了一场空前的外汇危机。印度被迫向国际货币基金组织和世界银行求助,并在内外压力下开启了更大规模的经济自由改革行动。③这场改革涉及取消工业许可证制度、外贸政策推行自由化和国际化的战略、放宽对外资限制以及改革税收体制和允许私人开办银行等财政金融改革等诸多内容,使得印度与实行了数十年的半管制经济体制走向彻底决裂。

1991年的经济改革也为印度后来的发展定了基调,经济改革获得了意识形态上的合法性,成为各党派和历届政府的共识。如在拉奥政府之后上台的人民党联合阵线政府,则在农业改革和工业政策上继续推进,扩大农业信贷和重点扶持小农及边际农,促进农业商品经济发展,取消更多工业部门的许可证,进一步放宽外商参股上限,对国营企业实行重组和部分私有化以及进一步下调关税等。到了瓦杰帕伊联合政府时期,则提出要实行"第二代经济改革",把前几届未能推出的难度较大的涉及经济领域立法和司法的改革提上日程,如管制价格机制、劳工市场改革、减少对小型工业的保留和利率优惠等,以加快经济自由化的进程。在这些改革措施的推动下,印度经济显露出了发展活力和蓬勃生机,经济增长速度和国家实力快速提升,呈现出

---

① 转引自刘伟、许宪春、蔡志洲:《从长期发展战略看中国经济增长》,《管理世界》,2004年第7期,第6—14页。
② 陈晓晨:《六十年镜鉴之印度:"发展的贫困"》,《第一财经日报》,2009年10月12日。
③ 孙培钧、华碧云:《印度的经济改革:成就、问题与展望》,《南亚研究》,2003年第1期。

明显的经济崛起态势。

这正如美国学者丹尼·罗德里克和印度学者阿尔温德·苏布拉马尼扬所说,在独立之后的30年里,人们用"印度式的"(Hindu)经济增长率这个词语来形容印度的经济表现,意思是令人失望但并非灾难性的结果,但随着印度此后不断发生的巨变,这一陈词滥调逐渐被废弃了。自1980年开始,印度的人均经济增长率增加了一倍多,从1950—1980年的1.7%上升到1980—2000年的3.8%。过去,在政策和许可证、配额制度的束缚下,印度经常被作为错误发展战略的典型。现在,印度则成了一个模范生,人们用它作为例子,来说明如果转向自由市场和自由贸易,经济增长潜力可得到多么大的发挥。① 从表5-4可见,进入经济改革新阶段后,印度经济出现了不断加速增长的态势。工业和服务业的增长尤其迅猛。这与各国经济发展的一般规律是相一致的。

表5-4 印度的GDP增长趋势(按产业部门分类)(单位:%)

产业部门类别	经济改革前10年期间(1981/1982—1990/1991)	过渡期(1991/1992)	1992/1993—2003/2004	经济改革期 第一阶段 1992/1993—1993/1994	第一阶段 1994/1995—1996/1997	第二阶段 1997/1998—2003/2004
农业	3.1	−1.5	3.0	5.0	4.6	2.5
工业	7.6	−1.2	6.5	5.3	10.8	5.4
服务业	6.7	4.5	8.0	6.0	7.9	7.7
GDP	5.60	1.3	6.2	5.5	7.5	5.8

资料来源:印度储备银行:《货币与金融报告书,2001—2020年》、印度财政部:《经济概览》(各有关年版)。②

自由化和全球化改革,也使印度在外贸出口和吸引外资方面取得了不

---

① 丹尼·罗德里克、阿尔温德·苏布拉马尼扬:《印度经济增长转变之谜》,《比较》,第14辑,中信出版社,2004年版,第53—83页。
② 转引自[日]小岛真:《印度的经济发展与存在的问题》,《经济资料译丛》,杨维中(摘译),2006年第2期,第21—29页。

第五章　中印共同崛起与相互再认知

俗的成绩。如下表所示，以贸易占GDP比重衡量的贸易依存度指标，已经由80年代的11.8%上升到21世纪初的30.1%；在外资方面，印度也从90年代初的10.85亿美元增加到2004年的53.35亿美元，增长了近五倍；对外贸外资依赖的加深，表明印度已经更深地融入了全球经济体系。

表 5-5　印度贸易依存度的变化趋势（单位：%）

	1980/1981—1988/1989	1990/1991—1994/1995	1995/1996—1999/2000	2000/2001	2001/2002	2002/2003	2003/2004	2004/2005
出口额/GDP	4.5	7.3	8.5	9.9	9.4	10.6	10.8	12.8
进口额/GDP	7.2	8.4	10.4	12.7	11.8	12.7	13.3	17.3
贸易额/GDP	11.8	17.4	18.9	22.6	21.2	23.3	24.1	30.1
出口/进口	64.0	84.1	81.8	78.5	79.4	83.4	80.7	73.8

注：（1）表中数字仅指商品贸易额，不包括服务贸易额。（2）不包括1990/1991年的数字。

资料来源：印度储备银行：《货币与金融报告书，2001—2002年》，印度财政部：《印度经济概览》（各有关年版），《2005—2006年经济中期报告书》。[1]

进入21世纪后，印度经济保持着较高的增长速度，如图5-2所示，除了2008年受到国际金融危机冲击，导致经济增速明显下降到3.9%这样罕见的低水平以外，其他年份都保持在5%以上，这对像印度这样规模的大型经济体而言，已经算是了不起的成就了。

---

[1]　转引自［日］小岛真：《印度的经济发展与存在的问题》，《经济资料译丛》，杨维中（摘译），2006年第2期，第21—29页。

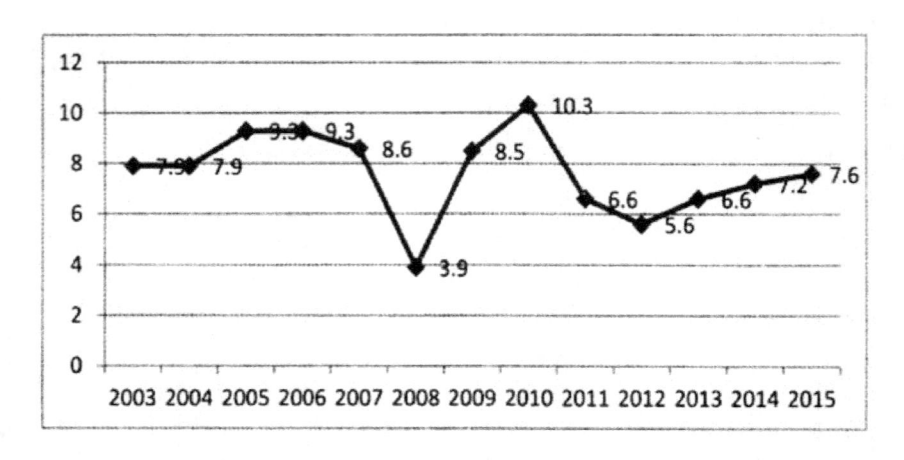

图 5-2 印度经济增长率(2003—2015 年)

数据来源:"GDP Growth(annual %): India."[1]

总的来看,随着两国经济的持续高增长,中印两国表现出同步崛起的态势。这种同步性尤其体现为两国在同一段时间内实现了"持续的高增长率的经济增长",尤其是自冷战结束后,中印两国的经济实力都得到了迅速的提升,IMF 数据显示:1990 年中国 GDP(根据时价)总额为 3903 亿美元,2000 年为 11985 亿美元,2010 年为 58783 亿美元;印度的增长也几乎同样惊人。1990 年印度 GDP(根据时价)总额为 3235 亿美元,2000 年为 4764 亿美元,2010 年为 16320 亿美元。[2]学者赵干城则指出,所谓中印的共同崛起,并不是指两国的国力或发展速度都达到了同样水平,而是指在整个发展中国家群体中,中印是发展进程上的佼佼者。两国作为幅员广大、人口众多、发展速度突出的代表,将共同对国际体系产生重大影响。因此,尽管中国在国力增长和发展速度上显然领先印度一步,但两国之间这种国力上的差距并不具决定性意义,重要的是中印的发展都具有冲击国际体系结构的影响。

---

[1] 转引自李莉:《试析"印度制造"战略与印度经济前景》,《现代国际关系》,2016 年第 9 期,第 46—53 页。
[2] 杨晓萍:《中印在亚洲的同时崛起与中国的周边外交》,《当代世界》,2012 年第 11 期,第 40—43 页。

而正是从这个角度看,所谓中印共同崛起的说法是一个可以成立的命题。[①]两国作为后来居上的新兴大国,在进入西方国家主导的现行国际体系时,两国确实具有相似的地位,在未来发展进程中极有可能对现有体系产生冲击性影响。对此,兰德公司的印籍美国学者罗丽娜(Rollie Lal)在《理解中国和印度对美国和世界安全的影响》一书中认为,中国和印度在21世纪将取代欧洲,成为大国体系的中心,中印两国的发展及它们之间的关系能够重新定义世界格局。[②]美国亚洲协会会长维沙卡恩·德赛博士认为,"中国和印度未来作为世界玩家的崛起可以跟19世纪德国的统一和20世纪美国强大的过程相提并论,它在改变世界地缘政治版图,对未来所具有的强大影响方面都丝毫不会弱于德国和美国在过去两个世纪中所达到的程度"。[③]中国学者概括了中印共同崛起的巨大意义,即首先是作为国际政治舞台新兴力量的急遽上升;其次是对国际秩序的冲击,增加亚洲在国际政治中的发言权;最后是观念上的,中印作为世界两大文明体的复兴将构成对西方文明优越性的挑战,打破种种西方的神话。[④]

第二节 中国对印度崛起的认知

中国对印度崛起的认知是多方面,有来自学界的,也有来自政府的,还有来自媒体与社会的。这些不同方面的认知,共同形成了中国对印度崛起的整体认知,体现出中国整体对印度的印象与看法。

---

① 赵干城:《国际体系均衡与中印共同崛起》,《现代国际关系》,2006年第7期,第3—9页。
② Rollie Lal, "Understanding China and India: Security Implications for the United States and the World," Westport, CT: Praeger Security International, 2006, pp.1–200.
③ 《中印改变世界格局》,《中国财经报》,2006年7月25日。
④ 王义桅:《中印共同崛起的国际政治意义——从"地缘政治范式"到全球"大同"范式》,《国际观察》,2007年第4期,第10—18页。

印度崛起与推进新型大国合作研究

一、中国学术界对印度崛起的认知

面对印度的崛起,一些长期关注印度发展的中国学者给予了高度关注,并就如何认识崛起中的印度,提出了一系列见解,这些见解既反映出中国学术界自身对印度的认知,也在一定程度上影响了中国社会对印度的认知。

长期研究南亚国家的国际问题学者孙培均等认为,伴随改革推进,印度以世界经济大国崛起是必然之势,只在于迟早而已。加上印度现在是世界最年轻的国家,20岁以下人口有5.45亿,占总人口的50%,其未来成长潜力难以估量。尽管印度不容易赶上中国,但即便超过了中国,也有理由相信印度强大了不会对中国构成威胁。因为中印两国有共同的历史遭遇,都面临资源短缺、资金不足和不公正的国际经济秩序等压力,需要和平环境把经济搞上去。因此,他认为印度经济强大了反而是好事,有利于两国经济合作的进一步加强,也有利于亚洲的和平与繁荣。[1]

孙士海等认为,到21世纪中叶,印度的综合国力将会获得显著的增强,有望成为印度洋地区的头号强国并在世界上扮演越来越重要的角色,但同时他也指出,印度要成长为世界大国需要一个缓慢和长期的过程。这是因为印度既有崛起的有利条件和潜力,但也面临着诸多制约因素。[2]他详细分析了影响印度崛起的主要因素,认为印度的崛起潜力主要由以下几个因素决定:一是具有崛起的国家意志;印度开国总理尼赫鲁曾公开表示,"印度以它现在的地位,是不能在世界上扮演二等角色的。要么做一个有声有色的大国,要么销声匿迹,中间地位不能打动我,我也不相信中间地位是可能的。"[3]而且印度的国际地位应与美国、苏联和中国相提并论。[4]二是具有较为有利的地缘环境。印度在南亚一家独大,同时它又面临印度洋,孟加拉湾

---

[1] 孙培钧、华碧云:《解读印度经济的崛起》,《南亚研究》,2004年第1期,第3—11页。

[2] 孙士海:《印度的崛起:潜力与制约因素》,《当代亚太》,1999年第8期,第3—14页。

[3] [印]贾瓦哈拉尔·尼赫鲁:《印度的发现》,齐文译,世界知识出版社,1958年版,第57页。

[4] V. M. Hewitt, *The International Politics of South Asia*, Manchester University Press,1991,p.195.

第五章 中印共同崛起与相互再认知

和阿拉伯海两个要害区域都在印度的掌握之中,印度可起到遏制印度洋海上交通要冲的作用。三是印度拥有丰富的资源禀赋。无论就国土面积还是自然资源储量而言,都在全球居于可观地位。四是英式议会民主制,可望确保印度的政治稳定和国家统一。五是经济实力不断壮大,产业体系较为完善。六是科技创新发展潜力较大。七是军事能力居于世界前列。八是在大国力量平衡中具有重要的分量和战略价值。其"摇摆不定"使印度可在大国之间左右逢源、坐收渔利。[①]但印度崛起也存在诸多制约:一是人口负担沉重。印度仍未解决好严重的失业和贫困问题。二是传统社会文化的影响仍较深。社会的组织结构、宗教文化和思想观念等都深受传统影响。如种姓制度和种姓观念仍深植于印度社会。三是政治动荡性较大。随着政治力量的多元化,政治内斗和内耗加大。四是民族、宗教、种姓和地区矛盾导致国内安全形势日益严重。五是地区环境不够稳定。印度与其他周边国家在边界、水资源、跨国移民以及民族、宗教等方面的纠纷或矛盾今后很可能导致与邻国关系再趋紧张。

马加力指出,[②]随着印度政局日趋稳定,经济、军事、科技实力的不断提升,加上与美、俄、日等大国的关系也愈加密切,印度的战略地位日渐凸显。作为10亿以上人口级别的发展中大国和中国西南方面的重要邻国,印度的战略地位都在不断增强。建立与印度的睦邻合作关系,意义重大,有助于创造和平稳定周边环境,维护安宁平和的地区局势,争取协调互助的国际合作。他还表示,中国应从战略高度出发加强与印度的磋商合作,积极增信释疑,努力保持边界地区和平,同时加强双方在经贸技术领域合作,促进整个亚洲的持久和平与发展。

叶正佳认为,印度是一个情况特别复杂的发展中大国,具有多方面的双重性格。印度蕴藏着巨大的潜力,又面临诸多的严峻挑战。对我国来说,印

---

① 随着中国的崛起,美国的一些战略家明确提出了美印联盟制衡中国的建议。例如哈佛大学的亨廷顿在1998年1月访问新德里时提出:"印度面临三种选择:保持孤立,则被边缘化;与其他亚洲国家站在一起,则永远处于中国的阴影之下;与美国结为战略盟友,不仅能够繁荣经济,还有助于建立战略盟网,最大限度地保证世界和平。"详见[美]塞缪尔·亨廷顿:《文明的冲突与世界秩序的重建》,周琪、刘绯、张立平、王圆译,新华出版社,1998年版,第273页。

② 马加力:《印度战略地位凸显》,《和平与发展》,2000年第4期,第20—23,46页。

印度崛起与推进新型大国合作研究

度既是重要的友邦,又是一个需审慎友好相处的邻国。[①]印度的对华政策继续具有两重性。印度在人权、知识产权等问题上,和中国有着较多的共同语言,面对西方国家的压力而互相支持。另一方面当印度同中国发生利害冲突时,又会以"民主国家"身份去借助西方国家。总结中印建交46年(1950—1996年)以来的双边关系史,中印有时是共同反殖反帝的盟友,有时则变成对手。46年来,中印关系的起伏跌宕就是印度在外交政策和对华态度上两重性起作用的结果和表现。在当今冷战后的世界新格局形成过程中,印度既是我国争取合作的重要伙伴,又是一个需要审慎友好相处的对象。

司马军认为,印度发展经济有许多有利条件,目前因受一些因素制约,一时难以"起飞",但潜力巨大,下个世纪终将崛起为世界经济大国。[②]

郑瑞祥则认为,印度作为世界第二人口大国和幅员大国,在经济、科技、军事等领域都有重大发展,加上政治结构较为稳定,因此具备成长为世界大国的良好基础,虽然这个崛起过程是长期的,但也是必然的。[③]这种观点还认为,印度的崛起将对亚洲以至世界地缘政治和战略格局产生重要影响。但中印两国的共同崛起是并行不悖的,两国不会变成战略竞争对手,而将成为共同前进的合作伙伴。他认为,两个毗邻而居的大国在崛起过程中或崛起之后必然会相互构成威胁甚至必然发生冲突的观点是不对的。它取决于该国家实行何种对外战略和政策。他举了1962年中印边界武装冲突的例子,指出当时印度并不强大,而是因为实行了错误的"前进政策"。但自20世纪90年代以来,印度发展很快,而两国并未发生冲突。反而与中国发展友好合作,成了印度政府对华政策的主流,也成为印度国大党和印度人民党两大执政党以及其他许多政党的共识。他还表示,2003年1月印度外交部长亚什万特·辛格在新德里举行的第五届亚洲安全会议上,就明确批驳了关于中印崛起后将在亚洲争夺势力范围,以及中印冲突不可避免的错误理论。2005年1月第七届亚洲安全会议上,印度新政府外交部长纳特瓦尔·辛格也表示,用"力量制衡"和"利益冲突"的陈旧观念来看待中印关系的理论已经过时并失去意义。与此同时,他也承认,中印之间的竞争不可避免,

---

[①] 叶正佳:《步入21世纪的印度》,《国际问题研究》,1996年第3期,第20—25页。
[②] 司马军:《独立以来的印度经济——回顾、比较与展望》,《世界经济与政治》,1997年第11期,第61—65页。
[③] 郑瑞祥:《透析印度崛起问题》,《国际问题研究》,2006年第1期,第37—42页。

第五章　中印共同崛起与相互再认知

这是全球化时代和市场经济的正常现象。经济实力增强,竞争也可能增多。但不应把竞争和合作对立起来。良性的竞争可以促进各自的发展,提高各自在国际上的竞争力。因此,中印关系是合作与竞争并存的,但合作将是两国关系的主要方面。加强合作、共同繁荣符合两国的根本利益。

也有学者在实地到访印度后并不认同印度崛起一说,所谓的印度崛起,其实只是一部分印度精英的理念,它很难发展成为全民理念,因而并不适宜用崛起来形容印度。①在其看来,作为印度传统文化主体的印度教是一种以"出世"为导向的文化,重在精神修炼、不甚重视物质文化。当然,这种观点可能与后来印度的实际发展并不吻合。印度现代化的"大幕"一旦拉开,它就会吸引全民的关注,成为席卷全国的热潮。近年来,以莫迪为首的印度人民党在印度政坛强势崛起,在相当程度上,就是得益于印度选民对莫迪主推的印度强大理念与政策的热捧。它显示出印度社会已经超越传统文化的束缚,转而积极追求国家的强大与经济成长。

总之,从中国国内学术界所发表的上述见解来看,其对印度崛起这一国际社会中的新现象保持着密切的关注和高度的重视,对印度的重要性和印度崛起影响的认识,总体上是持肯定和欢迎态度的。这些学者看到了中印共同崛起进程中存在的各种共同利益,认为从经济理性的逻辑出发,印度应当与中国展开合作而非对抗,这样更符合双方的根本利益。

二、中国政府对印度崛起的认知

相比学术界,中国政府对印度崛起的认识要更为统一。由中国领导人和外交界人士等所发表的讲话或意见,可以代表中国政府对印度的基本认知。

正如开国领导人的信念和认知,往往具有非同寻常的深远影响外,有学者指出,中国开国领导人毛泽东对印度的认识,也同样在相当程度上影响或塑造了整个中国官方对于印度的政策定位,成为对印外交的思想指南之一。有学者分析了毛泽东在不同时期对于印度的认识演进过程,指出其印度观

---

① 林利民:《印度"崛起"提供的发展模式》,《瞭望》,2006年第2期,第62页。

印度崛起与推进新型大国合作研究

的影响一直延续到身后的岁月。[1]早在青年时期,毛泽东在关注世界形势的过程中就开始逐步认识、了解印度,到抗日战争中,毛泽东肯定了印度人民对中国人民的帮助以及由此在两国间形成的友谊;第二次世界大战结束后,毛泽东则将印度视为维护世界和平的重要力量,对印度持有友好的同志式情感。即便后来中印间不幸发生边境冲突,但中国领导人仍没有将印度定位为敌人而穷追猛打,这体现了中国领导人对印度仍保持着友好的期望。

此后主导推动中国改革开放进程的总设计师邓小平先生,对印度的发展进步和开展与印度合作,也抱有积极鼓励的态度。1988年12月,时任印度总理拉·甘地访华,邓小平在与拉·甘地会晤时,就曾讲道,"只有当中国和印度等国家都发展起来,亚太世纪才会真正到来"。[2]这充分反映出,中国政府乐见印度的发展,将中国和印度都看作亚太大集体的一分子和振兴亚太不可或缺的合作伙伴。

此后,中国领导人多次赴印访问,着力推动中印关系向前发展。如1991年,李鹏总理访印,两国签署了领事条约、恢复设领协议、恢复边贸备忘录与和平利用外空科技合作谅解备忘录等。1996年末,江泽民主席对印度进行国事访问,这是中印建交以来,中国国家主席首次访印。两国签署《关于在中印边境实际控制线地区军事领域建立信任措施的协定》《关于在香港保留总领馆的协定》和其他两个协定。两国共同确立在和平共处五项原则基础上建立面向21世纪的建设性合作伙伴关系,并就双方保持高层往来、推动两国经贸合作、加强在国际领域的相互支持等达成广泛的共识。2002年1月,朱镕基总理对印度进行正式访问,双方再次确认中印互不构成威胁。2005年4月,温家宝总理成功访印,两国宣布建立面向和平与繁荣的战略合作伙伴关系,标志中印关系进入新的发展阶段。2006年11月,胡锦涛主席对印度进行国事访问,明确表示"中方欢迎印度发展,印度的发展对中国不是威胁,而是机遇。中方把印度视为中国在亚洲乃至全球的重要合作伙伴,把中印关系视为中国最重要的双边关系之一"。[3]

2013年5月,李克强总理访问印度,表示"中国将印度视为重要伙伴和

---

[1] 李佑新:《毛泽东的印度观》,《求索》,2017年第10期,第13—21页。
[2] 《邓小平文选》(第三卷),人民出版社,1993年版,第282页。
[3] 《胡锦涛:印度的发展对中国不是威胁》,http://www.china.com.cn/international/zhuanti/yzsg/txt/2006-11/22/content_7390030.htm。

第五章 中印共同崛起与相互再认知

朋友,""期待同印度领导人就双边关系和共同关心的国际、地区问题深入交换意见,听取印度各界对发展中印关系的看法和建议",以"达到增强互信、深化合作、扩大共同利益、巩固双边友好的目的,为中印面向和平与繁荣的战略合作伙伴关系注入新动力"。[①]

2014 年 9 月,习近平主席对印度进行国事访问,并在印度《印度教徒报》和《觉醒日报》发表了题为《携手共创繁荣振兴的亚洲世纪》的署名文章,文中回顾了邓小平先生有关中印关系的名言,指出"正如邓小平先生所说:真正的'亚洲世纪',是要等到中国、印度和其他一些邻国发展起来,才算到来",[②]向印度传递了中国一如既往地坚持发展与印度合作共进关系的真诚愿望。

除了中国领导人在赴印访问时公开发表对印度的认识外,中国其他高层官员和外交官,在如何看待印度的问题上,也有过明确的公开而积极的表态。如 2012 年 1 月,时任中国国务委员戴秉国在赴新德里与印方举行第 15 轮中印边界谈判特别代表会谈之际,就专门在印度主流媒体上撰文发表中国对印度的看法。指出,"中国对印度满怀友善之意,我们在一心一意谋求发展自己的同时,真心诚意地致力于发展同印度的长期友好合作关系,衷心祝愿印度繁荣富强,人民幸福安康,丝毫不存在中国要'进攻印度''打压印度'的问题"。[③]有学者认为,中国高层在印度媒体上就中印关系撰写专文,这在当时并不多见,反映了中国官方对中印关系的重视。[④]

为了帮助中国社会更好地认识印度这个正在崛起中的邻国,中国外交官们也在发挥所长,通过著书立说的方式来唤起中国社会对印度的关注与了解。如在 2015 年 5 月 14 日,时值印度总理莫迪对中国进行国事访问的第一天,以出版国际问题类书籍知名的世界知识出版社,专门举办了"预祝印度总理莫迪访华成功暨《如何认识印度》新书发布会"。据报道,《如何认识印度》一书,由资深外交官国际时评小组组织撰写,撰稿者均为中国国际

---

① 张颖:《李克强:印巴串门 瑞德商洽》,《国际金融报》,2013 年 5 月 20 日。
② 《习近平亚洲之行亮点纷呈 从 A 到 Z 逐个数》,http://world.people.com.cn/n/2014/0920/c1002-25699417.html。
③ 《戴秉国在印度媒体发表署名文章,阐述中印关系和中国和平发展》,《人民日报》,2012 年 1 月 17 日。
④ 同上。

印度崛起与推进新型大国合作研究

问题研究专家、知名学者、资深外交官和一线记者,他们从政治、经济、外交、文化、宗教、民族等各个方面对印度进行阐释,目的是帮助中国读者全面、正确地认识一个真实的印度,从而促进中印两国人民之间的友谊与合作。[①]这样的行为,同样可以视作是中国官方对印度怀有正面认识的体现之一。

三、中国媒体、社会和民间对印度的认知

中国媒体、社会和民间是更具多元性和异质性的一个庞大群体,其对印度的认知较为复杂,这个群体对印度的认知不如学术界和官方那样一致。

实际上,印度崛起引起中国媒体和大众舆论的关注,是在进入21世纪以后的事情。[②]虽然印度已在10余年前开启了划时代的经济改革,但除了学术界外,中国社会和民间并没有给予印度作为一个大国所应受到的重视。而随着21世纪后中印政治关系的不断升温,以及印度经济崛起态势越发显著,中国媒体对印度的兴趣则越来越浓厚。有关印度的报道已成为中国媒体吸引读者的重要题材。[③]

无论是在中国的传统媒体或是主流新闻门户网站,都陆续出现了不少涉及印度的文章。有学者指出,中国知名的新浪网站上关于印度的报道,总能带来较高的点击量,另外,在中国拥有广泛受众的《参考消息》《人民日报》《文汇报》《中国青年报》《环球时报》《国际先驱导报》《新民晚报》《北京青年报》和中央电视台等媒体也有大量关于印度的报道。[④]这些报道涉及印度政治、军事、宗教、文化、外交、社会以及中印关系等各个方面,让中国社会与民间得以了解印度的进步变迁。这些报道内容具有较强的客观真实性,但也存在着不少出于商业运作目的而刻意迎合读者胃口的偏见,如一些报道喜欢渲染、挖苦甚至矮化印度,还有一些特别关注印度同行发表的有关中印关系的看法,在一定程度上扭曲了中国民间对印度的认知。

---

① 文轩:《〈如何认识印度〉新书在京首发》,《出版参考》,2015年第10期,第48页。
② 赵干城:《中国如何估量印度崛起》,《东南亚南亚研究》,2012年第2期,第1—5页。
③ 尹锡南:《近年来中国媒体对印报道及相关问题简析》,《东南亚南亚研究》,2014年第1期,第90—96页。
④ 同上。

总体上看,在媒体报道的强大影响下,中国社会和民间对印度崛起的看法远不如学术界那样乐观,而是持有怀疑乃至轻视的态度。正如有学者指出的,从网上可以轻易看到,不少网民对于印度将崛起成为强国大国的观点并不太认可。[1]另外,随着印度军备建设的推进,不少印度媒体也纷纷明确点出中国是印度国防能力建设的主要针对目标,导致在中国公众中形成了对印度的一些负面形象,视印度为一个对中国不太有善意的邻居,并且自然地将印度崛起与对中国安全带来的威胁联系起来。因此,可以说中国对印度崛起的看法在官方层面和公众层面的确是有着一定差异的。

第三节 印度对中国崛起的认知

面对不断崛起中的中国这个邻居,印度国内的认识和看法也是多元的。政府、民间和智库等,各有差异。即便在智库或学术界内部,也有着较大的认知分歧。

一、印度精英阶层对华认知

所谓印度精英阶层,并没有一个被统一认可的概念。但一般来讲,通常是指在印度各界中享有较高地位和社会影响力的政府官员、智库及大学学者、军方和情报界人士、商业和媒体精英等。印度学者谭中先生就曾经在新加坡《联合早报》上刊文,分析印度统治精英对中国的各种态度,其文章中提到的印度精英大致就包括这几类人士。[2]

鉴于印度与中国一样,都是二战后正式摆脱了被殖民的状态,建立了新的民主共和国,因而也有必要首先认识其开国领导人的对华认知。在现代印度的开国元勋尼赫鲁总理那里,他对中国的认识也充满了复杂性和双

---

[1] 赵干城:《中国如何估量印度崛起》,《东南亚南亚研究》,2012年第2期,第1—5页。

[2] 谭中:《印度精英对华四种态度》,《环球时报》,2006年2月23日。

印度崛起与推进新型大国合作研究

面性,在一定程度上代表了印度精英阶层在看待中国时所抱有的矛盾心理。有文章指出,执政后的尼赫鲁一方面期望中国参与国际事务并与之合作,支持中国在亚洲及国际格局中扮演与其分量相称的重要角色;但与之同时,他又视中国为竞争对手,特别是在1959年西藏发生噶厦政府叛乱后,尼赫鲁的中国观发生了巨大转变,视中国为印度的巨大威胁,接下来的1962年中印边境冲突爆发,更是彻底扭转了尼赫鲁的中国观,这种转变不仅体现在尼赫鲁身上,也对当时及后来的印度精英认知中国带来了深远的影响。

印度德里大学的学者将印度精英人士在如何认识中国的问题上分为三大派别,其分类依据是或者主要视中国为机遇,或者主要视中国为挑战,或者走中间路线。

第一派主要是印度的军队和安全战略人士,视中国为印度安全的主要威胁。[①]这派人士一方面遵循西方现实主义国际政治的思维,着重从地缘政治竞争的角度看待中国的发展壮大,对中国充满猜忌和防范心理。中印边境冲突的阴影也一直笼罩在这派人士的头上。

第二派是所谓的"亲华派",主要是印度左派政党、"同路"的知识分子以及部分政府官员,这派人士基于中国是社会主义国家以及自由主义政治思想而亲华,认为中印两国可以实现和睦共处。其中,西孟加拉邦作为左派堡垒,民间亲华情绪最浓,是歌曲《印度中国是兄弟》的发祥地。

第三派则是持中间立场的主流派,在印度精英中占绝大多数。这派精英中,既包括继承尼赫鲁政治主张的,也包括反尼赫鲁政治观点的,但其在对华态度上却基本一致。它们既认识到中印友好合作的巨大利益,同时也对中国的发展保持警惕,担心中国崛起给印度带来的潜在威胁。

中国学者尚劝余先生也对印度精英阶层的对华认知做了归纳总结,他从更加细致的角度将印度对华认知分为以下三大类:[②]

第一类是从二分法(以 Subramanian Swamy、C. V. Ranga-nathan 和 Vinod C. Khanna 等为代表)的角度,认为印度对中国的看法存在两个极端:一是将中国视作具有侵略倾向的扩张主义者,认为中国的存在就是对印度永

---

① 谭中:《印度精英对华四种态度》,《环球时报》,2006年2月23日。
② 尚劝余:《中国与印度:合作伙伴还是竞争对手?》,《南亚研究季刊》,2011年第1期,第1—5页。

第五章　中印共同崛起与相互再认知

久而长远的威胁；这种思想在印度古已有之，即自身的邻国就是自己的天然敌人。二是把中国视作拥有共同历史经历和文明古国属性的友好邻邦。大多数印度人则受这两种思想和现实事态发展的影响而左右摇摆。

第二类则采用三分法（以 Mohan Malik、Sumit Ganguly、Waheguru Pal Singh Sidhu 和 Jing-dong Yuan 等为代表），将印度对华态度分为"合作派""对抗派"和"战略性接触派"三类。对华合作派人士主要包括印度共产党、"左倾"的学者和记者、和平主义者、理想主义者、国大党和外交部等相关人士，他们欢迎中国崛起，支持与中国合作，重视中印友好发展；"对抗派"是分布在印度部分军队、情报部门、思想库、印度人民党等内部的一批极端民族主义者和鹰派人士，他们视中国为威胁甚至是敌人；"战略性接触派"则主张对华采取"接触＋制衡"的态度，既通过接触获取与中国的合作利益，但同时也通过自身努力或加强外部合作的方式来制衡中国的崛起。

第三类是采用四分法（以 Amitabh Mattoo 和 Ravni Thakur 等为代表），将印度的对华态度分为四派：第一派是颇具理想主义色彩的"文明派"，从文明角度认为中印可以建立起"天下大同"般的亲密友谊；第二派是印度左翼集团基于对社会主义的认同而对中国亲善，中国的成就被视为代表了普遍性社会主义组织的成就，因而对中国的发展持有认可态度；第三派则是"中国威胁论"的忠实信徒或"反华派"，视中国为对手和敌人，主要存在于印度安全战略部门与军队中；第四派则是中间道路派，主要在学术界和外交界颇有影响，也是目前印度对华政策上的主流派，他们支持中印尽可能地加强合作，但也重视和防范中国崛起所可能带来的威胁与对印度的冲击。

当然，以上这些分类只是一种研究上的方便，在实际中，这些所谓的不同派别间并没有固定不变的界限，占有主流地位的中间派立场，也不时会随中印交往具体情势的发展，而发生变化，所以很难笼统地概括印度精英的对华认知表现，[1]只能说在一般情况下，主张竞争加合作的对华中间派主张在印度精英层中占有相对主流的位置。这也是近二三十年来中印关系能够保持稳定发展的重要原因所在。

---

[1] ［印度］斯瓦兰·辛格、王永刚、张贵洪：《印中关系：认知与前景》，《东南亚南亚研究》，2009 年第 4 期，第 32—36 页。

二、印度媒体和民间的对华认知

印度媒体在影响印度社会对华认知上,具有重要的桥梁中介作用。它们如何报道中国,以何种立场或价值观看待中国,不仅体现了它们自身的认识,也影响到印度整个社会的对华认知。近年来,国内有不少研究,[①]分析了印度媒体的对华认知特点,为我们理解印度媒体的立场提供了有益的帮助。

唐璐的研究指出,印度媒体生态主要包括印度语言媒体和英文媒体两大类。受英国殖民经历的影响,英文媒体面向的主要是印度受教育精英群体,而且从受众面来讲是全国性的。尽管从人口比重上讲,英文读者所占比例较小,但印度的英文媒体却最具全国性影响力,也在一定程度上影响到印度外交政策的制定。印度国内有关中国最有代表性的观点,也大多出自英文主流媒体,负责撰写有关中国问题文章的则是非政府战略层面的分析家、退休将领和退休文官等。[②]其研究显示,虽然印度官方在对华问题上一直保持友好立场,但是从印度媒体涉华报道上所体现出来的非政府层面对华敌对情绪却颇为严重,如在中印关系出现一定波动的2009年,印度主流英文媒体就在对华态度上表现出了"歇斯底里"式情绪,进而对整个印度社会的对华认知造成了深刻的负面影响。

刘康指出,对印度主流英文媒体的研究发现,2003年以前印度媒体有关中国的报道数量非常有限,然而,随着两国的共同崛起、两国高层交往的增多和双边经贸往来的扩大,印度英文媒体中有关中国的报道也随之增加,其内容集中在中印经济比较、中印战略对话和边界谈判等领域。但尽管如此,印度媒体派驻中国的记者不多,不少报道源自英美媒体,而从英美的视角来传播中国形象,因而也如同西方媒体对待中国一样,常常是戴着有色眼镜来

---

① 可参见李承霖:《印度媒体涉华报道的倾向性研究》,《新闻研究导刊》,2016年第18期,第112页;穆青:《从印度主流媒体涉华报道探析我国舆论引导策略》,《新闻研究导刊》,2017年第20期,第121—122页;楼春豪:《印度对华认知初探》,《国际研究参考》,2013年第10期,第1—9页。

② 唐璐:《印度主流英文媒体报道与公众舆论对华认知》,《南亚研究》,2010年第1期,第1—14页。

第五章　中印共同崛起与相互再认知

报道中国，而不是如实客观地介绍真正的中国。①不仅如此，长期以来，印度媒体和一些印度政客为了博取关注或获取政治利益，纷纷以中国作为靶子，无故炒作"中国威胁论"，煽动针对中国的民族主义情绪，成为影响中印关系发展的一大负面因素。

这正如印度德里大学教授萨巴诺·伽塔吉博士（Subarno Chattarji）所指出的："印度媒体报道的中国并不是一个客观真实的中国，而是印度表达自身的感伤与怨恨、欲望与恐惧的方式；印度关心的不是中国如何，而是在中国这面镜子里映照出的印度如何。印度总是将中国作为他者，完成现代印度身份的自我确证。印度以自我认同为目的来塑造中国形象，却以西方为尺度。比较印度与中国优劣成败，真正的意义是究竟谁更进步，更接近西方或者美国，因为西方或美国是进步的目标与尺度。经济发展接近西方、政治制度比照西方，只有在被西方价值观认可的情况下，印度才能理解他者与自我，感受失落或自信。"②

除了印度媒体对中国的报道有失客观之外，印度民间对中国的认知也长期是模糊不定的。③特别是在拉·甘地访华前的一长段时期内，中印关系极为冷淡疏远，几乎处于相互隔绝状态，这导致印度民间很少收到来自中国方面的讯息，对于中国的有限报道也受政治导向的影响，在普通民众中，对于中国的态度几乎是冷漠的。而当中印关系此后不断升温转暖，印度社会的中国形象也并没有大的转变，唯一的变化就是整个印度社会对于中国的关注度提高了。但此后，印度媒体虽然不失时机地扩大了对中国的刻画、描述与评判，但是它们并没有严格恪守新闻的基本准则来发挥中介作用，反而在一定程度上，将自己的预设立场导入印度社会的中国形象塑造上来。

美国皮尤研究中心2012年9月所做的一份民调，从一个侧面揭示了印度民众对于中国认知的分布态势。④其中，对中国持"消极"态度的印度民

---

① 刘康：《印度民众看中国崛起——亚洲风向标民意调查》，《人民论坛》，2014年第28期，第62—67页。
② [印度]S.伽塔吉：《印度传媒中的中国形象》，乐黛云等编：《跨文化对话》（第19期），江苏人民出版社，2006年版；转引自周宁：《印度的"中国知识"状况》，《国外社会科学》，2010年第3期，第63页。
③ 周宁：《"我们的遥远的近邻"——印度的中国形象》，《天津社会科学》，2010年第1期，第88—101页。
④ 楼春豪：《印度对华认知初探》，《国际研究参考》，2013年第10期，第1—9页。

众比例达31%,高于持"积极"态度的23%;认为中国崛起对印度是"坏事"为35%,也高于认为是"好事"的24%;在被问及中国是不是威胁的问题时,约60%的受访者视中国为主要威胁,22%的受访者认为中国是次要威胁,仅有17%的受访者认为不是威胁或不清楚。

与美国皮尤中心所得出的调查结果相似,2013年由上海交通大学与美国杜克大学中国研究中心委托亚洲风向标民意调查组织在印度开展的有关中国崛起的民意调查中,也得出这样的结果。这次调查也是中国首次主导的印度对华认知民调。据介绍,该调查覆盖印度22个主要的邦,位于印度东北部地区的一些小邦被合并为一个整体处理,该调查范围覆盖到印度97%以上人口,这足以保证该调查的代表性和权威性。[①]调查结果显示,对中国持"友好态度"的占33.7%,高于对中国持"敌对态度"的25.6%,这与近二十年来两国关系的稳定运行和深入发展是基本匹配的,但调查团队在印度走访期间也发现,印度国内仍有对中国持极端民族主义情绪的氛围,"中国威胁论"会不时出现于印度的某个政党或媒体,而且绝大多数的印度人对中国都有很强的戒备心理。这些调查结果表明,要想印度社会和民众跳出对中国的防范心理,正面看待"中国崛起",还有很长的一段路要走。

第四节 中印相互认知"不对称"的影响

尽管印度怀抱强烈的大国梦想,经济展现出蓬勃的增长势头,但在中国民间,却仍对印度有着较为普遍的轻视情绪,印度所受到的关注亦远不如一些欧美发达国家;与此同时,虽然中国从未曾将印度视为对手或敌人,也对中印合作寄予真诚的善意和希望,但在印度国内,却对中国有着较为普遍的防范警惕情绪,中国形象也不时被妖魔化,中国话题被印度一些政客或学者拿来无端炒作指责而令中印关系陷入波动之中。中印相互认知所表现出来的这种不对称现象,已经引起了不少学者和两国官方的持续关注。"增进战

---

① 刘康:《印度民众看中国崛起——亚洲风向标民意调查》,《人民论坛》,2014年第28期,第62—67页。

略互信"这一提法频频见于两国官方交往和高层对话中,①正凸显出中印相互认知"不对称"问题在双边关系发展中所具有的重要影响和解决该问题对中印关系所具有的重要意义。

一、中印相互认知"不对称"的发展与表征

从中印建交以来的发展情况看,中印相互认知情况经历了一个不断变化的过程。这一过程的结果是,双向认知逐渐由平衡性向不平衡性方向发展,要弥合两国的相互认知鸿沟,仍有待付出艰辛的努力。20世纪50年代,当时中印都刚实现独立新生,两国经历和身份相似,又同属同盟国阵营,有着患难与共的情感,两国关系也处于"蜜月期",这时两国的双向认知大体是平衡性的,两国相互视为朋友与伙伴,两国学者和媒体等均对对方国家的形象进行了一定的美化。但进入60年代后,随着两国边境发生冲突,两国关系陷入低谷,两国在对方眼里的形象也急速改变,一方面是双方交往的倒退乃至中断,两国社会和民间变得彼此冷漠起来;另一方面是对对方形象进行负面化描述或宣传,导致两国的隔阂不断加深加大。80年代以来,两国关系升温,交往日渐增多,在一定程度上恢复了对彼此的认知兴趣,但在全球化的新形势下,塑造两国认知形成的因素更为复杂,两国相互认知中的偏差问题虽在某些领域有所缩小,但在另一些领域不仅没有出现明显的好转,甚至还在恶化,比如"中国威胁论"在印度颇有市场。

有学者详细分析了中印认知错位在不同时期的主要表现,表明中印认知失衡现象其实由来已久。②在印度独立和新中国成立以后的20世纪50年代,两国相互的关注点就出现了明显的错位,当时印度主要关注中国的政

---

① 如:2013年5月22日,外交部长王毅接受记者采访时指出,能否建立和增进战略互信是决定中印关系今后走向的关键,李克强总理向印度各界反复强调了中印建立战略互信的重要性。详见《汇聚战略共识、构建战略互信》,2013/05/22 https://www.fmprc.gov.cn/ce/cein/chn/ssygd/lkq2013/t1042785.htm;习近平主席指出,中方愿同印方一道,以武汉会晤为新起点,持续增进政治互信,全面开展互利合作,推动中印关系更好更快更稳向前发展。详见:裴广江、赵成:《习近平会见印度总理莫迪》,《人民日报》,2018年6月9日。

② 尹锡南:《当代中印双向认知的平衡性与错位性》,《印度洋经济体研究》,2015年第6期,第23—35页。

治体制和发展道路,并体现出强烈的"西藏情结",而中国的政治家和学者在观察印度时,不仅没有将印度视为"安全威胁",相反却以推崇赞许的眼光表达对于印度及印度人民的友好和敬意;在20世纪60年代以来中印进入交恶期后,双方聚焦对方的领域也同样有着明显的差异。譬如中国在并不视印度为"安全威胁"的同时也开始关注印度对中国的"敌意",并基于意识形态取向而关注印度当时的农民起义即"纳萨尔巴里运动",而印度却在继续借用西方视角看待中国,刻意渲染中国对印度所谓的"安全威胁";20世纪80年代以来至今,特别是进入21世纪后,中国对印度的崛起表示了积极的欢迎,大多从正面看待印度的发展,关注点也主要集中于印度的经济改革和外交政策,并不视印度为"安全威胁",然而,"中国威胁论"却在印度国内有着持久而广泛的影响,印度仍沿用西方视角和地缘政治思维来看待中国的发展与中国的外交;此外,随着21世纪以来两国学者、作家、留学生、游客等往来互动的增多,通过对其记叙对方国家文章的分析,也可发现当代中印双向认知存在的某些不对称现象,这主要表现为很多中国学者对于印度文化的热爱非常纯净,并不掺杂意识形态的考量,但一些印度学者的中国游记却难以摆脱意识形态的偏见。

二、影响中印务实合作的深入推进

近年来,中印关系发展迅速,其中的最大动力,源自两国在各领域的务实合作取得较大进展,拓展了两国的共同利益,也给两国和两国人民带来了实实在在的好处。特别是两国的经贸合作,增长较快,而且发展潜力可观,成为双边关系的"压舱石"和亮点所在。

然而,由于相互认知不对称的问题,仍然是影响两国各领域合作向深层次发展的重大障碍。即使在两国最为热门、较不敏感的经贸合作领域中,仍存在着基于边界领土争议而影响两国经贸合作的因素。尤其是在投资方面,印度存在着对中资企业专门设限的政策。[①]在印度急需改善的基础设施领

---

① 张立:《中国电信企业投资印度缘何受阻》,《世界电信》,2007年第3期,第64—68页。

第五章　中印共同崛起与相互再认知

域,本来中国拥有较强的国际竞争优势,双方合作有着巨大的潜力。①但实际上,两国这方面的合作进展也十分有限。对于中国提出的"一带一路"倡议,印度也主要从战略而非经济发展进行解读,导致其对"一带一路"倡议的抵触,公开表示不会支持响应"一带一路"倡议。②

而在更为敏感的安全领域,两国的合作就更受影响。正如有学者所指出的,印度始终认为中国是其对手或潜在的安全威胁,而中国在绝大部分时段里并不把印度视作自己的安全威胁,两国安全互信上的这种不对称,决定了中印两国之间很难有密切的安全合作。与此同时,中国同巴基斯坦正常的交流合作,反过来也被印度视为双边关系中的障碍之一。③所有这些,导致中印两国在安全防务领域的合作仍处于较低水平。不仅如此,尽管两国设立了不少管控机制以维持两国在边界地区的秩序,但由于在边境问题上的相互认知不对称,也持续对两国边界地区秩序造成紧张和冲击。即便在进入21世纪之后,边界地区争端也多次成为印媒炒作的主题,2017年,两国更是爆发"洞朗对峙",令双边关系处于考验状态。因此,如果安全互信问题得不到有效解决,那么,两国安全合作将很难得到提升,这将是两国关系深入发展面临的大隐患之一。

三、影响社会与民意基础

推动中印关系的良好发展,符合两国和两国人民的根本利益,它既服务于两国人民利益的需要,反过来讲也要受两国社会与民意的影响或牵制。然而,长期以来,由中印边界问题等衍生出来的"理解赤字""信任赤字"和"交往赤字"仍可被视为中印关系发展面临的障碍和棘手问题之一。④从中国方面看,印度作为南亚大国和世界新兴发展中大国,在中国社会所得到的

---

① 杨文武、贾佳:《后金融危机时代中印交通基础设施合作》,《南亚研究季刊》,2016年第1期,第73—82页。
② 张立、李坪:《印度对"一带一路"的认知与中国的应对》,《南亚研究季刊》,2016年第1期,第18—23页。
③ 张立:《中印关系前景可期:合作甚于冲突》,《南亚研究季刊》,2013年第3期,第86—91页。
④ 亢升、王静文:《中印关系脆弱性的心理原因与对策思考》,《印度洋经济体研究》,2018年第6期,第47—60页,第141页。

印度崛起与推进新型大国合作研究

重视远远不够。研究印度问题的学者数量也偏少,仅仅是在近年来,国内才陆续新增一些印度研究机构和印度研究学者,给原本是冷门学科的印度问题研究注入一些新的能量。

而从印度方面看,如果官方放任"中国威胁论"不遗余力的宣传炒作,或者不改变视中国为敌人而非潜在朋友的立场,[①]那么,这就会影响印度民众看待中国的心态,对中国表现出不友好态度,进而激起中国民众的反弹,令两国社会认知陷入恶性循环里。这还将对印度政府所奉行的对华外交政策形成不利的掣肘,导致其在对华交往时可能不得不屈从于国内的民族主义压力,最终有损于印度长远的利益。

事实上,此前已有调查显示,基于认知的有限性或认知偏差的存在,中国民间也对中国对印外交有着特定的政策选择偏好。对部分中国高校学生所做的一份抽样问题调查显示,在中印边境问题上,中国高校学生持寸土必争的观点;在是否支持印度"入常"的问题上,有54.9%的受访高校学生表示不支持和坚决抵制;还有38%的受访者把印度在"西藏问题"上所采取的动作列为中印关系的主要障碍[②]。不仅如此,随着"印度方面对中国(发展)的担忧加深,进而引发更多的对华不友好的言论和观点出现,这客观上会引起中国舆论的反弹,使中国公众对印度崛起产生较强的负面看法,这实际上在近年来两国的舆论互动中已见端倪,越来越多的中国普通民众在网上发表批评指责印度的观点,不认同一个强大繁荣的印度将对世界和平做出贡献的观点,并对印度舆论中一再出现的反华言论提出驳斥,其中不乏相当激烈的观点",[③]这种现象的出现显然也将中国的对印友好政策制定和推进产生不利影响。

---

① 韦健锋:《冷战后中印缅之间的相互认知及其中国因素》,《兴义民族师范学院学报》,2014年第4期,第12—17页。
② 李俊勇、刘思伟:《中印关系:认知与理解——解读中国高校学生眼中的印度》,《南亚研究》,2008年第1期,第36—41页。
③ 赵干城:《中国如何估量印度崛起》,《东南亚南亚研究》,2012年第2期,第1—5页。

第六章
新型大国合作理念及其战略意义

第六章　新型大国合作理念及其战略意义

种新型的关系模式";①同年6月,时任美国总统奥巴马在与中国国家主席习近平会面时,也表示要推进"美中新型关系"。②

至此,"构建新型大国关系"这一理念,在经过了从20世纪90年代起的不断酝酿、探索实践和深思熟虑这一发展过程之后,已经成为中国共产党和中国政府最高层所确定的战略性外交理念和正式外交话语。中国领导层也将这一大国关系新理念不断地推向世界,并得到了包括美国在内的世界主要大国回应与关注,这意味着新型大国关系理念从概念层面已经臻于定型。

而从实践层面看,中国对于新型大国理念的探索已于20世纪90年代展开。最为典型的体现是在中俄关系等的处理上。③在经历了数十年恩怨离合之后,中俄抛开意识形态和国家制度演变上的歧异,走向了和谐共处的伙伴关系。中印之间也是如此,两国通过日渐密切的高层互访和日渐升温的经贸合作,设立了建立面向未来的战略伙伴关系目标。④在"9·11"恐怖袭击发生后,中国对美国的反恐表示了支持,经过艰苦谈判,中国加入了WTO,更深地融入了二战后美国主导建立起来的国际经济秩序,中美关系虽然也时有磕碰,但两国在各领域的合作发展得更为迅猛紧密。这些实践表明,作为一个在改革开放中成长起来的经济大国,中国完全有能力与其他大国建立起一种互利共赢、和谐并存的合作关系。合作而非对抗冲突的新型大国关系既已在中国的孜孜努力中得到部分的实现,同时也赋予了中国以自信和希望,让中国将"新型大国关系"正式确立为外交战略理念的核心思想之一,用以指导中国与世界各主要大国间的互动实践。

---

① "Remarks By Tom Donilon, National Security Advisor to the President:'The United States and the Asia-Pacific in 2013'," *The Asia Society*, New York, March 11,2013, http://www.whitehouse.gov/the-press-office/2013/03/11/remarks-tom-donilon-national-security-advisory-president-united-states-a.

② "Remarks By President Obama And President Xi Jinping Of The People's Republic of China After Bilateral Meeting," Sunny lands Retreat, California June 8,2013,http://www.Whitehouse.gov/the-press-office/2013/06/08/remarks-president-obama-and-president-xi-jinping-peoples-republic-china-.

③ 钟飞腾:《新型大国关系、共同发展与中国外交新理念》,《国际论坛》,2014年第1期,第34—39页。

④ 《中印宣布建立面向和平与繁荣战略合作伙伴关系》,http://news.sohu.com/20050411/n225135764.shtml。

二、新型大国合作理念的提出背景

以构建新型大国关系为核心的新型大国合作理念,并不只是中国政府主观意愿和自身实践的产物,而是有其颇为深厚的时代和现实利益基础。这主要体现在以下几个方面。

其一,冷战后国际体系和大国关系发生深刻变化。1991年苏联解体,意味着战后长达数十年两极对抗的冷战彻底结束,人类历史进入了后冷战时代。冷战终结后,原有的两超格局不复存在,为"一超多强"的新格局所替代,与此同时,世界单极化与多极化态势同步发展。一方面,美国力求建立单极霸权,另一方面,出现了以中国、印度等"金砖国家"(BRICS)为代表的新兴大国群体性崛起态势,对美国的单极霸权构成新的制衡,国际体系表现出空前的复杂性,冷战时代的敌我分明界限变得模糊起来,大国关系也呈现出矛盾与利益相互交织的现象。正如美国学者戴维·香博所言,"对手的确可以在某些有限的领域——其中许多具有战略意义——进行合作,而同时保持着竞争性的、有时引起争议的关系"[①]。这就意味着,冷战时代的非友即敌的"二分法"思维已经过时,建立"互利双赢"的"伙伴关系"成为国际关系中的流行选择。这种新的"伙伴关系"与冷战时期的"战略伙伴"关系有着根本的不同。冷战时期的"伙伴关系"带有排他性的军事同盟色彩,往往以第三国为对象;而新的"战略伙伴"关系则是开放式的,不以针对第三国为目标,只是"反映了大国之间在寻求新的双边关系时都希望有一个比较高的定位"[②]。从美国来看,尽管其实力在全球首屈一指,但是却仍未强大到足以驾驭全球的地步,在反恐及其他一些地区问题上,仍需要依托传统盟友和新兴大国的力量来实现自己的目标;对新兴大国而言,它们也需要借助与美国和相互间的合作关系,来促进自身的更好发展,虽然在此过程中它们也要受制于既有国际秩序和美国霸权等的束缚与打压。因此,大国总体关系就在随

---

① 详见[美]戴维·香博:《中美战略关系》,[美]《生存》,2000年春季号;章一平:《从冷战后国际体系的复杂化看中国与大国关系》,《世界经济与政治》,2000年第12期,第23—26页。

② 郭隆隆:《1997年国际形势中的五个"突出"》,《国际展望》,1997年第23期,第3页。

第六章　新型大国合作理念及其战略意义

着对不同议题领域的相机权衡和国际形势的变换中不断调整演化,呈现出朝着新型大国关系发展的可能。

其二,经济全球化的深入发展。冷战的终结不仅改变了国际政治格局,也改变了世界经济格局,最显著的标志就是以市场化和贸易自由化为目标的经济发展方向,这对国际经济关系和大国关系也带来了深远影响。[①]20世纪90年代以来,中国、印度和俄罗斯这三个大国,都不约而同地发起了内部改革和扩大对外开放,全面深入地融入了由西方发达国家主导的世界经济体系,至此,除了少数几个国家外,全球绝大多数国家都已被纳入了资本主义经济体系,只是深浅程度有所区别而已。信息技术革命和交通运输条件的不断改善,则使得经济全球化更加成为不可阻挡的潮流。全球化的深入发展,使每一个国家的生存和发展都与整个世界的发展息息相关,它将各国通过贸易、投资和技术合作等各种纽带更加紧密地联结在一起。世界主要大国之间普遍建立起了深入的经济贸易合作关系,出现了"你中有我、我中有你"的相互依存现象。如截至2011年,中美已互为第二大贸易伙伴,美国是中国的第二大出口市场和第六大进口来源地,中国则是美国的第三大出口市场和第一大进口来源地,并已连续10年成为美国增长最快的主要出口市场。[②]中美贸易的这种发展状况,意味着两国经济波动已高度关联。但经济全球化在将各国利益紧密地联结在一起的同时,也催生了新的全球性问题,导致全球治理合作需求变得更为突出。如全球经济持续增长,带来了对环境和气候的破坏加剧问题;在经济全球化的同时,各种犯罪和恐怖主义等也被全球化了;此外,全球化还带来全球性金融与经济危机的发生与应对问题。所有这些,都要求各国在全球合作的框架下进行思考和处理,否则单靠任何一国,根本无能为力。因此,对全球化浪潮的冲击下,国际经济关系呈现出利益交织的错综复杂现象,各国单独处置事务的能力受到削弱,建立既竞争又合作的新型对外关系成为各个大国的正确选择。

其三,冷战后的大国安全关系也出现了新的合作态势。随着全球经济一体化的进程不断向前发展,国家间相互依存度进一步加深,国家安全的概

---

① 章一平:《从冷战后国际体系的复杂化看中国与大国关系》,《世界经济与政治》,2000年第12期,第23—26页。
② 周方银:《中美新型大国关系的动力、路径与前景》,《当代亚太》,2013年第2期,第4—21页。

印度崛起与推进新型大国合作研究

念和性质发生了质的变化,安全观也正在改变,单一的国家安全观正在被综合安全观所取代。①正如罗伯特·基欧汉和约瑟夫·奈在其复合相互依存论中所指出的,以军事威胁为中心的传统国家安全概念,在新的相互依存和一体化的世界上已愈加不合时宜,军事力量未必能够转化为在其他议题领域的优势。②面对风起云涌的各类跨国性安全问题,只有依靠国家间组成的集体力量才足以对付。这是因为后冷战时代安全的内容发生了变化,大规模杀伤性武器扩散、金融危机、严重自然灾害、气候变化、能源资源安全、粮食安全、公共卫生安全等非传统安全威胁成为后冷战时代的新挑战,这种挑战是"较少军事性而多经济性的",对付这种挑战的手段是"较少单边而多合作性的","需要承担明确的或隐蔽的责任和包袱"。③而在传统安全上,联合国安理会五大常任理事国在1991年海湾危机和海湾战争中的合作,也是冷战结束后世界主要大国践行集体安全体系的一次成功尝试。当然,在安全领域,除了上述因素以外,二战后核武器在大国的发展,带来了恐怖的"核平衡",也阻止了传统的大国战争发生。如同有学者所指出的,若核大国能展示坚定、可信的使用核武器的意志,就能排除大国间用战争摧毁对方的选项,如日本虽然没有核武器,但却可依赖美国的核保护伞,因而尽管冲突不断,中日关系的选项里战争门槛也大大提高了,对印度和巴基斯坦这两个事实上拥有核武器的南亚大国而言,两国爆发大规模战争也变得更为谨慎了。④因此,大国安全关系一方大幅度降低了大规模战争的选项,传统大国关系中残酷的战争决胜形式越来越不会轻易发生,⑤另一方面又面临着新的合作需求,新型大国关系的建立也同样成为可能。

---

① 郭学堂:《后冷战时代大国关系的变迁与集体安全的未来》,《国际观察》,2000年第3期,第1—5页。

② [美]罗伯特·基欧汉、[美]约瑟夫·奈:《权力与相互依赖》,门洪华译,北京大学出版社,2002年版。

③ Graham Allison, Gregory F. Treverton, "Introduction and Overview," in Rethinking America's Security--Beyond Cold War to New World Ordered. Graham Allison, Gregory F. Treverton, New York, London: W.W. Norton & Company, 1992, p.16.

④ 潘维:《正在崛起的"新型大国关系"》,《学术前沿》,2013年第6期上期,第28—34页。

⑤ 李巍、张哲馨:《战略竞争时代的新型中美关系》,《国际政治科学》,2015年第1期,第25—53页。

第六章　新型大国合作理念及其战略意义

其四,国际合作机制的发展。二战结束后,国际社会建立了诸多机制,以促进相互间的合作,增进共同利益。如联合国作为最具普遍性和代表性的国际组织,就在加强各国对话沟通、维护世界和平、促进人类发展和推进全球治理等方面发挥了积极作用。在应对全球金融和经济危机的过程中,二十国集团发挥了不可替代的作用,构建了延续至今的国际经济金融合作重要平台。除此之外,还有世界卫生组织、国际电信联盟等面向全世界的国际组织,在各相关功能性领域承担起全球协调与促进全球性合作的职责。同时,还有由部分国家组成的国际组织和机制,如七国集团、"金砖国家"、不结盟运动、七十七国集团等。在区域层面,也有大量的国际组织与机制组建,如欧盟、东盟、上海合作组织、亚太经济合作组织等,这些不同层次不同范围的国际组织和机制在推动相关国家在经济、安全等领域的合作发挥着重要作用[1],促进着国际合作理念的培育和国际互动机制的构建,为大国关系朝向新型合作方向发展奠定了良好的基础。

总之,新型大国关系理念既是时代发展的产物,也是时代继续发展的需要。只要各大国共同努力,国际社会就有可能在全球化的新形势下走出一条以合作共赢为核心的共同发展之路,形成新型大国关系的新格局,掀开全球和平发展的新篇章。

第二节　新型大国合作理念的内涵

一、大国关系的形态与新型大国关系的界定

严格意义上讲,大国是一个相对的概念,目前学术界并没有对此形成统一的概念。它通常是指国际社会中拥有较强实力和较大国际影响力的国家,英文中常用"POWER"一词来表示。衡量大国的标准:一是要具备大国的

---

[1] 刘建飞:《构建新型大国关系中的合作主义》,《中国社会科学》,2015年第10期,第189—202页。

印度崛起与推进新型大国合作研究

基本自然地理条件,包括领土面积、资源禀赋和人口数量等指标要在世界处于前列;二是要具备大国的基本实力,如经济总量、军事实力和科技实力等居于全球领先位置;三是要具备较强的或一定的国际影响力,即大国的一举一动,不仅关乎自身利益,也会对周边、区域乃至全球产生一定的影响。综合这三项标准来判断,国际社会符合大国条件的国家并不多,但是,这一小部分群体却在国际社会中有着举足轻重的作用,这些实力出众的国家左右着国际关系大势,决定着人类是走向战争或是走向和平,[①]因此研究国际社会运转和国际关系,就不能不首先关注大国以及大国关系。

所谓大国关系,就是指一个国际体系内主要大国之间的关系状态,以及这种关系运行的内在机理,所依据的主要规则和遵循的基本规范。[②]

按照有的学者的观点,如果以国家间对抗和合作的紧密程度来划分,那么,可以将国家间关系分为至少七种基本形态,大国关系也同样包括这七种互动关系在内,这七种关系中,光谱的两端分别是热战敌人关系和传统盟友或共同体成员关系,居于其中的则是冷战对手关系、恶性竞争关系、良性竞争关系和战略伙伴关系等。[③]这七种形态的具体表现是:在热战敌人关系下,大国间进行着激烈的权力争霸和军事冲突,如一战或二战时大国间的疯狂厮杀与你死我活的战争;在冷战对手关系下,大国相互为敌,以非军事形式展开激烈的角逐对抗,比如冷战时期美苏两大阵营的对抗;在恶性竞争关系下,大国之间进行没有原则与规则约束的争夺,各自唯利是图、相互拆台,哪怕两败俱伤也在所不惜;在良性竞争关系下,大国间则能够将竞争限定在国际或双方认可的规则范围内,展开公平合理的竞争;在战略伙伴关系上,大国之间则能达成合作共识,建立合作机制,管控好双方分歧,追求共同利益的塑造与实现;传统盟友关系则是将大国间合作上升到安全领域,建立起生死与共的安全共同体关系;共同体成员关系则意味着两国享有高度的集体认同,接受共同的规则和规范约束,基本排除了彼此间发生重大冲突或根本性对抗的隐患。

---

① 潘维:《正在崛起的"新型大国关系"》,《学术前沿》,2013年第6期上期,第28—34页。

② 陈伟光、曾楚宏:《新型大国关系与全球治理结构》,《国际经贸探索》,2014年第3期,第94—106页。

③ 陈志敏:《新型大国关系的形态分析》,《国际观察》,2013年第5期,第14—20页。

第六章　新型大国合作理念及其战略意义

如果以大国关系对国际社会和平繁荣的贡献度大小为纵轴,以大国关系的合作程度高低为横轴,可以得到图6-1,[①]显示出大国关系可能的排列组合位置。在大国关系的下列七种可能形态中,可以看出,传统的大国关系已经包括以下四类:热战敌人、冷战对手、恶性竞争和传统盟友等。因此,新型的大国关系则包括有良性竞争关系、伙伴关系和共同体成员关系等三种基本形态。这三种形态,都排除了以零和博弈为特点的国家间对抗,转而寻求构建以合作共赢为目标的和平互促关系,因而符合新的时代潮流发展需求,属于"新型大国关系"的范畴。而在这三种形态内,基于合作水平的高低和对国际社会的贡献大小,又可将其视为是三种依次递进的关系。[②]即良性竞争关系是新型大国关系的起步形态,而战略伙伴关系则是新型大国关系的发展和成熟形态,共同体成员关系则更为高级,可视为新型大国关系的理想或最高形态,是国际关系演进的终极奋斗目标。

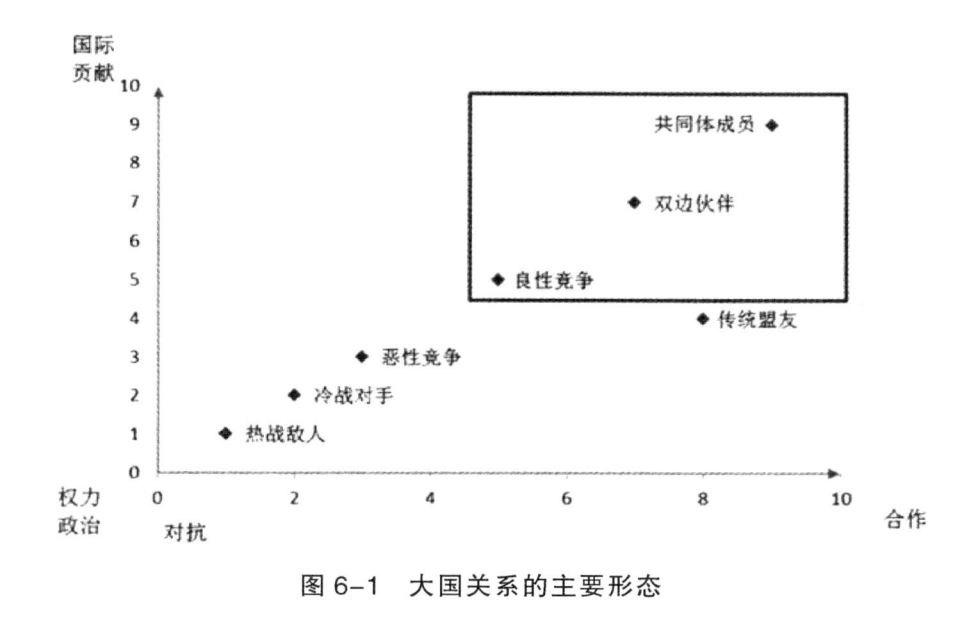

图6-1　大国关系的主要形态

除了可从理论层面对于新型大国关系进行界定之外,还可以结合历史

[①] 陈志敏:《新型大国关系的形态分析》,《国际观察》,2013年第5期,第14—20页。
[②] 同上。

印度崛起与推进新型大国合作研究

经验和国际社会发展现实,对新型大国关系做出另一种界定分类。通常,近现代大国关系的演进,往往体现为新兴大国和守成大国的冲突和战争,因此,所谓大国关系问题从根本上讲,通常是指新兴大国与守成大国的关系问题,[1]结合现实来看,也就是突出表现为目前正处于崛起中的中国与美国之间的关系。这也是人们在谈到新型大国关系理念时,最常联想到的两个国家关系。但更宽泛地看,由于中国并不是现阶段唯一崛起中的大国,目前的新兴大国呈现出群体性崛起态势,同时传统大国也并不只有美国一家,因而新型大国关系实际上也应当包括所有新兴大国与传统大国之间的关系,这就是新型大国关系概念所涵盖的第二层次关系;此外,新兴大国之间以及传统大国之间的互动关系,也同样属于当代大国关系的范畴,因而也应纳入新型大国关系的建构范围,这就是新型大国关系概念所涵盖的更为宏观的第三层次关系。所有这三个层次的大国关系,如何摆脱传统大国关系的窠臼,实现各国和谐共存、合作发展,就是新型大国关系理念所致力于达到的目标。

除了以上两种分类外,还有学者提出另一种划分,即按国家实力地位和国家间关系特征划分,可将当代大国关系分为以下两类:一类是普通大国与超级大国之间以及普通大国相互之间的关系,比如目前俄罗斯、日本、印度与美国之间的关系以及中、俄、日、印之间的关系;另一类是崛起大国与守成大国之间的关系,比如目前的中美关系,这样,新型大国关系就可分为广义和狭义两类:前一类涵盖了所有大国关系的则属于广义上的新型大国关系,而仅涉及崛起大国与守成大国的第二类大国关系则是狭义的新型大国关系。[2]通常,人们更为关注的是狭义的新型大国关系,因为这可能决定着国际秩序是否会出现根本性的颠覆以及爆发大战争。但无论是构建哪类新型大国关系,其在原理上都是相通的,只是狭义的新型大国关系构建难度更大,它涉及的矛盾更为深刻复杂。

---

[1] 陈玉刚:《后危机时代的大国关系和中国的体系战略》,《复旦国际关系评论》,2012年第1期,第1—14页。

[2] 刘建飞:《构建新型大国关系中的合作主义》,《中国社会科学》,2015年第10期,第189—202页。

第六章 新型大国合作理念及其战略意义

二、新型大国关系的基本内涵

2013年6月7—8日,中国国家主席习近平与时任美国总统奥巴马在美国加利福尼亚州安纳伯格庄园举行非正式会晤,在会晤中习近平主席以三句话概括了中美构建新型大国关系的基本内涵:一是"不对抗、不冲突";二是"相互尊重";三是"合作共赢"。[①]这是针对中美关系就新型大国关系内涵所做出的具体阐述,代表了中国对新型大国关系理念的全面认知,是构建新型大国关系的实践指南。这三句话实际上体现着三个不同层次的内容与目标,勾画出了构建新型大国关系的基本框架和主要路径,因此,这三句话连为一体,事实上构成了新型大国关系理念的核心内涵。

所谓不对抗、不冲突,是指大国之间要尽可能避免发生对抗与冲突,无论这种对抗或冲突是由某一方主动为之,或者纯粹是被动引起,都应当尽可能地予以消除。这是新型大国关系有别于传统大国关系最为基础的一点。当然,考虑到不同国家在国情、需求、利益与偏好等方面千差万别,国家之间产生分歧或矛盾往往在所难免,但即便如此,也不意味着两国要通过激烈的对抗冲突形式予以化解,比如像过去那样,通过战争的方式来获得国际主导权,进而满足本国的欲望,相反,应当通过沟通协调的方式,尽可能地通过和平手段加以解决,从而避免陷入崛起大国与守成大国必然走向冲突的"修昔底德陷阱"。如就中美两国而言,所谓"不冲突",就是指中美两国要避免20世纪上半叶德国、日本崛起导致两次"热战"那样的悲剧;所谓"不对抗",就是指中美还要避免出现二战后的美苏之间长达四十余年全面对抗的冷战。[②]能否以及如何实现大国间不冲突、不对抗呢?这就需要大国间进行密切的沟通交流合作,建立相应的保障机制,确保两国关系避开对抗冲突的陷阱。当代大国间的核恐怖平衡机制为新型大国关系的构建提供了一定的现实可行性,但仅靠这一根支柱还远远不够,还需要有其他的外交安全、经济和文化交流机制等予以配合。如果两国关系上做到了不对抗、不冲突,新型大国

[①] 温宪、陈一鸣:《跨越太平洋的合作——国务委员杨洁篪谈习近平主席与奥巴马总统安纳伯格庄园会晤成果》,《人民日报》,2013年6月10日。

[②] 达巍:《构建中美新型大国关系的路径选择》,《世界经济与政治》,2013年第7期,第59—73页。

印度崛起与推进新型大国合作研究

关系理念就完成了第一个层次,也是最基本层次上的要求。

"相互尊重"作为第二个层次对大国关系的要求更高。这里的"相互尊重",包括了多个方面的丰富内涵。首先是相互尊重对方作为国家这样一个实体的存在,即尊重对方的领土和主权完整性,不对对方的领土主权产生非分之想进行侵略或挑衅;这就在相当程度上排除了两国发生大规模战争的可能;其次是尊重对方的政治上层建筑,包括对方的社会、政治、经济、法律制度和发展模式等;这一点对于当代大国关系具有特别的意义。因为冷战结束以后,在西方发达国家一度掀起了一股"民主获胜"的"历史终结论"论调,这让一些西方大国认为,只有选择了西式民主政治制度,才代表了人类前进的方向,否则就有必要将其推翻,将其纳入所谓的"第三波"或后续"第四波"民主浪潮之中。如果持有此种狭隘的西式民主宗教激进主义思维,那么,就很难对有别于西方大国体制的其他大国予以应有的对待,反而会再度引发如同冷战期间的意识形态新对立;再次是尊重对方的核心利益和重大关切;这里面的核心利益,也就包括对方所正式或非正式表达出来的最为重要的物质和非物质方面的利益,以及基于任何国家对核心利益所持有的最为一般的看法,比如领土和主权的完整性、独立性捍卫、对财富和经济利益的正当追逐等;[①]最后还应包括尊重对方的文明与文化,以求同存异、包容互鉴的精神看待对方。也即无论各国经济发展水平有多少差异,但是各国文明文化并无高下之别,只有多彩之分。对此,不能以自我中心论和文明优越感看待他国,而是应当尊重各国的风俗文化,支持文明交流互鉴而非鼓吹文明冲突与文明断层。当然,新兴大国在处理与守成大国的关系上,还要特别留意尊重守成大国的既得利益或霸权利益等。比如对美国而言,它并不在乎本国作为一个国家所通常要尽可能捍卫的安全与发展利益,因为这些对它的现有实力而言,根本没有任何国家能构成现实的威胁,它眼下更为担忧的核心利益在于其国际主导权和国际霸权利益不要受到太大的冲击和威胁。这是它所特别关注的领域。只要照顾到了它的霸权担忧,对它的尊重

[①] 2009年7月,时任中国国务委员戴秉国在第一轮中美战略与经济对话结束后曾对中国核心利益做过界定:"中国的核心利益第一是维护基本制度和国家安全,其次是国家主权和领土完整,第三是经济社会的持续稳定发展。"详见李静、吴庆才:《首轮中美经济对话:除上月球外主要问题均已谈及》,http://www.chinanews.com/gn/news/2009/07—29/1794984.shtml。

第六章　新型大国合作理念及其战略意义

才算落到了实处。事实上,只要做到了相互尊重,就意味着大国间已经排除了在重大利益上的冲突与分歧,双方能够保持较高的战略互信,从而两国就不仅能够避免冲突对抗,甚至有条件朝着深化合作的方向发展。

"合作共赢"这一要求则将大国关系推向了一个更高的发展层次。它体现出积极的进取性和有为性,要求大国间展开主动性合作,积极培育共同利益,并共同分享合作利益。这里的共同利益,就既包括了大国作为国家所共同关心的利益,如安全、发展、福利和价值观维护等,也包括了大国作为国际社会的中坚力量在维护国际秩序上所应肩负起来的国际责任以及由此带来的相应利益等。更具体一点说,作为对构建国际秩序发挥不可或缺作用的大国,除了要推进双边合作以谋求取得相应的政治经济和安全利益之外,还要在提供国际公共品等方面通力合作,以此营造出良好的国际发展环境,治理好无世界政府状态下所可能出现的各种无序和混乱现象。这一点,也是国际社会成员对大国所具有的特别期待,它要求大国发挥领导力和示范作用,以引领国际社会朝着正确而可持续的方向前进。

综上可见,习近平主席对新型大国关系内涵所做的表述,已经囊括了新型大国关系的核心本质,就中美这对世界最受关注的大国关系何去何从阐明了中国的态度与愿望,但同时也应看到,中国所提出的构建新型大国关系但并不限于中美两国,习近平主席对新型大国关系的以上表述,虽是针对中美关系而论,然而实际上中国所指的新型大国关系包括了美、欧、日等传统大国以及以金砖国家为代表的新兴大国在内。正如有学者所指出的,中国新型大国关系理念的内涵其实比较宽泛,且兼具道义规范和解决问题的双重意义。[①]中国突出强调的是新型大国关系的目标和原则诉求,主张维护国际关系的公正性、公平性和合理性。因此,从更为一般性的角度看,中国的新型大国关系理念还包括以下三个基本内涵:一是强调独立自主,反对霸权主义。如同2013年3月,习近平主席在莫斯科国际关系学院演讲时所强调的:"世界的命运必须由各国人民共同掌握。各国主权范围内的事情只能由本国政府和人民去管,世界上的事情只能由各国政府和人民共同商量来办。这是处理国际事务的民主原则,国际社会应该共同遵守"。这就是说,

---

① 杨洁勉:《新型大国关系:理论、战略和政策建构》,《国际问题研究》,2013年第3期,第9—19页。

印度崛起与推进新型大国合作研究

中国既要求别国尊重中国的独立自主性,反对别国的霸权主义,同时中国自身也尊重别国的独立、主权与尊严,中国对外也不会搞霸权主义,不会以各种借口干涉他国内政;二是强调公正平等、互利共赢。中国主张包括与大国在内的国际关系都应是平等关系,各国都享有平等的权利与相应的义务。没有任何国家能以任何借口凌驾于他国之上;各国在平等交往中寻求共同发展和共同利益;三是坚持和平共处、合作安全。各国应当避免对抗冲突,坚持以和平的方式解决彼此间的分歧矛盾,同时在安全问题上反对排他性结盟,倡导以"合作安全、集体安全、共同安全"为特点的新安全观。①此外,根据大国的不同特点,中国还对不同新型大国关系的建设重点做了专门的区分,比如中国陆续提出了新型大国关系的典范是中俄关系、重点是中美关系、增长点是中国和"金砖国家"的关系、着力点是中欧关系、难点是中日关系等一系列命题,②这反映出中国已经认识到新型大国关系所具有的实践丰富性。

第三节　新型大国合作理念的战略意义

新型大国关系是相对"旧"的或"传统"的大国关系而言的。那么,"传统的大国关系"通常又是怎样的一种关系呢?一般认为,所谓传统的大国关系涵盖的范围,大致是指1648年以来(或拿破仑战争以来)至1991年冷战结束之间的大国关系,③也即从威斯特伐利亚体系开始起算的近现代国际关系史起始期直至冷战终结期。这段长达三百余年的历史时段内,大国关系的主要特点是,具有十分浓厚的现实主义色彩,认为国家用权力追求利益,

---

① 中国社会科学院中国特色社会主义理论体系研究中心:《构建新型大国关系》,《人民日报》,2013年第64期。
② 杨洁勉:《新型大国关系:理论、战略和政策建构》,《国际问题研究》,2013年第3期,第9—19页。
③ 周方银:《中美新型大国关系的动力、路径与前景》,《当代亚太》,2013年第2期,第4—21页。

第六章 新型大国合作理念及其战略意义

武力角逐或军事对抗经常是一个最后的、决定性的手段。[①]其在实践中的突出表现,就是几乎每次有大国崛起时,新兴大国都会与既有的霸权大国发生惨烈的冲突。[②]这种现实主义观点的极致尤其体现于进攻现实主义的学说中,认为在无世界政府状态下的国际体系里,整个世界充斥着永久的大国竞争,因而大国政治会陷入一种宿命的永恒争霸的悲剧之中。[③]如果用过去的老眼光和进攻现实主义学说来观照当下的现实,很显然,将会得出十分悲观的结论,国际社会发展的前景将是黯淡的,中美关系以及其他大国关系,都将布满荆棘与陷阱,世界有可能燃起大国争霸的战火,给人类社会再度带来灾难。正是面对这样的担忧与疑惑,中国顺应时代和平发展的大潮,响应国际社会的呼声,结合自身的经历与实践体会,提出了新型大国关系理念,力图超越历史记忆与旧的现实主义国际关系学说的束缚,向国际社会提供一套新的大国关系之道和大国关系理论,为世界贡献出具有创新精神的中国智慧和中国方案。

一、对现实主义"修昔底德陷阱"学说的超越

近年来,伴随中国的崛起,西方主流媒体和一些政客对中国政策的负面性和曲解性解读明显增加,其中最为突出的一点,就是用"修昔底德陷阱"来影射中国与美国或其他大国关系,将中国定义为国际社会潜在的不稳定根源或冲突肇始者。[④]

所谓的"修昔底德陷阱",就是指古希腊历史学家修昔底德就伯罗奔尼撒战争给出的"诊断"——"使战争变得不可避免的是(新兴强国)雅典的崛起,以及由此给斯巴达(守成大国)带来的恐惧",这个概念出自美国哈佛大学教授格雷厄姆·艾利森,几年前他使用该名词用于指代守成大国和新

---

① [美]汉斯·摩根索:《国家间政治:权力斗争与和平》,徐昕等译,北京大学出版社,2007年版。
② [英]吉密欧:《何为"新型大国关系"》,《金融时报》中文网,2013年6月6日,http://www.ftchinese.com/story/001050778。
③ [美]约翰·米尔斯海默:《大国政治的悲剧》,王义桅、唐小松译,上海人民出版社,2003年版。
④ 余南平:《新型大国关系与"修昔底德陷阱"》,《文汇报》,2014年第21期。

印度崛起与推进新型大国合作研究

兴大国之间的关系,即守成大国和新兴大国身陷结构性矛盾,冲突极易发生。[①]此后,"修昔底德陷阱"一词就被不少西方学者和政客采纳,用以形容中美关系,认为中美也必然走向零和博弈的对抗结局。在"修昔底德陷阱"概念得到认同的背后,还有根深蒂固的传统现实主义权力思维在作祟。即,权力竞争被视为国际社会的本质特征,是由国际体系的无政府状态特点所决定的,国家为了确保安全,总是力求不断地扩张自身实力,这就是一切国际关系的本质所在。这绝不仅是抽象的理论演绎,过去几百年的国际关系史和大国争霸史,也对现实主义观点给予了有力的支持。所谓的英美霸权和平转移之说,其实严格考证起来,也算不得真正意义上"和平"式权力转移,因为其间同样爆发了残酷至极的世界大战,极大地削弱了英国的霸权。因而,如果以此类推,那么,伴随今天中国的不断崛起和美国的相对衰落,则很自然地会得出这样的结论——演进中的中美关系必然走向对抗,中美矛盾终将爆发。这就是从20世纪90年代以来,一直困扰着中美关系的一块"大心病"和大问题。这个问题如果得不到解决,那么,不但将损害中美战略互信和战略合作,基于中美关系所具有的全球性外溢影响,还将对整个世界的发展稳定带来不小的冲击。

正是面对这样的挑战,中国适时提出了新型大国关系理念,提出了与"修昔底德陷阱"截然不同的世界观和发展观,向处于现实主义学说阴影笼罩下的中美关系提出了新的替代选项。这一选项更具时代性,更符合中美两国的共同利益,也能更好体现人类文明的进步和国际关系的进化,因此,它实际上是完美地超越了现实主义权力政治观,以创新性和前瞻性思维来描绘未来的大国关系图景。新型大国关系理念摒弃了守成大国与崛起大国必然对抗冲突的内在逻辑关系,而是更为强调在当今全球化时代下中美关系所具有的相互依存和利益攸关等特点。这一特征,是时代发展的新产物,因而人们也不应固守旧有成见,而是应当用发展的眼光来审视新时代的中美关系,更为关注中美关系的积极面和合作面;同时,新型大国关系理念也超越冷战时期在意识形态和价值观念上的对抗,不寻求意识形态的扩张和统一,不主张颠覆现有的国际体系,而是强调以开放包容的心态处理大国间

---

① 国纪平:《世上本无"修昔底德陷阱"——评美国一些人战略迷误的危险(中)》,《人民日报》,2019年6月17日。

政治制度和社会发展阶段差异的问题。[①]因此,所谓中美两国在社会政治、经济制度、意识形态和价值观上的差异与分歧,也就并不能构成两国交流合作的障碍,两国完全有条件可以本着互利共赢的原则,不断拓展合作空间,给两国人民创造福利,为世界提供国际公共品,承担起大国的使命与责任。

对于中美关系中出现的分歧和遇到的矛盾,新型大国关系理念也同样给出了解决方案,那就是基于不冲突、不对抗和相互尊重的原则,以和平的方式予以沟通处理。冲突对抗选项被排除在双边底线之外。主要采取政治对话和相互妥协的方式,充分尊重对方核心利益和重大关切,这样就能有效避免恶性对抗和两败俱伤的局面出现。这一条,既是基于对历史教训的总结,同时又具有现实可操作性,使得国家间常有的矛盾更加人道、文明或经济的方式加以妥善处理。而相互尊重这一条,也是对强权政治和霸权主义思维的变相否定,因为强权政治和霸权主义思维损害了国际关系的基本规范,也给国际社会带来了不少的动荡和战乱,不否定这一点,放任大国"霸凌主义"重演,那么,很可能会给国际秩序和各国发展环境造成新的冲击,因此,中国主张新型大国关系理念包括相互尊重这一点,也具有很强的针对性和现实意义。这对大国自身的国际形象和长远利益而言,也是有好处的。

综上,新型大国关系理念超越了"修昔底德陷阱"的现实主义历史宿命论观点和冷战思维下的"假想敌"幻觉,提出了新兴大国与守成大国之间新的相处之道,具有显著的开明性和进步性。

二、应对世界多极化态势的中国方案

20世纪90年代初,苏联解体,东欧剧变,苏东集团分崩离析,曾支配世界近半个世纪的两极格局终结,大国关系不断调整,世界出现了"政治多极化"的趋势。[②]与此同时,在经济上也出现了一批新兴市场经济大国,世界多极化态势变得更为明显。这里的"极",在国际政治学中传统上就是指具有

[①] 杨鲁慧:《中国崛起背景下的中美新型大国关系》,《山东大学学报》(哲学社会科学版),2013年第6期,第1—8页。
[②] 沈国放:《当今世界的多极化趋势和大国关系》,《中国党政干部论坛》,2003年第1期,第39—41页。

印度崛起与推进新型大国合作研究

世界影响并拥有一定势力范围的大国。

特别是进入 21 世纪 20 年来,世界经济中最为突出现象之一就是以中国、印度、巴西、俄罗斯等为代表的新兴大国在经济上迅壮大。据世界银行和国际货币基金组织数据显示,1990—2000 年间,中国与印度取得了 10.6%与 6.0%的高速经济增长,巴西、墨西哥与南非也取得了 2.9%、3.1%和 2.1%的增长率,只有俄罗斯因政治剧变和实施"休克疗法"而出现了 4.7%的经济负增长。[①]2001—2009 年间,中国与印度的经济继续保持高速发展势头,分别达 10%和 7.1%,巴西、墨西哥、南非与俄罗斯也分别取得了 3.1%、1.3%、3.4%、4.9%的经济增长。[②]在保持高速经济增长的同时,新兴大国对世界经济的影响和贡献也与日俱增。据美国高盛公司统计,2000—2008 年间,中国、印度、俄罗斯、巴西"金砖四国"(BRIC)对世界经济增长的贡献率高达30%,而 10 年前,这个数字只有 16%,高盛公司进一步预测,可能到2027年,中国就将超过美国,成为全球最大的经济体,到 2032 年,"金砖四国"的经济总量可能与"七国集团"(G7)相当。[③]事实上,从力量对比的消长情况看,新兴大国群体的上升态势也很突出:当 1989 年冷战结束时,美国、日本、德国、英国、法国、意大利和加拿大等 7 个发达国家(G7)的 GDP 总量接近 13万亿美元,约占当时世界经济总量的 62%;俄罗斯、中国、印度、巴西、墨西哥和南非等 6 国(新兴大国群体)当时的 GDP 总量约为 1.6 万亿美元,占世界经济总量的比重还不到 8%,而到 2006 年时,G7 的 GDP 总量为 28 万亿美元左右,新兴大国群体则接近 7 万亿美元,虽然 G7 仍居绝对主导地位,但其在世界经济总量中的比重已较 1989 年下降了约 3 个百分点,而新兴大国群

---

① World Bank, *World Development Indicators 2006*, Quoted in Manmohan Agarwal, "The BRICSAM Countries and Changing World Economic Power-Scenarios to 2050," The Center for International Governance Innovation Working Paper,No.39,Oct.2008,p.5.

② IMF, *World Economic Outlook 2009*, Washington DC:International Monetary Fund,2009,pp.169-176.

③ Goldman Sachs, *BRICs by the Numbers*, December 2009,http://www.goldman-sachs.co.nz/ideas/brics/brics-at-8/index.html.

第六章　新型大国合作理念及其战略意义

体在世界经济总量中的比重则显著上升,达到14%,增长了将近一倍。①

伴随新兴大国的同步崛起,它们和传统大国一道,成为现有国际体系的重要参与者和支持者,它们都在积极探索如何应对影响人类生存和发展的全球性问题。与此同时,新兴大国之间关系也面临一些问题与分歧,需要对新兴大国之间的各种结构性矛盾和相互关系处理提出解决办法,以此协调好新兴大国相互间的关系。在强权政治盛行的传统国际政治理论看来,多极存在往往是一种暂时的力量均衡,呈现出十分不稳定的状态,②这就意味着新兴大国关系同样蕴含着冲突,新兴大国间也亟须用一种不同于以往的新型国家关系理念来进行指导,从而以和平方式解决好相互间的各种分歧与争端,调整和理顺与本国密切相关的各种利益关系。③

中国提出的新型大国关系理念,则具有广泛的适用性。作为国际上的后起国家,这些新兴大国与中国一样,大都提倡和平共处、公平合理、尊重国际法和多边主义等原则,比如,正是中国和印度这两个新兴大国,早在20世纪50年代就共同倡导和平共处五项原则,并将这一原则坚持至今;这些新兴大国主张国际体系的基础是主权国家、国际法和规则规范、多边主义,倡导的指导原则是公平、公正、合理,要求国际组织和国际机制中能够增加其话语权和规制权,以体现出平等性和对新兴大国的尊重。④不仅如此,新兴大国还在互动交往中积极探索践行新型大国关系理念。如中国已经和俄罗斯、印度、巴西、南非等国家建立了战略伙伴关系或战略对话机制,创造性地

---

① 根据如下统计资料计算: IMF, *World Economic Outlook* Database, updated Oct.,2007,http://www.imf.org/external/pubs/ft/weo/2007/02/weodata/download.aspx; World Bank,World Development Indicators Database, July 1,2007, http://siteresources.worldbank.org/DATASTATISTICS/Resources/GDP.pdf; World Bank, *World Development Indicators 2007*; IMF, *International Financial Statistics* 2005, 俄罗斯可得GDP数值最早为1992年,故计算新兴大国1989年经济总量时,俄罗斯以1992年数据代替。转引自杨洁勉:《新兴大国群体在国际体系转型中的战略选择》,《世界经济与政治》,2008年第6期,第6—12页。
② 王毅:《全球化背景下的多极化进程——试论政治多极化与经济全球化的相互联系》,《国际问题研究》,2000年第6期,第1—6页。
③ 于洪君:《中美构建新型大国关系的意义与前景》,《国际问题研究》,2013年第5期,第1—9页。
④ 杨洁勉:《新兴大国群体在国际体系转型中的战略选择》,《世界经济与政治》,2008年第6期,第6—12页。

推出了后冷战时期大国关系的新机制;金砖五国协调合作机制正在不断丰富完善,并已取得了丰硕的成果。[1]中俄印都是上合组织成员,在维护地区安全中起到重要作用。除此之外,新兴大国相互间的经济合作也发展迅猛,如中印间经贸合作已成为双边关系的最大亮点,有力地促进了双边关系健康发展。中俄间的能源、防务合作,长期保持在稳定的水平上,两国高层交往频繁,战略互信度高。另外,新兴大国在发展伙伴关系的同时,也保持开放性,发展双边关系不以针对第三方为目标。如印度在发展中印关系的同时,其与美国的交往合作也在加深,对于中国来说也是如此,中国对与所有大国发展友好合作都持开放和欢迎态度,不搞任何具有地缘政治意图的小集团。这些做法,都与中国提倡的新型大国关系理念一脉相承,高度契合。

因此,新型大国关系理念也为多极化形势下的国际格局走向,提供解决方向。它不仅适用于中国与其他新兴"极"之间的关系处理,也同样可以给其他新兴大国处理对外关系提供借鉴。它反映了经济全球化背景下新兴大国之间的相互依存性和命运共同体性质,对多极化会导致国际体系不稳定的传统认知提出了新的见解,契合了时代发展的新需求,有利于促进国际社会的稳定运行和繁荣共兴。

三、以中国经验与中国智慧丰富了"非西方"国际关系理论

新型大国关系理念的提出,也是对西方主流大国关系理论的批判与创新。长期以来,西方学者提出的现实主义大国关系理论,在当代国际关系理论框架中占有主导地位,影响较大。这些理论秉持权力竞争的思维,探究"大国兴衰"的渊源,分析权力转移因果的逻辑,强调新兴大国必然通过战争等非和平手段挑战守成大国,而守成大国也必然以暴制暴,反制挑战,这样,国际社会就必然迎来一轮又一轮的大国冲突。这种理论还指出,为了遏制新兴大国的挑战,守成大国就应当发起先发制人的行动,否则就会被动。如果遵行这样的理论指引,那么,国际社会就必然永无宁日,因为霸权国家总能

---

[1] 张立:《金砖机制与中印全球经济治理合作》,《南亚研究季刊》,2017年第1期,第58—64页。

第六章　新型大国合作理念及其战略意义

找到莫须有的理由发起对任何国家的打压。但如今,随着经济全球化浪潮的到来和各国交往互动以及相互了解的加深,越来越多的有识之士和渴望安稳生活的民众意识到,建立在政治敌对、经济剥夺、社会交恶、文化殖民基础上的旧国际关系理论已有悖于时代潮流,试图用旧国际关系理论的逻辑和规则来处理当今国家间关系与全球性问题,特别是大国关系和大国间问题,也越来越行不通,而且会贻害全球和子孙后代,[①]对此必须坚决摒弃。

中国领导人提出的新型大国关系理念,则无论是在国际关系理论上,还是在近现代国际关系实践上,都是一个具有创新性和时代进步性的伟大构想。它的提出,既是以人类文明发展进程及对其规律性认识为依据,同时也是基于中华民族悠久的文化传统和当代中国外交实践所形成的智慧结晶。中华民族一直拥有崇尚"和""合"的民族智慧和高尚品格,中国古代哲学中"和而不同"的思想深入人心,新型大国关系理念融合了中国传统文化的思想和智慧,同时也是中国领导人关于"和平与发展是世界两大主题"等论断的逻辑性结果,其实质与内涵既充分体现了和平发展与合作共赢的时代诉求,也是中华民族传统文化与人类共同理想信念的有机结合。[②]新型大国关系的构想不论是在外交战略思想的层面上,还是在近现代全球国际关系理论领域都具有创新意义。这一构想不仅较以往更加清晰地描绘出中国对于冷战后全球体系和政治、经济秩序的愿景从"公正、合理"到"和谐",再到"共同发展"的越来越具体的路线图,而且向外部世界宣示了中国执意开拓不同于昔日大国崛起的新路径。新型大国关系构想的提出,也为其他新兴大国共同参与全球体系重塑和世界新秩序的构建打开了大门,提供了理论依据和实践先例。更重要的是,新型大国关系的构想或许有助于打破过去五百年来大国崛起与战争形影相随的宿命,开启大国兴衰理性与和平交替的大门。[③]

正如有学者所指出的,尽管新型大国关系的理论建构目前尚处于初始阶段,但它显示出以下四个方面的重要意义:一是国际体系意义。即中国

[①] 于洪君:《中美构建新型大国关系的意义与前景》,《国际问题研究》,2013年第5期,第1—9页。

[②] 同上。

[③] 于镭、[澳]萨姆苏尔·康:《中美新型大国关系:全球体系与力量转换理论的探究》,《战略决策研究》,2014年第6期,第3—19页。

通过分析和提炼总结二战结束以来国际体系和平过渡与转型的内在逻辑关系,提出在世界各国高度相互依存的当代和未来,大国间的和平竞合关系不仅有可能得以延续,而且还可以创造和平新模式、走出和平共生的新道路。二是价值观意义。新型大国关系理念的一大重点在于反映发展中国家的呼声和利益,希望塑造未来朝着更加公正合理方向发展的国际体系、国际制度和国际规范。三是非西方维度。新型大国关系理念的提出,是非西方国家对西方理论主导权的一次新冲击,正在累积成为新的话语体系。四是提出以国际和平共生思想为内核的人类命运共同体发展远景。只有随着全球化和多极化时代的到来,世界上才第一次有可能建构大国共生的现实和理论,国际社会人类命运共同体的建设也才可能被提上议事日程成为世界共同奋斗的远景目标。①

总之,新型大国关系不仅是中国外交理念的创新性发展,也是中国为传统国际关系理论的发展提供新的经验和范式。如果新型大国理念能够唤起更多的认同与支持,能够有效增强人们主动积极创造和平稳定的国际环境的信心,大国互动能够沿着新型大国关系理念的指引向前推进,那么,无疑新型大国关系不仅将推动整个国际关系理论实现突破和发展,也将为人类社会迈向美好未好做出不可磨灭的贡献。

第四节 新型大国合作理念对中印崛起的启示

中印是当今世界最大的两个发展中国家和最受瞩目的两个新兴经济大国,中印两国所具有的国际地位和国际影响力,决定了中印关系具有超越双边关系的意义,具有区域性和全球性影响。中印关系能否持续健康稳定向前发展,不仅事关两国利益,而且对亚洲和世界的和平、稳定、繁荣也具有重大影响。②

---

① 杨洁勉:《新型大国关系:理论、战略和政策建构》,《国际问题研究》,2013年第3期,第9—19页。
② 李景田:《积极建设中美新型大国关系》,《学习时报》,2013年第624期。

第六章　新型大国合作理念及其战略意义

一、中印同步崛起提出了新兴大国关系的新挑战

中国和印度近年来的快速崛起,引起了全球广泛的热议。其中的一个重要话题是,同步崛起的中印这两个新兴大国,能否管理好彼此间的分歧,保持双边关系的和平稳定?

2005年3月,英国《经济学人》发表了一篇题为《对手与伙伴》的文章[1],该文基于"强邻必是对手"的陈腐观念,竭力渲染中印之间的"历史积怨和现代嫉妒",断言中印只能是竞争对手,而不会成为合作伙伴。美国《华尔街日报》2009年10月的一篇文章——《中印21世纪对抗加剧》,列举了中印两国在双边贸易、金融投资、航天工程等领域存在的竞争关系,最后得出了武断的结论:两国的紧张关系将加剧[2]。2012年8月发表于美国《外交政策》(*Foreign Policy*)的一篇文章也指出,"一些人认为,就算目前还没有出现,这两个兴起中的强国未来的竞争也是无可避免"。[3]这篇文章还提到,"英国著名周刊《经济学人》2010年8月的封面标题是耸人听闻的'中国与印度:世纪大对决'(Contest of the Century: China vs India);中国观察家马利克(Mohan Malik)新书的书名是《中国与印度:对立的强国》(China and India: Great Power Rivals);中国和印度报章,尤其是后者,充斥着把焦点放在冲突的专栏;两国的博客对双边关系也让人担心充满国家主义情绪"。

诚然,用传统的西方国际关系理论来看,中印这两个国家的彼此相处前景不容乐观。除了由殖民者遗留下来的边界分歧问题,给中印关系带来了无穷困扰并曾引发短暂军事冲突之外,仅仅中印作为邻国这一点,就意味着中印之间存在着天然的"安全困境"以及地缘政治竞争问题。这里的"安全困境"是现实主义国际关系理论中的一个核心概念,意指每一个国家的绝对安全实际上都以他国的相对不安全为代价,对于邻国来说这种两难困境表现得更为突出。为了获取安全缓冲地带,或拓展自身的势力范围,邻国之间

---

[1] 汪嘉波:《挑拨中印关系 称中国印度是对手》,《光明日报》,2005年3月28日。
[2] 杨欢:《西方挑动中印媒体对攻 印媒再掀涉华风波》,《世界新闻报》,2010年9月7日。
[3] 黄靖、康提·巴杰、马凯硕:《中印一起和平崛起》,叶琦保译,[新]《联合早报》,2012年8月13日。

印度崛起与推进新型大国合作研究

的地缘政治竞争也是在所难免。除了这些结构性矛盾外，随着中印两国的同步崛起，这给双边关系还带来了新的竞争与矛盾。比如，两国在市场、资源和资本等方面的争夺比过去更加激烈了，特别是两国都在力求开拓国际市场，吸引国际资本进入，同时也争夺一些原材料和能源供给等。因为确保这些资源的供给，是两国得以持续增长的前提。还有，日渐加深的中印相互依赖关系中，也出现了一些新的问题，比如伴随两国经贸合作加深所产生的贸易不平衡问题。在中印双边贸易中，受双方产业结构和产业国际竞争力水平差异的影响，印度方面已连续多年处于赤字状态，这对外汇储备有限的印度构成了新的压力，同时也让印度对本国制造业的市场和发展前景感到担忧。在快速崛起的进程中，中印两国也在不断调整对外关系与对外策略，这也涉及双方如何相互解读的问题。如，变化中的中巴关系、中美关系对印度具有何种含义；不断升温的印美合作、印日合作又是否带有遏制中国的意图？中国的"一带一路"倡议对印度是机遇还是挑战？印度的"东进"战略会对中国与东盟的合作带来何种影响？诸如此类的问题，林林总总，无一不是客观存在。

将这些问题归结起来看，其实质就是一个：中印这两个新兴大国是否处理好由于共同崛起而带来的各种挑战？中印关系是否能摆脱"一山不容二虎"的宿命论断言？传统的现实主义大国关系理论是否会再度适用于当代演进中的中印关系？这是摆在中印两国面前的大问题，需要两国政治家和专家学者提出思考与回答。而可选答案只有两个：要么接受西方大国争霸论，听之任之，顺从所谓宿命论的摆布；要么提出一套新的理论，主动有为，开创出新前景。

因此，中国所面临的大国关系挑战，除了举世瞩目的中美关系之外，还有同样引人注目的中国与新兴大国之间的关系如何处理。这两者都是中国提出的新型大国关系理念所必须正视和解决的核心问题。同时，印度的情况更为复杂。中印关系事实上融合了大国关系、邻国关系、领土争议以及发展竞争等多种结构性矛盾要素，印度的人口规模、地缘位置、成长潜力和雄心抱负等，都使得印度的崛起和中印关系走向对于中国及国际体系具有非同寻常的影响。基于此，将新型大国关系理念引入中印关系则至关重要。

第六章　新型大国合作理念及其战略意义

二、中印共同崛起离不开新型大国合作关系的支撑

尽管崛起中的中印关系面临着新的挑战,但不可忽视的是,中印的共同崛起过程,更离不开新型大国关系理念与实践的有力支撑。如果不是秉持新型大国关系理念来促进中印合作,那么,中印两国面临的挑战将更为艰巨,中印的同步崛起更难实现。比较而言,目前中印关系中存在的许多问题,是两国快速发展带来的新问题,属于"成长中的烦恼",相比不发达或欠发达,这些问题对两国的负面影响要小得多、轻得多。

回顾两国近几十年的发展进程可知,两国的经济发展与两国关系的不断改善升温大体同步。正如比利时学者乔纳森·霍尔斯拉格所指出的,为了促进本国的发展,过去几十年来,是中印两国政府和政治领导人大力推动了两国关系的改善,他们的战略眼光和对国家发展的关注是中印关系能够始终获得持续前进的不竭动力。[①]

比如,20世纪70—80年代,中印领导人之所以推动中印关系改善,是由于他们希望借此为国内改革创造一个稳定的环境。但在这一过程中,两国政府也都曾不同程度地遭遇到了国内政治上的异议,如印度军方、媒体和反对派,包括英迪拉·甘地,都指责印度对中国的迎合态度及国家领导人的软弱,而中国也有人担心印度会利用少数民族对中国进行干涉。然而,在两国领导人高瞻远瞩的战略引领下,两国关系最终排除了异议干扰,继续向前发展。如时任印度总理的莫拉尔吉·德赛曾解释说:"与中国进行核军备竞赛会阻碍印度经济和社会发展计划,从内部削弱我们的国家,并会损害我们的政治影响力",[②]而时任中国领导人的邓小平也表示:"我们(中印)两国……不相互了解、不建立友谊是不行的。改变国际经济秩序,首先是解决南北关系问题,同时要采取新途径加强南南之间的合作。"[③]

进入90年代以后,虽然政治和商业利益的增长,已可为双边关系提供

[①] [比]乔纳森·霍尔斯拉格:《中印关系的进展、认知与和平前景》,《当代亚太》,2008年第4期,第42—58页。

[②] 同上。

[③] 同上。

印度崛起与推进新型大国合作研究

持续改善的动力,但两国领导人也依旧着眼于发展大局来推动双边关系持续向前。如时任印度总理纳拉辛哈·拉奥1993年对中国进行国事访问,他在北京大学发表了热情洋溢的演讲时指出:"我们仍须挖掘存在于(中印)两大经济体的经济领域中所有潜在的可能性,对此我充满信心。我们可以考虑通过若干形式来实现这一巨大潜力。"[1]虽然拉奥总理与中国加强联系的计划,也仍招致印度议会和有影响力的工业协会的批评。印度比哈尔邦和喜马偕尔邦的议员强烈反对促进边境贸易的计划。然而这些批评都不能动摇印度具有战略远见的政治领导人加强中印关系以促进印度快速发展的决心。1996年,时任中国国家主席江泽民访问印度,这是中印建交后第一位中国国家主席访印,在访问期间与印度领导人达成了构建"面向21世纪的建设性合作伙伴关系"的共识,指明了两国关系的发展方向。[2]

进入21世纪以来,中印两国继续保持高歌猛进式增长,两国的经济增长速度都位居全球大型经济体的前列,与此同时,具有新型大国关系特点的中印战略合作伙伴关系也得到确立和巩固。2003年6月,印度总理瓦杰帕伊对中国的访问是又一个具有里程碑意义的事件,两国总理签署了《中印关系原则和全面合作的宣言》,该宣言中明确提出,"两国友好合作符合中印社会经济发展与繁荣的需要,符合促进地区与全球和平与稳定的需要,也符合推进世界多极化和利用全球化积极因素的需要",并且双方确认将在遵循"和平共处五项原则、相互尊重、两国互不为威胁、互不使用武力或以武力相威胁,以及通过公平、合理及双方都可接受的方式和平解决分歧"等原则的基础上建立新型关系,[3]从这份经过两国领导人确认的推动中印长期建设性合作伙伴关系的纲领性文件中可以看出,新型大国关系理念的核心内涵已经包括在内,是中印两国积极探索建立新型大国关系的显著标志。此后,两国战略伙伴关系的定位得到两国政府的进一步认可和加强。

2005年4月,时任中国总理温家宝访问印度,在两国领导人签署的政府联合声明中,双方宣布建立中印面向和平与繁荣的战略合作伙伴关系,并

---

[1] 许静:《印度总理纳拉辛哈·拉奥在北京大学的演讲》,《国际政治研究》,1993年第4期,第37—41页。

[2] 郑瑞祥:《中印关系60年:总结过去,展望未来》,http://history.sohu.com/20140611/n400708903.shtml。

[3] 《中印关系原则和全面合作的宣言》,《解放日报》,2003年6月25日。

第六章 新型大国合作理念及其战略意义

确认了两国政府就全面扩大双方在各个领域友好互利合作所达成的一系列共识。① 2006年11月,时任中国国家主席胡锦涛访问印度,双方发表的"联合宣言"中提出了充实和加强中印战略合作伙伴关系的十项战略。2008年1月,印度总理辛格访华,两国总理签署了中印《关于二十一世纪的共同展望》。2010年12月,时任中国总理温家宝再度访问印度,他在印度世界事务委员会发表题为《共铸东方文明新辉煌》的重要演讲中表示,"我同(印度)辛格总理是老朋友,已经见面深谈了10多次,建立了真挚的友谊。我们都认为,独立、自主、自强是一个民族的灵魂。只有开放兼容,国家才能富强。世界有足够的空间供中印共同发展,也有足够的领域供中印开展合作。这些重要的共识,深深植根于中印古老的文化传统和悠久的交往历史,也是同我们对世界大势的正确把握和对国家利益的深刻认识分不开的"。与此同时,他还强调:"中国和印度都正处在发展的关键时期。我们应当审时度势,不失时机地扩大和深化利益汇合点,积极推进战略合作和务实合作。只有这样,才能抓住机遇、加快发展,共同应对挑战,共享发展成果,共创美好未来"。② 从21世纪初起的10年内,中印双边贸易额增长了近20倍,中国成为印度第一大贸易伙伴,印度则是中国在南亚最大的贸易伙伴,这说明中印新型关系的建立发展,为两国经济增长和共同崛起发挥了实实在在的作用。

进入21世纪第二个十年期,中印伙伴关系继续为两国崛起提供助力。两国领导人通过互访为两国关系掌舵护航,中印共同崛起态势不减。2013年5月,中国总理李克强访问印度,就发展两国面向和平与繁荣的战略合作伙伴关系达成了一系列新的务实成果。③ 同年10月,时任印度总理辛格访问中国,在其出行前接受采访时表示:"稳定的(中印)双边关系对于两国处理国内问题,特别是25亿人民的生存和发展来说,相当重要。"④ 2014年,中国国家主席习近平对印度进行国事访问,两国领导人"一致同意,充实

---

① 《中印建面向和平与繁荣的战略合作伙伴关系》,http://www.china.com.cn/chinese/PI-c/835979.htm,2005年4月12日。
② 《温家宝总理在印度世界事务委员会的演讲》,http://www.gov.cn/ldhd/2010-12/17/content_1767618.htm。
③ 《李克强总理在印度世界事务委员会的演讲》,http://www.gov.cn/ldhd/2013-05/22/content_2408118.htm。
④ 《辛格谈访华:稳定关系对25亿人民生存发展相当重要》,http://www.chinanews.com/gn/2013/10-22/5411770.shtml。

两国战略合作伙伴关系内涵,建立更加紧密的发展伙伴关系",[1]这意味着"今后5—10年,中印关系将进入加快建设新型大国关系的新阶段"。[2]此后,尽管在2017年6月,中印发生了洞朗对峙事件,[3]但是事件最终以和平理性的方式得到了解决,中印新型关系得以向前推进。2017年,中印双边贸易额达到了844亿美元,创历史新高,比上年增长20.3%;[4]2018年,中印双边贸易额达955.4亿美元,同比增长13.2%。[5]

由上可见,中印崛起的进程,与中印关系改善发展的进程完全同步。构建新型大国关系既是中印实现自身发展的现实和长远需要,也是两国加快发展不可或缺的重要保障。没有中印新型大国关系的支撑,中印两国内部的改革与发展事业就会面临更多的外部掣肘,也会失去一个促进经济增长和崛起的外部有力支持。因此,在过去三十年来两国共同崛起的过程中,无论两国政府经历了多少次变动,无论国际形势如何变幻不定,两国构建新型伙伴关系的大局始终在各种新旧挑战前基本稳定。这充分印证了中印共同崛起与构建新型大国关系两者间的内在促进关系。

三、新型大国合作关系符合中印两国根本利益

事实上,中国提出的新型大国关系理念,能够在中印关系实践中得到回应与支持,就在于它不是一句虚无缥缈的空洞口号,而是兼具价值理性和工具理性的科学理论,这一大国关系的新范式新理念,完全符合中印两国的实际和根本利益需要。

有学者指出,中印新型战略伙伴关系的建立,至少能给两国带来三个方

---

[1] 《习近平在印度世界事务委员会的演讲》,http://www.xinhuanet.com/politics/2014-09/19/c_1112539621.htm。

[2] 傅小强:《习近平成功访问印度 中印加快建立新型大国关系》,http://news.china.com.cn/world/2014-09/19/content_33558686.htm。

[3] 胡仕胜:《洞朗对峙危机与中印关系的未来》,《现代国际关系》,2017年第11期,第9—22页。

[4] 商务部:《2017年中印双边贸易额达844亿美元 创历史新高》,http://finance.sina.com.cn/roll/2018-04-26/doc-ifztkpin4472692.shtml。

[5] 《中国印度经贸合作简况》,http://www.mofcom.gov.cn/article/jiguanzx/201902/20190202836075.shtml。

第六章 新型大国合作理念及其战略意义

面的利益:[1]

一是和平红利。就是指一个国家或地区与敌对方结束敌对状态之后,给该经济体带来的额外好处。据估计,冷战结束后10年间,由于美国的国防费用占GDP的比重由5.2%下降到不足3%,美国共获得10000亿美元的"和平红利"[2],可见"和平红利"效应不是个小数。对于中印拥有漫长边境线的邻国而言,这种红利也相当可观。睦邻友好的关系,将不仅有利于减少双方的防务支出,节省下来的防务经费也可以投入生产性的领域或国民福利领域,对加快经济增长和改善民生发挥积极作用。

二是增长红利。即伴随两国的经济高增长,双方互享对方经济增长所带来的各种好处,包括进口需求的加大、投资机会的增多、竞争刺激激发的创新效应、相互依存度的提高和由此带来的双边合作"棘轮式"上升效应等。

三是合作红利。中印两国如能建立起高层次的深度合作关系,那么双方的经济有望朝着一体化的方向发展成为全球最大、最为重要和最具成长性的大市场。据渣打银行在2011年初发表的报告预测,到2030年印度经济规模有望达到30万亿美元,成为仅次于美国和中国的全球第三大经济体[3],由于两国人口之和约占世界人口的三分之一,这样的规模在全球也是首屈一指的,如果成功得到整合,那么,可能将彻底改变未来的全球商业和经济格局,人们谈论已久的亚洲世纪将如约而至,中印两国也将通过一体化合作进一步提高生产率,并大大提升两国在国际体系中的话语权和议价权,这正如印度学者比哈蒂查特亚(BISWA N. BHATTACHARYAY)等所指出的[4],中印双方的区域合作和一体化还将能有助于双方最大化地从经济全球化中趋利避害。

因此,归结起来看,中印在构建新型大国关系上取得共识,而是有着深刻的现实利益基础,这种必要性也获得了两国具有战略远见的政治家们的

---

[1] 张立:《中印关系前景可期:合作甚于冲突》,《南亚研究季刊》,2013年第3期,第86—91页。
[2] 李学江:《美俄核裁军,"和平红利"几何》,《国际金融报》,2009年5月19日。
[3] 王红娟:《渣打:印度腾飞在即 未来20年GDP增速将超中国》,http://intl.ce.cn/specials/zxxx/201105/26/t20110526_22443438.shtml。
[4] Biswan, Bhattacharyay, Prabir De, "Promotion of Trade and Investment between People's Republic of China and India: Toward a Regional Perspective, " *Asian Development Review*, Vol. 22, No. 1, pp.45-70, 2005.

印度崛起与推进新型大国合作研究

认同。由于中印两个国家同属世界新兴大国,因而两国发展成为战略合作伙伴的影响也极为深远。美国国家情报委员会发布的一份研究报告认为,中印两国崛起的重要性可与19世纪的德国和20世纪初的美国崛起相提并论[1]。美国《国家利益》杂志的一篇文章更是强调了中印崛起所具有的国际政治意义,认为这将导致一个新兴的"非西方世界"的出现,这些崛起的国家将优先深化它们之间的关系,同时相对放松与以西方为中心的国际体系的联系,建立起自己特有的一套规则、制度和权力分配方式,从而使由西方价值观和西方国家主导的传统国际政治体系被替代。无疑,这样的远景不是西方现实主义者所设想中的世界,但却是一直为中印等后起发展中国家所致力争取的一个更加公平、公正和平等的世界。

---

[1] National Intelligence Council, *Mapping The Global Future: Report Of The National Intelligence Council's 2020 Project*, University Press of the Pacific, 2005.

第七章
印度崛起背景下推进
新型大国合作关系的实践问题思考

第一节 推动构建新型大国合作关系的实践可能性

新型大国关系的建立,涉及一国对外政策与战略的选择,它有赖于良好的基础条件支撑和政策促动。目前看,中印两国已经具备了构建新型大国关系和实现同步崛起的诸多有利条件。

一、全球层面,和平与发展已成为时代主流

二战以后特别是冷战结束以来,和平与发展更加成为大国关系的主流。基于"核恐怖平衡"威胁的存在,大国间的战争冲动得到有效遏制。随着经济全球化的兴起,全球化与区域化合作迅猛发展,国家间竞争的焦点亦由传统的军事对抗与地缘政治冲突转向经济和科技竞争。走传统大国崛起路径的风险与成本也变得越来越高。这既是中印两国构建新型大国关系的大背景,也为两国构建新型大国关系创造了有利的外部条件。

在全球化已经启动的时代,绝大多数国家除了积极顺应这一潮流外,都已别无选择。全球化经济正在重构大国关系,打破旧的经济增长和大国关系范式。这主要体现在以下三个方面:

一是经济全球化的深入发展,将不断提升包括中印两国在内的世界各国相互依存度。信息技术的革命式发展和广泛应用、交通运输的便捷和成本下降、全球市场一体化的拓展以及各国对外贸易政策的放松,将经济全球化推到了一个全新高度,各国经济都已通过贸易、投资、资金流动以及更为密切人员往来等联系在一起,形成了你中有我、我中有你、一荣俱荣、一损俱损的相互依赖关系。这种相互依赖关系并不局限在经济领域,还外溢到环

印度崛起与推进新型大国合作研究

境、政治、社会、文化等多个领域,因而出现了"地球村"一说。在全球化的带动下,出现了富可敌国的跨国公司、新兴国家以及有影响力的国际组织等其他国际行为体,国际权力呈现流散化趋势,与之相对应,多边主义的呼声日益高涨,"双赢、多赢、共赢"的新理念得到彰显和认可。这对大国关系的未来走向构成强大制约,推行霸权更不得人心,国际关系民主化成为新的时代呼声。[①]

二是经济全球化改变了国家竞争的性质和方式。在过去,大国通常凭借实力上的优势而采取战争这一极端手段,扩张和谋取自身的利益。但在全球化时代,大国已经可以通过和平的方式来做到这一点。一方面,大国可以通过建构制度霸权来谋求特殊的利益,另一方面,大国还可以凭借自身的经济优势通过和平竞争的渠道来扩张自身的利益。战争既不得人心,同时现代战争也花费巨大、成本高昂,而且还将损害经济交往环境,因此大国间长期无战争已成为冷战后国际关系最为典型的特征之一。当然,大国间长期无战争,并不等于彻底消除了战争隐患或可能,相反,大国间的军备竞赛从未停止,各国都竞相研制开发新武器新战术,为未来战争做准备。但随着大国间相互摧毁能力的加强,反而阻止了大国间战争的轻易启动。

三是全球化还催生了促进国际合作的国际新规范形成发展。为了适应经济全球化的要求,国际法和各种全球性、地区性国际合作机制的不断完善和日益"刚性化",也为包括中印在内的大国构建新型大国关系创造了积极条件。[②]为了满足功能性合作的需要,全球层次上建立了海洋、通信、卫生、文化、贸易、金融和发展援助等各种机制,在区域层次上建立了北美自贸区、亚太经合组织、欧盟、东盟以及七国集团、"金砖"组织等,这些国际及地区合作机制的建立为包括中印两国在内的双边和多边国际议题的探讨及解决提供了有效平台。更为重要的是,大国加入这些机制的同时,就意味着接受这些机制所蕴含着的合作规范理念,各国的合作意识得到加强。

---

① 王存刚:《构建新型大国关系:一种理论化的解释》,《中国社会科学报》,2018年8月3日。
② 王浩:《中美新型大国关系构建:理论透视与历史比较》,《当代亚太》,2014年第5期,第51—75页。

第七章　印度崛起背景下推进新型大国合作关系的实践问题思考

二、国内政策的支持

冷战结束以来,开放合作在中印两国国内政治中均占主流地位,积极发展相互间的友好合作关系,已成为两国共同的对外政策选择。

一个最为基本的事实是,中印两国作为正在崛起的发展中大国,都努力争取良好、安宁的国际环境,通过改革和扩大开放抓住发展的战略机遇期,这就避免了两国对外关系政策的进攻性,[1]只有相互合作才符合两国的根本利益,这也是两国建构新型友好合作关系最为重要的共同需求。从 2005 年中印联合声明第一次明确提出中印关系具有全球和战略意义起,此后的中印双边关系文件中,都明确将中印双边关系的意义提升到全球和战略层面,提出中印关系将在 21 世纪的亚洲乃至全球发挥决定性作用。这体现出中印两国对双边关系的重要性认知已形成了共识,这一重要共识与判断的基础,不仅源于两国都对推动国际格局多极化与国际关系民主化具有共同诉求,以及希望营造和平稳定周边环境来促进经济社会发展,还源于两国在经济社会发展以及资源禀赋等方面所具有的互补性,为此中印彼此都将发展与对方的关系作为外交优先方向。[2]

从中国来看,中国要实现"两个一百年"的伟大复兴战略,就必须首先集中精力发展好自己,缩小与西方发达国家的差距。中国必须尽可能地营造良好的外部环境,坚持对外开放,扩大对外合作,充分利用国内国外两种资源和国内国际两个市场,实现快速成长。为此,中国一直主张和谐共处、合作共赢的对外交往理念,坚持以合作谋发展,以合作保和平。在维护国家安全上,中国也提出了以合作理念为核心的新型安全观,主张通过合作实现共同安全和集体安全。[3]这些理念,已经深深融入了中国的对外政策实践,使得中国成为新型大国关系的坚定倡导者和身体力行者。

---

[1] 曲凤杰:《建立新型大国关系中印应突破传统范式》,《中国经济导报》,2013 年 2 月 19 日。
[2] 吴兆礼:《"发展伙伴关系"框架下的中印共识与分歧《,《中国社会科学报》,2015 年 6 月 10 日。
[3] 刘建飞:《构建新型大国关系中的合作主义》,《中国社会科学》,2015 年第 10 期,第 189—202 页。

印度崛起与推进新型大国合作研究

而从印度看,随着冷战后经济全球化的扩展、西方国家经济长期在世界领先以及中国、印度等新兴国家通过对外开放和市场化改革实现经济崛起,使得包括中印两国在内的世界主要国家在冷战后都形成一个共识:要发展本国经济,就必须融入相互连接的世界经济当中。[①]事实上,冷战后的印度历届政府,都坚持奉行改革开放政策,积极发展与各主要大国的合作关系,开放合作同样已成为印度不变的基本政策指南。在对华关系上,印度领导人也有着清醒的认识,认为与中国建立合作关系符合印度的利益。如前任印度总理曼莫汉·辛格面对质询的国会议员时曾明确表示,"我应该说,中国是我们的战略伙伴。我们与中国有很多方面的关系。我经常说,世界有足够的空间让中国和印度发展,并为全球和平、稳定和繁荣做出贡献。我们不认为印度与中国的关系是'对抗性'的。我们有很大的贸易关系,我们在全球问题——无论是G20还是气候变化——都在互相磋商。"对于印度议员们关心的中印边界问题,辛格则指出,"中印拥有一个保持和平与安宁的共同边界。当然,边界问题是复杂的,但是我们已经同意采用一个机制来解决这些问题。我们希望能够与中国建立强大和稳定的关系。这是两国的共同利益。我已经向中国领导人保证——我同他们在过去5年里有过广泛的接触——他们也同意我们现在所表达的看法。"[②]对此,曾有印度学者指出,"辛格总理非常醉心于改革,他所实施的改革措施实际上受到了中国前领导人邓小平'以经济建设为中心'思想的影响,为了推动这些政策,据说他曾要求高层官僚在经济改革方面向中国学习。他所提出的第二个口号是孟买应该向上海学习",在他看来,"辛格总理非常希望能够在印度复制中国的改革经验。他对中国一直抱持积极看法"。[③]

印度现任总理莫迪也高度认可中印关系的重要性,他认为:"我们(中印)是世界上人口最多的两个国家,也是增长最快的主要经济体之一。我们的合作正在扩大,贸易正在增长。而且,我们在处理问题和确保和平边界方面表现出了成熟和智慧。我们两国之间牢固稳定的关系是全球和平与进步

---

① 达巍:《构建中美新型大国关系的路径选择》,《世界经济与政治》,2013年第7期,第59—73页。

② 唐璐:《印度专家称辛格对华"强硬"背后有苦衷》,《国际先驱导报》,2009年6月16日。

③ 同上。

210

第七章　印度崛起背景下推进新型大国合作关系的实践问题思考

的重要因素。我坚信,只要印中两国相互信任、照顾彼此利益,亚洲和世界就会有更美好的未来。"①莫迪总理的这一表态,与中国国家主席习近平的看法完全一致。在一次回答印度记者的提问时,习近平主席曾指出,"中国和印度有着传统友好关系,也是两个最大的发展中国家,两国人口加起来超过25亿。中印一起走和平发展、合作发展道路,是两国共同利益所在,对亚洲和世界也是一件大好事。"②

因此,尽管国际上或印度国内不时对中印合作前景存有疑问,但在对华政策的总体路线上,印度国内不同势力却能够保持价值取向上的基本一致,这也为推动两国新型关系的建立提供了有利的国内政治环境,两国关系也始终处在伙伴关系的发展轨道上。

三、多层次宽领域合作机制的自增强效应

如前所述,中印两国之间,已经构建起了多层次宽领域的合作机制,有力地促进中印对话交流与合作,对中印构建新型大国关系起到了强有力的支撑作用。

自由主义国际关系理论认为,国际机制对于促进国际合作具有重要的作用,它具有提供公共产品、降低交易成本、塑造结果预期并保持国际关系的连续性等功能,③因此,在基欧汉等看来,国际机制一旦建立,它就具有了一定的独立性和可持续性,甚至可以替代衰落后的霸权发挥维系国际秩序和促进国际合作的作用。④这里的国际"公共产品"(public goods),就是指国际关系行为体共同享用并有助于提高国际交往能力的资源、组织、模式和

---

① "Prime Minister's Keynote Address at Shangri La Dialogue," 1 June, 2018, https://www.mea.gov.in/Speeches-Statements.htm?dtl/29943/Prime+Ministers+Keynote+Address+at+Shangri+La+Dialogue+June+01+2018,转引自龙兴春:《美国的"印太战略"及印度的考量》,《学术前沿》,2019年4月下,第68—75页.

② 《习近平答金砖国家记者问:增进同往访国人民友好感情》,http://cpc.people.com.cn/n/2013/0321/c64094-20862471.html.

③ 简军波、丁冬汉:《国际机制的功能与道义》,《世界经济与政治》,2002年第3期,第15—20页.

④ 苏长和:《解读〈霸权之后〉——基欧汉与国际关系理论中的新自由制度主义》,《美国研究》,2001年第1期,第138—146页.

印度崛起与推进新型大国合作研究

途径等,如同一国之内的教育、国防等社会公共品一样,国际公共产品也对国际社会的正常运转和发展意义重大。所谓交易成本,是指促进国家间达成各种协议或进行沟通交流而需要付出的各种信息搜寻、协议签订、履约保障等时间、金钱或注意力资源消耗等。如国际机制可以通过稳定预期和提供信息等,避免有效防止零和博弈的"囚徒困境"现象出现。预期则是指行为者对国际环境或其他行为者的主观判断与估计,行为者自身的行为选择就依赖于预期下的利益计算,国际机制可以帮助行为者相互间形成明确的预期,增进信任和促进合作。此外,国际机制一旦形成,就会产生路径依赖性,即行为体后续行为会受先前行为模式与路径的影响,为了避免此前的努力成为毫无用处的"沉没成本",而不得不被锁定在初始行为所确定的轨道上,进而呈现出不断强化的趋势,使得机制体现出自增强效应。

因此,国际关系中行为体之间的合作机制化水平,在相当程度上可以影响未来合作关系的发展。结合中印两国的实际看,两国已经建立了大量的机制,这些机制涵盖到双边关系的各个领域,对促进两国的战略对话与务实合作发挥了重要作用。

战略经济对话、中印防务与安全磋商、涉边问题的特别代表会谈以及中印人文交流合作机制等,是双边事务中最为重要的几大机制。这几种机制涵盖到经济、安全、边界以及文化等各主要领域的重要事务。通过这些机制,两国既可以就合作的具体框架展开对话和做出协商安排,也可以就双边合作中的问题与矛盾展开讨论,探讨缩小分歧、达成共识的解决方法。比如边界特别代表会谈机制虽然至今未能取得突出性进展,但它的举行,就展现了双方以和平方式解决双边分歧的姿态,并向两国和全世界发出明确信号——中印两国正在以不冲突不对抗的方式来应对最为敏感的领土争议问题。战略经济对话则主要由两国宏观经济管理部门参加,它为两国加强宏观层面的协调、就双边经贸与发展合作拟定阶段性总体框架提供了关键性平台。该平台建立于 2010 年,中方由中国国家发展改革委牵头,印方由印度国家转型委员会(前身为印度计划委员会)牵头,下设政策协调、基础设施、节能环保、高技术和能源五个工作组,[①]截止到 2018 年,两国已分别于

---

① 《中印战略经济对话助推两国务实合作互利共赢》,http://www.gov.cn/xinwen/2018-04/14/content_5282470.htm。

第七章　印度崛起背景下推进新型大国合作关系的实践问题思考

2011年、2012年、2014年、2016年和2018年先后在北京和新德里轮流举行了五次,就两国宏观经济形势、双边关系及务实合作等议题充分交换意见,提出了两国阶段性合作的重点与方向。

在区域和全球层次,"金砖"国家组织、上合组织、亚投行、东盟"10+6"、世界贸易组织、国际货币基金、二十国峰会以及联合国等,则是中印就两国关心的地区与国际问题进行交流、展开区域与全球治理合作的主要平台。2018年,两国领导人还在中国武汉开启了两国领导人非正式会晤机制,以"超常规安排"的形式,为两国高层加强沟通对话、增进互信提供了新的管道。[1]

以上这些合作既为中印合作提供了舞台,又为进一步建构互动机制打下了基础。[2]在这些机制的支持下,中印两国也能及时就双边关系中的重大问题展开交流、弥合分歧,促进双边关系向前发展。如正是在2018年两国领导人武汉非正式会晤的基础上,两国关系实现了自洞朗对峙双边关系处于低谷以来的全面重启,双方重申印中要做好邻居、好朋友和好伙伴,同意推进贸易,削减贸易赤字,在电影、体育、旅游、青年交往、地方交流等方面开展更多合作,两国领导人还同意通过电话交谈、书信往来、举行会议等多种方式加强战略沟通,[3]双边合作全面回到了健康的轨道。

四、中国战略主动权日渐提升

伴随中国实力的增大,中国推行新型大国关系理念和战略的能力不断增强,中国对外交往中的战略主动权不断加大,这也是中国破除传统大国关系束缚、构建新型大国关系新格局最为重要的有利条件之一。

新型大国关系作为一种理念和构想,它能否得到推行,并不完全取决于意愿,也不完全取决于对利益的算计,还取决于推动者力量是否具备相应的能力。新型大国关系不能只靠一厢情愿,而是大国行为互动的结果。而从

---

[1] 单珊、李佩、刘乐凯:《中印领导人今将在武汉非正式会晤:以"超常规安排"重启关系》,2018-04-27, https://www.thepaper.cn/newsDetail_forward_2098918。

[2] 刘建飞:《构建新型大国关系中的合作主义》,《中国社会科学》,2015年第10期,第189—202页。

[3] 《驻印度大使罗照辉解读中印领导人武汉非正式会晤》,2018年5月4日, https://www.fmprc.gov.cn/ce/cein/chn/gdxw/t1556781.htm。

印度崛起与推进新型大国合作研究

理论和历史经验的角度看,尽管冲突对抗风险高昂、代价巨大,但大国仍存在着非理性选择的可能,基于计算失误而采取铤而走险的做法。这就使得新型大国关系难以实现。然而,随着经济的不断增长和综合实力的不断提升,中国在对外交往中的地位和主动权也相应提高,这就使得中国更有能力和信心来推行符合各方共同利益的中国理念与中国方案。

一方面,中国可以向各国提供"胡萝卜",以此诱导各国积极参与新型大国关系建设,即构建新型大国关系,可使对方获得各种福利与好处,特别是可以参与分享中国的发展红利与合作红利,可通过深化与中国的合作来提升自身的实力与国际影响力,可以搭乘中国的"便车"加快自身的发展。中国的庞大市场、丰富资源、广阔成长潜力和不断崛起的创新力,可以令各友好国家通过与中国的紧密合作获得大量好处。这无论是对守成大国美国,抑或是对新兴大国印度来讲,都是如此。正如中国国家主席习近平曾指出的,"中国愿意把自身发展同周边国家发展更紧密地结合起来,欢迎周边国家搭乘中国发展'快车''便车',让中国发展成果更多惠及周边,让大家一起过上好日子"。[①]

另一方面,中国可以"大棒"遏制对抗与冲突,迫使对方选择走和平对话道路。即随着中国经济与军事力量的增强,中国在面对冲突威胁时,更加从容自信,更加有能力给对方造成得不偿失的后果,并使其意识到,若与中国搞对抗冲突绝对没有胜算的把握,那么,对话合作就会成为对方理性思考下的明智选择,新型大国关系也就有望得以建立。

结合中印关系的实际看,中国在主观上长期坚定、积极地奉行对印友好政策,从"2006年的与印度发展长期稳定战略合作伙伴关系是中国政府的既定政策和战略决策、2010年的任何力量都不可能动摇发展睦邻友好关系的坚定信念、2013年的中国和印度的发展是彼此的机遇,到2014年的推动中印关系继续向前发展是中印共同历史使命"等表述中可见中国积极推动对印友好的决心。[②]在客观上,中国近年来的经济实力也大大增强,在中印

[①] 《习近平:欢迎周边国家搭乘中国发展"快车""便车"》,http://www.xinhuanet.com/world/2015-11/07/c_1117070255.htm。

[②] 吴兆礼:《"发展伙伴关系"框架下的中印共识与分歧》,《中国社会科学报》,2015年6月10日。

第七章　印度崛起背景下推进新型大国合作关系的实践问题思考

总体力量对比中处于优势,[①]这意味着中国已经拥有无惧印方挑起冲突对抗的雄厚实力,对印度有足够的威慑力,使印方只能选择同中国实行和平共处与互利共赢的选项。"如果(印度)继续与邻国(中国)没完没了的敌对和怨恨,则会分散执政精英的精力,'敲打邻居'不会得到任何好处"。[②]这也正如曾任印度外交秘书的萨仁山所坦诚的那样:"印度和中国都很强大,谁也控制不了谁,而且也不会被第三方所控制"。[③]作为全球仅有的两个具有10亿以上人口规模的巨型大国,中印任何一方都不可能压倒性地征服对方,因而战争选项基本可以排除,这样只会导致两败俱伤,而不会使对方真正臣服,只有务实地回到不冲突不对抗、相互尊重和合作共赢的新型大国关系道路上,才符合两国的根本利益。

第二节　印度崛起背景下构建新型大国合作关系面临的主要挑战

中印构建新型大国关系的核心是互信互谅、和平共处、相互尊重、互利共赢,因此,分析影响新型大国关系下中印实现同步崛起的不利因素,就是要寻找可能导致中印发生冲突对抗、彼此间恶性竞争以及相互猜疑等相关因素与问题。有学者曾借鉴沃尔兹(Waltz)的层次分析法,[④]从体系变量、单

[①] 据统计,冷战结束之初,中印经济总量大致相当。到2018年,中国GDP是印度的5倍,人均GDP是印度的4.6倍,中国GDP增长6.5%,相当于印度GDP增长40%。中国的国防开支是印度的4倍。印度在短期内已无望赶超中国,其实力与影响力也难以与中国比肩。详见林民旺:《中印战略合作基础的弱化与重构》,《外交评论》,2019年第1期,第32—52页。

[②] 蓝建学:《中印关系的视角变迁:从南亚走向世界》,《中国经营报》,2005年1月30日。

[③] [美]迈克尔·瓦蒂基奥提斯:《中印确定和平竞争方针》,《环球时报》,2006年3月10日,陈一译。

[④] Kennet waltz, *Theory of International Politics*, McGraw Hill publishing Company, 1979, p.79.

位变量和决策者个体三个层面分析了中印关系发展面临的障碍,[①]但这只是从一般性的角度探讨中印关系的制约因素,而新型大国关系的构建,更加着眼宏观与战略层面的互信与合作,更加注重分析大国间的战略猜疑、利益冲突和政策分歧等根本性问题。从这个角度看,目前影响中印同步崛起的不利因素主要有以下方面。

一、现实主义思维的影响与冒险主义冲动

正如自由主义国际合作理论所指出的,合作既是基于共同利益的存在,同时也是确保共同利益得以实现的必经之途。自由主义者认为,国家间利益存在着和谐的一面,这是由市场逻辑或经济逻辑所决定的,如国家间贸易合作就有利于分工的深化、生产率的提高以及总体福利的增大,相互合作引致的竞争加剧也有利于优胜劣汰和刺激创新,在现代市场经济条件下,开放合作的意义和好处几乎是不言自明的。然而,自由主义者所倡导的国家间合作虽然确有互利共赢的一面,但它更多的是从绝对利益角度而言的,即参与合作的各国,其利益都会绝对地增长,至于各国间的合作利益如何分配,自由主义者并未深谈,然而,这却是现实主义和狭隘民族主义思维所关心的重要问题。在后者看来,国际体系中的相对收益分配比绝对利益增长更为重要,因为它关系到国家间相对权力和权势的增长变化状况,进而也影响到国际体系的格局变化和国家行为的调整。现实主义者是否支持合作,不是基于共同利益的存在与实现,而是出于对合作的国际政治后果进行理性的预测与计算。当自身在合作中的相对利益分配处于不利状态时,那么,合作就不是理性的选择,其合作意愿也就会受到影响,导致双边关系出现摇摆或转折。这对大国新型关系的构建也完全适用。即,如果秉持现实主义或狭隘民族主义思维,那么,大国新型关系的构建就充满了变数与不确定性,主要取决于对相对收益分配的计算与比较。如果一方觉得相对吃亏,那么,其对构建合作主导的新型大国关系的愿望就会变弱乃至消失。

结合中印关系实际看,现实主义思维同样会对中印新型大国关系的构

---

① 欧斌、王冠宣、张加保:《论中印战略合作伙伴关系》,《东岳论丛》,2006年第2期,第97—99页。

第七章　印度崛起背景下推进新型大国合作关系的实践问题思考

建产生极其不利的影响。一个不争的事实是,从体系层次看,崛起中的中国面临的国际体系压力远比崛起中的印度更大,因为中国与守成国家的实力差距更接近,对守成国家的挑战更大,因而中国实际上也面临着守成国家及其联盟的强力打压与遏制。这在现实主义者看来,似乎中国要比印度更需要中印关系稳定,因为中国需要稳定好与其他国家关系,从而集中精力与资源去应付来自守成国家的挑战。印度现实主义者还可能会由此衍生出一种新的推理,即新型大国关系其实相对更加利好中国而相对不利于印度。因为印度如果采取不合作战略,其对中国所带来的不利将远远大于对印度所带来的伤害。如果这种短视而荒谬的看法得到广泛认可或推行,那么就极有可能使印度在处理中印关系时产生错判,对中国提议构建新型中印关系不以为然或反其道而行之,对现在的中印关系造成破坏。

实际上,已经有学者明确指出了这一点,并分析了其对中印关系所可能产生的破坏。即尽管印度对中国的安全和发展并不具有决定性的影响,然而中国却似乎并未在应对印度时获得更大的行动自由,正相反,由于双方对彼此间的需求并不对称,实力处于下风的印度却比中国在双边框架下更加主动,其原因就在于印度仅处于中国的次要战略方向上,中国即便取得了对次要方向上的优势,也无法缓解在整体上面临的安全和发展困境,反而会因为分散精力而在主要方向上承受更大的压力。对印度而言,如果其对华采取更加主动甚至进攻性的政策,将使中国陷入两难困境:回击印度,将导致中国在主要方向上受到干扰,并损害中国一直提倡的和平发展的国际形象;然而若对印度的挑衅一味退让,则不但要蒙受现实的利益损失,还可能会鼓励印度扩大冒进政策。[①]而印度之所以有可能对华采取冒险主义政策,其根源就在于印度决策者受到现实主义观点的影响,认为从相对获益或相对损失的角度看,对抗比合作带给印度的收益更大,损失更小。即便中国忍无可忍被迫发起回击,印度也会认为这将从宏观上更不利于中国。

因此,如果印度真的陷入现实主义或狭隘民族主义思维之中,就容易对中印关系产生误判,对构建中印新型大国关系洽谈或抵制,甚至会滋生对华冒险主义冲动。中国出于权衡的考虑,必然被迫出手应战,其结果将是鹬蚌

---

① 叶海林:《不对称需求对中印关系的影响》,《印度洋经济体研究》,2014年第1期,第6—15页。

相争,渔翁得利。即是说,中国虽然在战略层面所面临的麻烦加大,但印度也必将受到重创,真正的净获益者将是国际体系层面给中国施加压力的行为体。因而,在构建中印关系的过程中,双方尤其应当着力防范现实主义思维的干扰,克制非理性的民族主义情绪,以促进两国关系健康发展。

二、认知分歧导致战略猜疑的存在

如前所述,尽管中印地缘相邻,合作对双方都有利,但两国相互认知不对称的现象仍较突出,限制了双边战略互信。而这正是中印构建新型大国关系的主要障碍所在。

对中国而言,无论是学术界或是民间,主要的关注点长期聚焦于西方发达国家,对印度的研究与认识相对薄弱,一些网络媒体上不乏对印度的轻视评论,而媒体转引的一些印度反华言论,又进一步加剧了民间对印度不信任,这反过来又会对印度产生心理刺激,认为中国对印度欠缺尊重,轻视印度,继而对华滋生怨气与不满。

相比中国对于印度的认知不足与误会,来自印度方面对中国的疑虑与猜忌就更为突出。"中国威胁论"在印度有着不小的市场,甚至在印度一些高层官员的口中,也不时流露出相关言论。如据印度"雷迪夫"网站报道,曾担任印度前总理比哈利－瓦杰帕伊国家安全顾问的布拉杰什－米什拉和印度前陆军司令马利克等高官在出席2009年的一次新书发布会上称,中国正在成为具有领土野心的"霸权国家",中国现在对印度构成的威胁比1962年中印爆发冲突时更大,他们还声称印度不能信任中国。[①]

印度智库南亚分析集团的萨伯哈什·卡皮拉说:"印度非常强烈地认为中国是头号威胁。"[②]国际媒体的一份分析曾指出,印度有一种担心遭到北方强邻(中国)战略包围的由来已久的恐惧感,随着中国与巴基斯坦的关系稳步发展,以及中国与印度的其他邻国积极拓展关系,如向斯里兰卡提供武器,与缅甸和尼泊尔加强关系等,所有这一切都惹得印度担心遭到(中国)战

---

① 高友斌:《印度前高官称中国当前对印威胁超中印战争时期》,《环球时报》,2009年12月25日。

② [美]迈拉·麦克唐纳:《印专家担心中国借助缅甸尼泊尔等国包围印度》,《环球时报》,2009年6月2日,汪析译。

第七章　印度崛起背景下推进新型大国合作关系的实践问题思考

略包围。①伦敦威斯敏斯特大学的阿南德教授认为,"(印度)公众认为巴基斯坦是不变的敌人,而中国不值得信任",但阿南德教授同时也认为印度得了"自大与无助精神分裂症",印度没有切实的理由觉得受到包围,也不应视自身为巴基斯坦和中国的受害者。

印度媒体的情绪化报道在助推两国战略互疑中扮演了不太光彩的角色。印度《加尔各答电讯报》曾公开披露了印媒刻意歪曲中印报道的事实,称是印度一些非执政的人试图倒转自1988年拉吉夫·甘地访华以来两国关系缓慢而稳固发展的历史车轮,是他们"绑架"了中印两国对话的议题。②《加尔各答电讯报》还列举了四个具体例子:一是印度各大报纸曾广泛刊登所谓"中国士兵向印方开枪"的详细报道,并声称有两名印方士兵受伤,但印方调查后发现此事纯属子虚乌有。二是所谓的"中国阻挠印度候选人担任联合国秘书长"。2006年,印度曾有说法称中国对印度推荐的联合国秘书长候选人投了否决票,但其实中国早已表态称不会给任何亚洲候选人投否决票,最终投否决票的只有一个国家——美国。三是声称中国破坏了印度成为联合国安理会常任理事国的机会。但事实是中国当时只是反对日本,而美国才是从未支持过印度成为安理会常任理事国的国家。四是印媒声称中国阻挠美印签署核协议并禁止美国向印度输出核技术和核材料,但事实证明这也是谣言。③由此可见,印度国内充斥着对华捏造的谎言,这些未经证实的讯息扭曲了印度社会与民间对于中国的认知,使得印度难以理性看待中国的发展,戴着"有色眼镜"来看待中国的一举一动。如中国与孟加拉、斯里兰卡、巴基斯坦的经济合作项目被印度贴上了战略和军事意图的标签,谎称中国正在构筑一条包围印度的"珍珠链战略"。④然而,美国最新的亚洲战略报告却认为,"中国并不谋求向印度洋投射实力并挑战印度海军力量的

---

① [美]迈拉·麦克唐纳:《印专家担心中国借助缅甸尼泊尔等国包围印度》,《环球时报》,2009年6月2日,汪析译。

② 廖政军、杜天琦:《印媒反思与中国四大误会 称两国不可能公开冲突》,《环球时报》,2009年10月29日。

③ 同上。

④ 杨晓萍:《中印在亚洲的同时崛起与中国的周边外交》,《当代世界》,2012年第11期,第40—43页。

珍珠链战略,这已从国防部承包商的战略意图报告中得到了佐证"。①

三、国际势力的"楔子"战略与印度的对冲战略相呼应

面对中国的崛起,以美国为首的国际反华势力产生一定程度上的危机感和焦虑心理,担心中国的崛起会挑战其霸权地位、现有国际秩序和既得利益格局。这突出体现在美国近年来实行了一系列的战略调整,从"亚太再平衡"战略的出台到"印太战略"的推出,②美国对中国的遏制决心和行动已显露无遗。为了实现所谓的亚洲均势,平衡中国力量的上升,美国还采取拉拢扶持印度的"楔子"战略,试图在中印间打入楔子,阻止中印关系深入发展,防止双方形成合力挑战美国自二战后所构建的国际霸权秩序。如果美国的"楔子"战略成功实施,印度对华对冲战略不能控制好分寸,印美合作带有明显的针对中国的意图或朝着搞排他性地区集团的方向发展,那么,中印新型大国关系的构建也必将受到极其不利的影响。

从美国的角度看,如果中印不断靠近,甚至形成战略联盟,那么基于中印两国的综合实力,将对美国的国际霸权地位带来巨大的挑战。为了维护自身的利益,美国一改冷战时期对印度的冷淡态度,调整了原有的"重巴轻印"政策,转而拉拢印度,以阻止中印之间可能出现的战略结盟或相互靠近。③从进入21世纪起,美印关系就不断升温,美国甚至提出了美印是"世界上两个最大的民主国家之间的合作"的口号。美国卡内基国际和平基金会早在2005年发布的一份名为《印度作为新兴全球大国:美国的行动日程》的专题报告中就指出,基于印度在未来二三十年内的发展潜力,美国政府应将印度培养为亚洲的超级大国,以制衡中国。④报告还向美国政府提出了与

---

① M.Taylor Fravel,"China Views India's Rise:Deepening Cooperation,Managing Differences," in Ashley J.Tellis, Travis Tanner, and Jessica Keough, eds., Strategic Asia 2011-2012: Asia Responds to its Rising Powers China and India, p.90.

② 张立:《美国"印太"联盟战略的困境与中国的应对》,《南亚研究季刊》,2016年第4期,第28—36页。

③ 张宇燕、张静春:《亚洲经济一体化下的中印关系》,《当代亚太》,2006年第2期,第3—17页。

④ Ashley J. Tellis, " India as a Global Power: An Action Agenda for the United States," Carnegie Endowment for International Peace, Washington DC,2005.

第七章　印度崛起背景下推进新型大国合作关系的实践问题思考

印度结盟的五大建议：一是帮助印度增强实力以防止中国主导亚洲；二是放弃在印巴之间保持军事平衡的幻想；三是支持印度成为安理会常任理事国，帮助其加入八国集团（G8）、亚太经合组织（APEC）和国际原子能机构；四是放弃反对印度修建从伊朗—巴基斯坦—印度的石油和天然气管；五是向印度出售军民两用核技术，包括核安全设备等。从后续美印关系的发展看，美国正在按图索骥、遵此报告执行其对印政策。

在美国拉拢印度以制衡中国的同时，印度也在通过内部制衡和外部制衡两种渠道来对冲中国崛起。而其在外部制衡上的主要措施，就是加强印美战略关系，来抵消中国力量的上升。虽然印度国内对美国作为盟友的可靠性有很多怀疑，但印度还是从与美国关系中获得了很多利益，如民用核协定、高技术转移、现代武器转移和外交规模的扩大等，这意味着印美关系已成为印度从外部制衡中国的抓手。[①]

当然，印度国内也有人对美国拉拢印度的意图心知肚明，担心印美关系的发展会使印度"被美国当作针对中国的一个战略工具"，[②]为此，2013年印度外交部长曾重申印度的立场："印度永不回应或鼓励任何看起来像是遏制另一个拥有影响力和实力的国家的战略。它（美国重返亚太）可以是一个更大的合作，但不是作为针对任何人的方式。"[③]

但莫迪总理执掌印度后，这一不针对"任何第三方"的政策明显出现了摇摆。印度正表现出放弃长期坚持的"不结盟"立场，逐步加强与美国、日本的关系，参与构建"印太联盟"以制衡中国之意图表露无遗。[④]2015年3月，伦敦大学国王学院国际关系学教授、《印度的阿富汗迷局》一书的作者哈什·V.潘特撰文指出，"莫迪上台后展现出游刃有余的外交才能，他以惊人胆识挑战着印度外交的传统观念，印度的不结盟思想受到莫迪一次又一次外交成功的挑战，在其就任总理后的短短8个月中，就给印度外交政策指明

[①] ［印度］思瑞坎：《印度对华对冲战略分析》，《当代亚太》，2013年第4期，第23—53页。

[②] Sumit Ganguly, Dinshaw Mistry, "The case for the U.S.-India Nuclear Agreement," World Policy Journal, Vol.23, No.2. Summer 2006, p. 18.

[③] Indian External Affairs Minister Salman khurshid's Interview to Asian Age, "We'll do what's appropriate with regard to the soldiers' killings," Asian Age, January 20, 2013.

[④] 卢光盛、冯立冰、别梦婕：《中印周边外交比较研究：思想渊源、当代实践及现实碰撞》，《南亚研究》，2018年第2期，第1—23页。

印度崛起与推进新型大国合作研究

了新方向"。①2016年8月,印度国防部长访美时,两国签署了《后勤交换协议备忘录》,按照这一协议,两国军方将可以使用彼此的海陆空基地进行补给、武器维修和军人休憩等后勤补给作业,一时间,关于印美结成"事实上的同盟"的说法甚为流行。②同年9月,莫迪总理缺席了不结盟运动峰会,显示出印度有意放弃传统的战略中立立场。对于美国特朗普政府推行"印太战略",重启美日印澳四国安全对话,印度均持欢迎态度。③2017年莫迪访美时在美国《华尔街日报》发表的署名文章中,公开表示他对印美两国的"利益与价值观的结合"十分有信心,并称两国应该成为全球经济增长和创新的双重引擎,印度著名外交政策智囊、卡内基和平基金会印度中心主任拉贾·莫汉则指出,莫迪当选总理以来最令外界惊讶的事情,莫过于毫不犹豫地拥抱美国:因为如果你把世界上最强大的国家搞定了,那么你追求更大的政治目标就变得比较容易了。④

莫迪连任总理后,印度继续沿着放弃"战略自主"的方向,在美国的利诱下深度加入具有遏华、反华色彩的阵营,中印战略互信遭受到巨大冲击,中印构建新型互利共赢战略伙伴关系的友好氛围也将荡然无存。未来印度如何把握好对华对冲战略的"度",对于中印新型关系能否顺利推进下去,具有非常重要的影响。

---

① 《美媒:莫迪打破印不结盟传统 扩大对华博弈范围》,http://mil.news.sina.com.cn/2015-03-27/0903825965.html?cre=sinapc&mod=g&loc=38&r=u&rfunc=1。
② 毛悦:《从印度对"一带一路"的认知与反应看印度外交思维模式》,《国际论坛》,2017年第1期,第36—43页。
③ 林民旺:《中印战略合作基础的弱化与重构》,《外交评论》,2019年第1期,第32—52页。
④ 郝洲:《印度与中国边境对峙背后:已悄然由"战略自主"转向"战略结盟"》,《财经》,2017年第17期,第87页。

第七章　印度崛起背景下推进新型大国合作关系的实践问题思考

第三节 印度崛起背景下构建
新型大国合作关系的内容和路径

一、新型大国合作关系实践的基本内容

(一)加强战略合作伙伴定位的双边政治关系

中印新型关系应当如何发展,战略定位始终是关键。它决定着两国如何从总体上认知对方和处理双边关系中可能出现的各种矛盾。早在21世纪初,中印两国领导人就确定了构建战略合作伙伴关系的基本方针,表明中印关系要沿着伙伴而不是对手或敌人的方向发展。十余年两国关系发展的实践证明,这一定位是符合两国共同利益的、站得住脚的,两国在各领域的合作取得了丰硕的成果,两国经济、文化和军事往来全面推进。① 但与此同时也要看到,中印关系仍不时出现波动,特别是最近几年来,两国在一些关系上的分歧有所扩大并趋显性化,2017年6月爆发的"洞朗对峙"事件,更是令中印关系陷入21世纪以来前所未有的危机与低谷之中,② 这表明,中印互相信任、互相尊重的基础还不稳固,对两国此前确定的战略合作伙伴关系方针还需进一步拨正,以提升双边战略互信,构建中印新型大国关系最重要的内容。

应当看到,中国和印度战略伙伴关系的确立,有着深厚的历史渊源与利益需求和高度的价值观契合。在外交理念和价值观上,两国是和平共处五项原则的共同倡导者,中国长期奉行独立自主的和平外交政策,印度长期奉行不结盟政策,体现出两国在外交战略上的某种"异曲同工"之处:两国都积极维护主权和独立;都寻求和平,反对战争;都主张平等互利,发展合作;

---

① 李莉:《中印关系走向成熟及其原因探析》,《现代国际关系》,2013年第3期,第49—55页。
② 叶海林:《中国崛起与次要战略方向挑战的应对——以洞朗事件后的中印关系为例》,《世界经济与政治》,2018年第4期,第106—128页。

印度崛起与推进新型大国合作研究

都对国际霸权主义和干涉主义持否定态度。[①]两国也都是当代国际体系中的相对弱势方和规则接受者,在国际秩序变革与全球治理调整中拥有相近的立场和共同的利益。两国于20世纪50年代初提出的和平共处五项原则,至今仍在发挥积极作用,受到国际社会的广泛认可,成为构建新型国际关系的重要基础。即便冷战结束以来,两国都走上了崛起之路,但两国作为发展中大国的总体国情国际地位仍没有变,和平发展是时代潮流这一点也没变,两国都仍面临着艰巨的发展难题和激烈的国际竞争压力。发展友好合作、深化双边互信,仍是两国抓机遇促发展的理性选择。两国都应理性、客观、积极地看待对方的成长与发展,摒弃零和博弈的冲突理念,避免以防范、警惕的心态判断对方的意图与行为。

两国应当按照战略合作伙伴的方针,加强在战略上的沟通交流,实现在战略层面的相互认同和对接;在各个领域努力探索合作路径与方式,推进合作的深广度;在地区和国际事务上团结协作,共同捍卫公平公正合理的国际关系理念和共同利益,使两国在发展道路上相互帮助相互促进的好朋友。

(二)构建良性竞合的经济伙伴关系

经济全球化的发展,为各国构建相互依存的经济合作关系创造了良好的外部环境,也是新型大国关系得以实现的基础所在。通过彼此间的竞争合作,可以实现对资源的优化配置,刺激创新,提高生产率和经济增长速度,从而使各国共同受益,结成利益上的发展共同体。各国应避免通过战争的方式来谋取不当的利益。相反,二战后各国经济发展的实践表明,通过开展对外经济合作与竞争,能够更好地促进本国的发展和国民福利,同时经贸合作的深入,还将促进政治合作与文化交流,使地区共同体建设成为可能。欧盟与东盟就是典型的两个成功案例。[②]因此,中印要推进新型大国关系,也要将构建良性竞合的经济伙伴关系作为核心任务。

中国和印度是目前经济实力最强、人口最多的两个发展中大国。雄厚的经济实力为两国开展经济合作提供了广阔的空间。不仅如此,基于不同

---

① 王嵎生:《中印向着新型大国关系迈进》,《北京日报》,2013年5月20日。
② 张立、王学人:《从地区主义视角看孟中印缅经济走廊建设》,《南亚研究》,2017年第3期,第33—48页。

第七章 印度崛起背景下推进新型大国合作关系的实践问题思考

的资源禀赋和发展路径,中印两国形成了不同的经济结构和独特的发展模式,使两国经济合作具有互补性。如中国以制造业为主导,在承接发达国家中低技术产业转移的基础上,已经发展成为"世界工厂";而印度则以服务业为亮点,在承接发达国家信息软件业务外包的基础上,发展成为现代服务业贸易大国,享有"世界办公室"的美誉;印度的制药、汽车制造业等也具有较强的国际竞争力。两国经济结构上的这种差异,使得两国可以建立垂直协作联系,形成上下游一体化产业链;与此同时,伴随两国经济技术水平的提升,两国还能朝着水平协作的方向演进,依托两国庞大的市场规模和市场潜力发展产业内或产品内分工,进一步提高一体化合作的效益。

两国经济结构和产业竞争力水平的差异,也会使两国经贸合作产生一定的不平衡现象,这是经济运行的内在规律,并非人为或政策主观所致,对此,应当以理性的心态来对待,不宜动辄采取贸易保护主义政策来处理。在第三方市场上,中印两国同样也面临着合作与竞争并存的情况,比如在能源资源和市场份额上,两国都存在着相应的竞争,两国应当避免恶性争斗,而应采取沟通协调的做法,鼓励按照公平合理的规则展开正当的市场竞争,以对话合作的方式解决彼此间可能出现的经贸争端。

(三)构建互信透明合作的新型安全关系

安全关系是中印新型大国关系建设中的难点。因为安全问题属于所谓的"高级政治"领域,本身就较为敏感,再加上中印边界争议问题的影响,就使得中印安全关系更为复杂。此外,两国的战略安全边界也在随着时间的推移而不断变化,两国安全关系交汇和摩擦的情况相应增加。为此,有必要探讨构建互信透明合作的新型安全关系,以实现两国和睦相处,维护地区和平稳定,为两国经贸人文交流营造健康的合作环境。

近年来,中国一直倡导共同、综合、合作、可持续的新安全观,主张营造公平正义、共建共享的安全格局,主张以对话谋共识、以合作促安全,[1]这一理念既是中国着眼自身利益的坚定选择,也是符合各国谋和平求发展的顺势之举,对于指导中印新型安全关系建设也同样适用。中印两国要坚持对话不对抗、结伴不结盟,通过军队互访、联合演习以及建立协作机制等方式

---

[1] 钟声:《同心协力,打造新型安全伙伴关系》,《人民日报》,2018年10月26日。

印度崛起与推进新型大国合作研究

加强防务部门的对话交流,逐步建立军事安全互信机制,坚持以对话磋商妥善处理矛盾分歧,有效管控边界风险,携手应对各种威胁挑战,共同为维护地区和世界和平稳定做出努力。①

(四)发展密切交流、互鉴互赏、包容相亲的人文关系

作为世界的两大文明古国,中印在数千年的人文交流过程中留下了丰富的物质与精神遗产,是世界文明交流史上的佳话,在构建21世纪新型大国关系的进程中,发展两国人文交流也是十分重要的一环。

人文交流涵盖面广,涉及教育科技文化卫生以及旅游商务等各种人际往来等,人文互动的增加,将帮助两国社会和民间增进对对方的了解,消除偏见,化解隔阂,夯实两国友好合作的民意基础。从世界文明角度看,中印属于基本同质的东方多元文化,如在认知上都重经验和直觉着眼长远和综合、强调伦理道德精神讲求修身自省、主张天人合一、崇尚和平仁爱等。两国文化中的这种同质性和相通性,意味着两国文化间更有亲和力,容易相互接受和包容,形成互鉴互赏、包容相亲的人文氛围。②中印文明对"和而不同"与"多样性统一"等价值观的共同强调,也为世界文明对话与和谐共处提供了借鉴,凸显出东方文明在世界文明中的独特价值。

近年来,在两国学者的呼吁和两国领导人的推动下,中印人文交流蔚然成风,并不断取得新进展。2018年12月,中印高级别人文交流机制首次会议在印度新德里举行,标志着两国人文交流合作迈上了一个机制化的新台阶。③两国还确定了未来一段时间两国人文交流合作的路线图,提出将文化交流与文物保护、教育合作与语言教学、旅游合作与人员往来、青年互访与体育交流、媒体交流与舆论环境、学术交流与合作制片等8个领域作为重点合作方向,使得两国人文交流工作可以循此展开、一一落地实施。毫无疑问,这些交流无疑将进一步拉近中印人民之间的距离,增进两国人民之间的了解、友谊与互信,令中印新型关系的构建受到两国民众的共同拥护。

---

① 江新凤:《打造新型安全伙伴关系 共同应对各种威胁挑战》,《解放军报》,2018年10月29日。
② 蓝建学:《人文交流:中印关系的亮点》,《光明日报》,2018年4月28日。
③ 《王毅:中印高级别人文交流机制首次会议达成一系列重要共识》,http://www.gov.cn/guoyuan/2018-12/22/content_5351130.htm。

第七章　印度崛起背景下推进新型大国合作关系的实践问题思考

二、新型大国合作关系构建的实践路径

（一）加强战略对话，提升互信水平

国际关系中的战略对话，通常是指两国（或多国）官方围绕双边事务中的重大问题，展开会谈、交换看法和意见，对其进行协调处理所建立起来的一种沟通机制或外交行为实践。"战略对话"一词，既强调对话所涉议题的战略性，也强调对议题的战略性对待与处理，它与普通国际沟通交流行为的区别在于，战略对话的发起人与参与人通常层次更高，涉及的议题也关系重大，对于双边或国际关系具有较大的影响。在当代国际关系实践中，战略对话已经成为一种重要的大国互动机制，扮演着不可忽视的角色。目前，中美之间、中印之间以及美印之间等不同大国间，均已建立了战略对话机制，这些战略对话发挥了诸多积极作用，如搭建了大国双边进行战略协调的新平台、提高了大国间对话议题的深度和广度、提高了大国间意见的交换频率、丰富了"和平解决国际争端"的政治解决方式，创建了新安全观国家间交往的新模式，[①]非常有利于推动中国建设与各大国及国际主要力量之间的"21世纪积极全面合作"的新型双边关系。[②]我国当代外交家戴秉国认为，"战略对话的根本目的是增进大国间的战略信任，促进彼此合作，妥善处理分歧，增进彼此国家和人民的福祉，造福全人类"。[③]因此，在推进中印新型大国关系建设的过程中，首先就应当加强双边战略对话，通过战略对话提升双方互信水平。

中印之间的战略对话始于2005年，首轮对话于当年1月在印度举行，由两国外交部门负责人牵头进行，对话内容既包括双方高度关注的边界问题，也包括联合国改革、反扩散、能源安全、恐怖主义以及朝鲜半岛、伊朗和阿富汗的局势等全球或地区热点问题，对话机制取得了双方的高度认可。

[①] 刘长敏：《中美战略对话机制的发展及其解析——守成大国与新兴大国关系的新探索》，《现代国际关系》，2008年第7期，第1—7，35页。

[②] 陈须隆：《试论中国的"新战略对话"》，《国际问题研究》，2010年第6期，第41—47页。

[③] 戴秉国：《对战略对话的几点思考》，《人民日报》，2016年6月17日。

印度崛起与推进新型大国合作研究

中国方面认为,高层次的战略对话正是当前促进中印关系最为需要的,也是进一步发展两国关系的基础;印度官方表示,启动新型对话机制表明了中印两国政府有决心通过双边接触发展长期的战略关系,有助于加强亚洲两大巨人之间的相互信任和理解。[①]自首轮对话以来,中印战略对话又分别于2006年、2007年进行了两轮,就两国在地区和国际合作等问题展开了沟通,取得了积极的收效。2010年12月,时任中国国家总理温家宝访问印度期间,与时任印度总理辛格达成共识,同意建立中印战略经济对话机制,由两国政府外交、宏观经济管理和相关职能部门的代表旨在就宏观经济形势、宏观经济政策的沟通协调、产业政策以及务实合作等展开对话与交流,[②]将两国战略对话朝向纵深和务实方向推进。2017年2月,在中方提议下,中印又在北京举行了新的战略对话,印度方面认为,这次的战略对话是一种新的机制,是更"综合性"的论坛,印方"希望通过这一战略对话机制,双方官员能够全面看待印中关系,并了解双方能在多大程度上顾及对方的关切和关心"。[③]

由上可见,战略对话已经成为中印了解对方需求、及时沟通彼此立场、探讨合作框架以及寻求解决双边分歧的重要平台。尽管战略对话有时只能起到沟通中介作用,并不能从根本上解决问题,但是,它使得中印两国可以和平的方式直面分歧,积极磋商协调,避免相互猜疑并引致冲突对抗,这正是中印构建新型大国关系的起点所在。在未来,中印两国要总结战略对话的实践经验,提升战略对话的层级和实效,让战略对话在促进双方增强互信和扩大合作上发挥更为有力的作用。

(二)推进双边务实合作

构建中印新型大国关系不能仅仅停留于口号与形式,其根本在于能有效增进两国共同利益,促进两国建立起互利共赢的相互依存关系,为此,必须积极推进双边务实合作,将战略合作伙伴关系的理念落到实处,使其体现

---

① 张力:《中印战略对话:探索中印战略互动机制及其制约》,《南亚研究季刊》,2009年第3期,第1—7页。

② 吴倩、王策:《中印战略经济对话首次会议将在北京举行》,http://news.cntv.cn/20110923/113363.shtml。

③ 樊诗芸:《新机制下中印战略对话前夕,印副外长直面敏感议题、淡化分歧》,2017-02-19,https://www.thepaper.cn/newsDetail_forward_1622020。

第七章　印度崛起背景下推进新型大国合作关系的实践问题思考

在具体的双边合作政策与合作行动中。

事实上,在中印高层互访中,推进双边务实合作一直是双方领导人关注的重要内容。如在2006年11月中国国家领导人访问印度期间,两国就在《联合宣言》中提出了发展中印关系的"十项"极具务实性的战略计划,涵盖有双方互相开设新的总领馆、加强制度化联系和对话机制、巩固贸易和经济交往、充分挖掘贸易、工业、财金、农业、水资源、能源等领域的合作潜力、加强防务合作逐步增进互信、促进跨边境联系与合作、促进在核能、空间技术等领域的合作以及在本国举办以对方命名的文化节、推动建立"中印交流基金"等内容;[1]2015年印度领导人访问中国期间,两国也签署了涉及双方铁路、矿业、地方交往等领域的24个合作文件。[2]这些合作战略的发布与合作文件的签署,为双边务实合作的展开提供了宏观指引与政治支持,使得中印利益联结也变得愈来愈紧密。到2018年,中印双边贸易额已经由2000年的29亿美元扩大到955.4亿美元,[3]增长了30倍。

从未来看,两国要进一步挖掘合作的契机与潜力,重点是从双边政治、经贸、科技、人文等各个领域,寻找双方对接的机遇。两国政府要为支持鼓励双边合作营造有利的政策环境,这些政策涉及贸易政策、投资政策、竞争政策、产业政策、金融财税政策、签证政策等多个方面,从而削减贸易壁垒、放宽投资准入、优化营商环境,促进双方经贸合作与人员往来。

两国政府还可加强在重大工程、投资与基础设施建设等项目上的协调组织作用,如两国可以互建工业园区或产业园区的方式进行招商引资,鼓励两国投资者以产业集群的方式投入建设,发展成为两国经贸合作的示范区或标杆地,带动更多的双向投资。

---

[1] 《中印共谋双边关系十项战略加强合作伙伴关系》, http://news.sina.com.cn/c/2006-11-22/042210563738s.shtml。

[2] 《李克强同印度总理莫迪会谈 中印签24个合作文件》, http://news.china.com.cn/2015-05/15/content_35580203.htm。

[3] 《中国印度经贸合作简况》, http://www.mofcom.gov.cn/article/jiguanzx/201902/20190202836075.shtml;《印度总统:中印贸易近十年增长非凡 两国人民需齐心协力》, 2016年5月25日, http://news.ifeng.com/c/7fcpt28ehXW。

(三)加强地区及全球层面多领域合作

地区及全球层面合作是当前大国合作的新领域,也是大国利益关联的新交汇点。有两大原因催生了这一新的合作需求:一是对全球化的深度融入,使得各大国的对外依存度显著提高,其利益也变得全球化了,如国际贸易、国际投资以及国际金融的走势变化对于大国的经济运行具有越来越大的影响;这使得大国有必要更多更深地介入地区与国际事务,以保护自身的国际利益,并寻求从全球体系和国际市场谋得更多好处;二是全球化的加速也导致了全球问题的出现,任何大国都难以独立解决好某些影响深远的全球问题,比如环境问题、气候问题、金融危机的应对问题等,这就提出了全球治理合作的需要,中印等新兴大国也随之被纳入地区和全球事务中来,扮演起愈加重要的角色,甚至还构成了传统国际治理体系主导者所面临的新挑战。[1]

在过去数年中,中印两国已经发展起了多层次、多形式的全球经济治理合作机制,这些机制为两国加强信息交流与沟通、促进双边政策的协调、采取一致的立场与行动、促进双方共同利益,发挥了重要的桥梁和保障作用。如在跨区域层面,金砖国家机制成为中印参与全球治理合作的重要抓手。在全球和多边性层面,除了联合国以外,20国集团(G20)则是中印开展全球经济治理合作的新平台。这些机制使得两国在国际金融体系改革、应对气候变化、多哈回合谈判以及促进地区开发等方面取得了诸多合作成果,既维护了两国的共同利益,也加深了两国的互信与友谊。[2]在上述议题上,中印两国都具有相似的利益和立场,甚至有观点称,"在国际议题上,中印谈判文

---

[1] [德]德克·梅斯纳(Dir Messner)、[德]约翰·汉弗莱(John Humphrey),赵景芳译:《全球治理舞台上的中国和印度》,《世界经济与政治》,2006年第6期,第7—16页。

[2] Jean-Francois Huchet, "Emergence of a Pragmatic India-China Relationship: Between Geostrategic Rivalry and Economic Competition," *China Perspectives,* Issue 3,2008;樊勇明:《全球治理新格局中的金砖合作》,《国际展望》,2014年第4期,第100—116页;"中国成为IMF第三大股东 份额占比升至6.394%", http://finance.21cn.com/news/cjyw/a/2016/0130/16/30558421.shtml;"新兴国家IMF份额增加 印度跃升第8", http://news.163.com/10/1025/16/6JRR5OQC00014JB5.html。

第七章　印度崛起背景下推进新型大国合作关系的实践问题思考

稿内容可以互换"。①在地区层面,中印两国正在共同推进《区域全面经济伙伴关系协定》(RCEP)谈判,一旦达成,RCEP将成为印度太平洋地区的贸易"领头羊"。②

因此,中印两国可以借助既有合作经验与合作成果,进一步深化和扩展两国在地区与全球层面上的各领域务实合作。随着印度于2017年正式加入上合组织(SCO),中印两国在地区安全事务上的合作也将得到进一步的增进,此外,中俄印三国外长会晤机制等也为中印就地区与全球事务展开沟通合作提供了平台。在未来中印新型大国关系的构建过程中,中印两国还可在构建和平发展的新型国际规范、推动国际关系民主化、改革全球治理体系、联合提供地区与全球公共品等方面携手并进,为两国发展创造更加和谐的地区与国际条件。

(四)切实提高分歧管控水平

推动中印新型大国关系建设的另一个路径是切实提高分歧管控水平,避免走向冲突与对抗。

正如有学者所指出的,"边界问题常常是中印关系恶化的直接起因,也是长期困扰两国关系顺利、健康发展的重要问题之一。边界问题不仅涉及领土争端,而且关系到民族的尊严和人民的感情,因此最易引发狂热的民族主义情绪而导致冲突升级或关系恶化"。③中印两国为了解决好边界问题,也付出了不懈努力,且长期在进行持续的对话与谈判。截至2018年底,中印边界问题特别代表已举行了21次会晤。然而,考虑到边界问题的复杂性和敏感性,中印两国在短期内要想顺利解决好边界问题的希望仍较渺茫,因此,最为现实的办法仍是一边沟通谈判,一边采取有效的措施维护好边界地区的和平稳定,避免因边界问题冲击两国关系大局,引发两国直接冲突对抗。

除了边界问题之外,中印还不免会在其他一些事务上产生分歧。如自

---

① 楼春豪:《破解中印"二元矛盾"之行》,《大众日报》,2010年5月30日。
② 《中国RECP将成区域贸易领头羊》,http://www.changjiangtimes.com/2016/11/552108.html。
③ 孙士海:《中印合作需要建立互信》,http://www.chinadaily.com.cn/hqpl/2004-05/26/content_537994.htm。

2014年莫迪政府上台以来,就有两个分歧对中印关系产生了直接影响:一是中国对印度将"穆罕默德军"头目马苏德列入恐怖分子名单的申请多次技术性搁置;二是在印度申请加入核供应国集团问题上,中国坚持"先谈原则、再谈个案"的方案,都因印度的偏狭而对中国不满。[1]除此之外,对华贸易逆差问题居高不下的问题也令印度非常在意,导致印度成为对华实施贸易保护主义举措最为频繁的国家之一。对中国而言,印美防务合作以及美日印澳向联盟方向发展并明显地以敌视中国为目标,也难以对印度信任。类似这样的分歧并非都能迅速轻松地加以解决,因为如同边界问题一样,大国间的许多分歧都牵涉到异常复杂的结构性因素,比如中印贸易失衡问题就与中印经济结构的差异有关,这不是通过简单的贸易政策调整所能迅速扭转的,而且它也不仅是中印两国之间的经济分歧,与全球产业链的分布情况有关,这就涉及更多国家的生产投资和贸易关系。因此,面对这类问题,唯一可行的办法就是正视分歧并加以有效管控,以一种耐心的心态来逐步探索解决方案。

中印两国应在现有边界管控机制和战略对话机制的基础上,探讨管控双边分歧的新思维、新方法与新工具,以此把控好双边合作共赢的大局,以渐进的方式推动双边分歧逐渐地加以解决。

第四节 印度崛起背景下推进新型大国合作关系建设实践的策略建议

一、做大共同利益

谋求国家利益是国家发展对外关系的宗旨。做大共同利益则是新型大国关系建设取得成功的核心。推动中印新型大国关系建设,首先就要在寻

---

[1] 林民旺:《中印战略合作基础的弱化与重构》,《外交评论》,2019年第1期,第32—52页。

第七章　印度崛起背景下推进新型大国合作关系的实践问题思考

求利益汇合点、做大共同利益上做文章。做大共同利益,不但能培养两国新型关系的利益共同体,而且能够成为解决中印现有某些矛盾或促使分歧缓和的源泉。

中印共同利益要立足于发展利益的共商共创共享。为此,要努力扩大中印经贸合作,通过扩大双边经济联系带动两国的经济发展。在这方面,还有很大的潜力可以挖掘。有研究指出,尽管中印经贸合作的势头不错,近两年贸易额保持两位数的高增长,但双方仍彼此只是对方的潜在市场,尚未成为带动彼此经济增长的发动机。[1]以出口导向为发展战略的中国,其主要贸易伙伴是欧盟、美国和东盟,近年来,美欧在经历严重经济危机后需求受到抑制,包括印度在内的新兴国家市场开始成为中国外贸新的增长点,但基于印度产业结构特点以及印度产业国际竞争力水平所限,印度对华出口增长并不理想,而中国虽是印度的头号贸易伙伴,但印度市场占中国出口市场的比重仍远低于欧美和东盟等,这表明中印经贸联系对彼此经济增长的拉动作用还较为有限,未来两国经贸合作还有扩大的空间。

具体看,中印在多个产业领域都有着较强的互补性,如信息产业领域,中国长于硬件生产,而印度擅长软件开发;机电设备领域,中国的电力设备和家电竞争优势突出,可为印度提供改善电力供应设施建设所急需的价廉物美的电力设备;生物制药领域,中印制药工业制造能力都已进入世界大国行列,两国在原料生产和技术研发上可以展开合作;钢铁领域,印度拥有优质矿藏,中国对进口印度海绵铁生产技术也感兴趣,钢铁领域也有合作的机遇;此外,中印在高铁、港口、公路等基础设施建设以及海外能源开发上都有大量的合作商机。[2]近年来,中国开始向高质量的增长模式转型,力求提升中国产业的技术素质和提高在全球生产链中的地位,这将有利于进一步减少中印产业结构的同构性和竞争性,增加两国经济互补性,推动两国经贸投资达到更高的水平。

除了发展双边经贸合作可成为两国发展合作的重要着力点之外,两国在地区和全球层面的政治合作,也能增进两国关系改善。作为两个世界级

---

[1] 赵江林:《对当前中印经济关系的评估——兼论中印新型经济合作关系的确立》,《南亚研究》,2013年第4期,第1—19页。
[2] 曲凤杰:《建立新型大国关系中印应突破传统范式》,《中国经济导报》,2013年2月19日。

的大国,中印合作可提升两国在地区与国际谈判中的议价权和影响力,增强对世界秩序的塑造力,同时还可帮助两国共同抵御西方的贸易保护主义政策,提升应对国际经济或金融波动冲击的能力。

二、加强高层对话与战略引领

高层对话一直是中印关系发展的重要路径。正如国际关系理论所指出的,决策者对对方的认知,以及在此基础上形成的认同,是影响国际关系的重要变量,因为客观存在的现实条件只有被决策者认识和反映,形成一种主观存在以后,才具有真正的意义,才能对国家的行为产生影响并转化为政策。[①]这在中印交往的历程中可以找到充足的例证。比如在中印经历了2017年6月发生的"洞朗对峙"事件以后,中印关系迅速落入低谷,但在2018年4月两国领导人成功举行"武汉非正式会晤"后,中印关系的友好氛围得到恢复。[②] 2019年10月,两国领导人在金奈举行了第二次非正式会晤,为中印关系发展注入了新动力。

高层领导身居统揽全局的要位,能从战略高度和总体意义上考虑问题并做出决策。因此,尽管中印两国民间的相互认知存在着较大落差,但两国高层都对发展中印友好合作有利于两国共同利益这一点具有共识,中印关系也才能在各种杂音干扰中保持着良性的互动。

未来中印还要发挥高层对话的作用,从战略和理性层面引领两国关系朝着新型大国关系这一方向发展。一方面,两国应通过领导人互访和会晤、战略经济对话、安全防务对话以及中印人文交流高级别机制等各种管道,加强高层接触,增进互信;另一方面,两国官方还应继续利用各种场合申明双方在新型大国关系上达成的共识,强化两国共同战略意识。[③]如2018年4月的"武汉非正式会晤",就为两国领导人重申和交换战略共识提供了契机,双方重申印中要做好邻居、好朋友和好伙伴。2019年10月,中印两国领导人

[①] 唐永胜、徐弃郁:《寻求复杂的平衡》,世界知识出版社,2004年版,第24页。
[②] 《驻印度大使罗照辉解读中印领导人武汉非正式会晤》,2018年5月4日,https://www.fmprc.gov.cn/ce/cein/chn/gdxw/t1556781.htm。
[③] 刘建飞:《构建新型大国关系中的合作主义》,《中国社会科学》,2015年第10期,第189—202页。

第七章　印度崛起背景下推进新型大国合作关系的实践问题思考

在印度举行了第二次非正式会晤。这次会晤中习近平主席提出两国领导人要"对中印关系把舵定向,从战略高度和长远角度规划中印关系百年大计,为中印关系发展注入强劲内生动力,携手实现中印两大文明伟大复兴。"[①] 2020年4月,习近平主席与印度总统科温德互致贺电,热烈庆祝两国建交70周年。习近平主席在贺电中指出,两国各领域交流合作日益深化,在重大国际地区事务中的协调不断增强。当前,中印关系站在新起点,迎来新机遇。[②]

高层对话和战略引领的成果,也是两国政策制定的指南。在两国高层的共识指引下,两国相关部门可以将顶层设计其转化为具体的政策加以落实。因此,两国高层交往与对话将推动两国外交政策的制定,实现两国在构建新型关系上的政策相容,克服来自官僚系统中的保守力量的障碍阻力。

三、加强机制建设,有效促进合作与管控分歧

现有的中印各种互动机制,已经成为推动中印新型关系发展的正资产,未来也还将持续发挥积极作用。但同时也要看到既有机制的不足,并结合形势变化的需要而加以完善。

现有机制主要的不足有:一是务虚的成分较多,落实的力度或效果有限。比如两国已在多次对话中提出推进基础设施领域的合作问题,但实际取得的进展并不大,长此以往,可能会使人们降低对现有机制效能的预期,这就有违两国通过机制建设以加强合作并取得实际效益的初衷;二是机制过于宏观,无法适应形势变化的要求。如中印在边界问题上已建立了多种管控机制,但是这些机制只是从大的原则上明确了两国在边界地区的行为规范,两国仍不时会有边界争议曝光,引发媒体的炒作,这说明两国的边界管控机制还有待完善;三是在议题设置上存在一定的失衡,经济议题的比重

[①] 《习近平同印度总理莫迪在金奈继续举行会晤》,中华人民共和国外交部网站, https://www.fmprc.gov.cn/web/gjhdq_676201/gj_676203/yz_676205/1206_677220/xgxw_677226/t1707413.shtml。

[②] 《习近平同印度总统科温德就中印建交70周年互致贺电》,中华人民共和国外交部网站, https://www.fmprc.gov.cn/web/gjhdq_676201/gj_676203/yz_ 676205/1206_677220/xgxw_677226/t1764790.shtml。

偏大,安全议题的分量相对不足。[①]这不仅是指传统安全领域的交流机制有所欠缺,在非传统安全领域的互动机制,也需要加以补足。比如建立公共卫生安全领域合作机制,加强传染病信息分享和抗疫经验的交流,有效开展药物和疫苗研发合作。

两国可以组织专门的研究机构,对既有机制的能效展开全面评估,梳理并提出优化建议,从制度建设的角度加以改进。对于既有主要合作机制所达成的共识与签署的框架性合作协议,建立组织专门的机构予以跟进,督促其落实到具体的政策和行动上,以此提高双方对话机制的声誉和影响力。特别是对两国领导人所达成的合作共识以及中印战略经济对话机制所提出的合作意向,要认真贯彻落实。这也将为下一轮的对话合作提供新的起点和新的议题领域。

同时,还应根据两国合作的形势需要,探索创设新的机制。如就两国边界问题上细小摩擦时有发生的问题,设立新的信息沟通与交流磋商机制;针对两国媒体报道存在的偏差过大或隔阂较多的问题,可以加强两国传播系统的交流互访机制;另外,还可加强非官方的交流合作机制建设,鼓励两国的专家、学者和各阶层的社会意见领袖人士等建立"二轨"对话交流机制,形成对官方正式交流机制的有益补充。

四、扩大人文交流,增进相互认同

中印新型大国关系的建立不可能一蹴而就,它必然经历一个长期的努力过程。因而要从长远的眼光来布局中印新型大国关系的建设工作,持之以恒地推进两国的人文交流,从根本上消除两国存在的"信任赤字"和"认知赤字"问题,不断增进两国的相互了解和相互认同。

比较而言,人文交流合作更易开展,难度更低。目前最大的障碍有两个:一是双方都将注意力转向了西方发达国家,这是由西方国家的经济发展水平优势、文化上的主导或霸权地位以及两国对西方世界所存在的各种经济知识技术依赖关系等所决定的;在短时期内并不容易扭转过来;另一个障碍

---

① 金灿荣、戴维来:《为中美发展新型大国关系注入正能量——解析中美战略与经济对话》,《国际安全研究》,2013年第2期,第13—23页。

第七章　印度崛起背景下推进新型大国合作关系的实践问题思考

是语言不通和宗教文化差异等一般性问题。比如两国要进行文化交流,语言沟通是一座基本的桥梁,这就需要两国培养大量精通对方语言的技能性人才,使之能够在促进两国文化艺术教育等交流活动发挥不可或缺的作用。

针对前一个障碍,两国应当发挥政府部门的推动作用,通过资金、人力和政策投入支持的方式,以引导和鼓励两国社会更多地关注对方;特别是在旅游合作和文化教育合作等领域,作为两个人口大国,中印互动合作的潜力无与伦比。这需要两国有的放矢地制定政策,促进两国文化的相互传播,两国人文部门也可展开合作,联合开发产品与服务,以让两国民众丰富对彼此的认识。针对后一个障碍,两国应当积极培养专门人才,特别是对印方而言,需要加强对汉语人才的教育培养,而对中方而言,需要加强对印度地方语言人才的教育培养,两国也可以相互支持,为双方语言中介人才的培育提供帮助。两国还可以设立专门的基金,鼓励两国的翻译事业发展。

在两国人文交流领域,还应充分释放地方交流和各部门交流的能量。中央政府的事务千头万绪,未必能很好照顾到与某一个特定国家的交流合作,而两国各自的地方政府和不同部门,可以根据自身的优势与需求,在中央政府授权允许的框架范围内,与对方对应机构自主地进行交流合作,从而可以有效提升两国交流的频率与水平。

在两国人文交流中,还应重视两国学术界与智库界的交流。因为这是两国对外战略思想与话语体系的重要来源。其所提出的政策构想与发展规划,可以成为政府对外政策制定的依据。因而两国应当鼓励两国学术界与智库界的交流对话,可以就两国合作中的重大问题组织两国学界展开联合研究,其成果也更具影响力和采纳价值。

五、拓展多方合作,防止域外势力离间干扰破坏

如前所述,当前构建中印新型大国关系还有一个不利因素,就是深受域外势力的干扰或"第三方"因素掣肘或捆绑。这里的域外势力,既包括美国,也包括持有冷战思维妄图制衡中国崛起的其他国家。它们不希望看到中印持续趋近,而是希望中印两败俱伤进而坐收渔利,因为这符合现实主义思维的偏好。这些势力试图利用中印之间的矛盾分歧,挑起中印间的不和与对抗。对此,双方应尝试拓展"中印+"的合作模式,将其他域外势力纳入中

印合作进程中来,让其共享中印合作的好处,弱化对中印合作的阻挠破坏。

"中印+"模式也可为中印开展地区与跨区域合作提供新的范式。比如随着中国"一带一路"倡议的提出和印度"东进"战略的推进,两国在南亚东南亚地区已经形成了明显的地区交集,如果两国缺乏合作,很可能会出现重复建设或发生激烈的竞争,但如果联手合作,就能够有效减少冲突并且以更大的合力来推动地区互联互通建设和重大发展项目的实施。目前,中印两国领导人已经在共建孟中印缅经济走廊上达成了一定的共识,两国可以尝试以此为重点,探索"中印+"模式得以有效实施的经验与策略。

"中印+"模式也体现了一种新型的开放合作理念,正是新型大国关系理念中所强调的不搞排他性联盟、不针对第三方等思想的具体体现。因此,"中印+"模式也是对两国合作诚意的一个检验,有助于化解对方的猜忌或疑虑。中印可以在更多的领域探索"中印+"模式的具体实施。

正如有国外学者所指出的,尽管美欧等为寻求自己的政治经济利益而在中印之间打入一个楔子,支持一方反对另一方,但是其离间中印不太可能成功,21世纪人们看到的很可能是这两个亚洲大国在崛起的同时,也充分吸取自己的外交历史传统经验以及西方国家一个多世纪以来竞争与冲突的教训。[1]而要实现这一点,就需要中印两国尽一切努力来化解彼此的隔阂误会、实现两国的合作共赢。

六、深化改革扩大开放,提升中国实力及国际吸引力

建设中印新型大国关系面临着诸多困难与阻力,要克服这些挑战,确保新型大国关系构想得以推行,归根到底还离不开中国自身的实力与国际影响力提升。否则,很难打消来自外界的冒险主义冲动,也很难控制有些势力故意挑起矛盾或分歧以破坏中国对外关系的发展大局。再加上中国目前离发达国家的经济水平、技术实力和军事能力尚有相当大的差距。因此,中国应当继续坚持改革开放,把握当前和平发展的战略机遇期,加快增强自身的综合国力。

---

[1] [美]迈克尔·瓦蒂基奥提斯,陈一译:《中印确定和平竞争方针》,《环球时报》,2006年3月10日。

第七章　印度崛起背景下推进新型大国合作关系的实践问题思考

正如中国举行首届国际进口博览会所向世界传递出来的信息那样,中国的成长发展对世界不是威胁而是机遇,中国具有主动向世界开放市场、同各国分享机遇的诚意与担当。[1]预计未来15年,中国进口商品和服务将分别超过30万亿美元和10万亿美元,这对世界是一个庞大的合作与发展机遇,与中国合作而非对抗才是参与分享中国机遇的唯一可取之道。

因此,随着中国改革的不断深化和对外开放的日渐扩大,中国的利益必将与世界各国的利益更加紧密地联结在一起,中国的命运也与世界各国的命运紧紧地联系在一起,这正是推动新型国际关系理念得到落实的最为根本性的力量所在。

---

[1] 《新华社评论员:共享未来的新时代交响——写在首届中国国际进口博览会收官之际》,http://www.xinhuanet.com/world/2018-11/10/c_1123694499.htm。

参考文献

一、中文文献

（一）专著

1. [美]斯塔夫里阿诺斯著,吴象婴等译:《全球通史:从史前到21世纪》（第7版修订版）,北京大学出版社,2019年2月版。

2. 雷启淮主编:《当代印度》,四川人民出版社,2000年7月版。

3. 孙世海、葛维均主编:《列国志－印度》,社会科学文献出版社,2010年11月版。

4. 鲁达尔·达特、K.P.M. 桑达拉姆著,雷启淮等译:《印度经济》,四川大学出版社,1993年版。

5. 李毅:《印度经济数字地图2013》,科学出版社,2013年版。

6. 李彬:《军备控制理论与分析》,国防工业出版社,2006年版。

7. 金永丽:《印度现代化进程与社会分层演变》,济南出版社,2015年版。

8. 杨怡爽:《印度多元化社会面临的挑战》,载自《印度洋地区发展报告（2016）》,社会科学文献出版社,2016年6月版。

9. 楼春豪:《印度财团的政治影响力研究》,时事出版社,2016年版。

10. 左立平:《国家海上威慑论》,时事出版社,2012年版。

11. 贾瓦哈拉尔·尼赫鲁:《印度的发现》,上海人民出版社,2016年版。

12. 汪海波:《新中国经济发展史》,经济管理出版社,1988年。

13. [印度]鲁达尔·达特、[印度]K.P.M.桑达拉姆:《印度经济》,雷启淮等译,四川大学出版社,1994年版。

14. 巫宁耕:《战后发展中国家经济(分论)》,北京大学出版社,1988年版。

15. [印度]贾瓦哈拉尔·尼赫鲁:《印度的发现》,齐文译,世界知识出版社,2018年版。

243

16.《邓小平文选》(第三卷),人民出版社,1993年版。

17.[印度]S.伽塔吉:《印度传媒中的中国形象》,乐黛云等编:《跨文化对话》(第19期),江苏人民出版社,2006年版。

18.《通报中央政治局常委"三讲"情况的讲话》(2000年1月20日),《江泽民文选》(第二卷),人民出版社,2006年版。

19.[美]罗伯特·基欧汉、[美]约瑟夫·奈:《权力与相互依赖》,门洪华译,北京大学出版社,2002年版。

20.[美]汉斯·摩根索:《国家间政治(权力斗争与和平)》,徐昕等译,北京大学出版社,2007年版。

21.[美]约翰·米尔斯海默:《大国政治的悲剧》,王义桅、唐小松译,上海人民出版社,2003年版。

22.唐永胜、徐弃郁:《寻求复杂的平衡》,世界知识出版社,2004年版。

(二)期刊

1.文富德:《印度瓦杰帕伊政府加速经济改革》,《国际经济评论》,2001年第6期

2.刘小雪:《从印度经济增长瓶颈看莫迪改革的方向、挑战及应对》,《南亚研究》,2017年第4期。

3.张可云、邓仲良、蔡之兵:《国家崛起模式与当代中国国家战略》,《郑州大学学报(哲学社会科学版)》,2016年第5期

4.唐纳德·柏林、张宏飞:《印度大国策略》,《国际展望》,2007年第8期。

5.叶海林:《"强势政府"心态下的印度对华政策》,《印度洋经济体研究》,2015年第3期。

6.李莉:《印度大国崛起战略新动向》,《现代国际关系》,2017年第12期。

7.张力:《印度战略崛起与中印关系:问题、趋势与应对》,南亚研究季刊,2010年第1期。

8.朱翠萍:《印度的地缘政治想象对中印关系的影响》,印度洋经济体研究,2016年第4期。

9.梁志坚:《印度的人口红利》,《中国连锁》,2016年第11期。

10. 陈德胜:《印度高等教育研究》,《教育教学论坛》,2017 年第 2 期。

11. 王文礼:《〈印度高等教育:2030 年的愿景〉述评》,《大学》,2015 年第 10 期。

12. 王喜文:《工业 4.0 给了印度成为制造业强国的机会》,《物联网技术》,2015 年第 5 期。

13. 维布哈·马哈詹、靳松:《印度科技创新政策的经验与启示》,《科技与金融》,2018 年第 11 期。

14. 张敏秋:《印度最大的私营企业集团——塔塔》,《亚非纵横》,1997 年第 2 期。

15. 徐成鹏:《印度企业海外并购及其对中国企业的启示——以印度塔塔集团为例》,《黑龙江对外经贸》,2010 年第 4 期。

16. 顾列铭:《印度企业:全球收购新主角》,《观察与思考》,2008 年第 14 期。

17. 吴兆礼:《印度亚太战略发展、目标与实施路径》,《南亚研究》,2015 年第 4 期。

18. 张秀明:《海外印度移民及印度政府的侨务政策》,《华侨华人历史研究》,2005 年第 1 期。

19. 丘立本:《印度国际移民与侨务工作的历史与现状》,《华侨华人历史研究》,2012 年第 1 期。

20. 王晓文:《印度莫迪政府的大国战略评析》,《现代国际关系》,2017 年第 5 期。

21. 刘永焕:《发达国家产业结构调整的经验借鉴——以美国和德国为例》,《经济论坛》,2017 年第 5 期。

22. 林毅夫:《比较优势与中国经济发展》,《招商周刊》,2005 年第 44 期。

23. 徐占忱:《全球科技创新态势与中国应对》,《国际经济分析与展望(2017—2018)》,2018 年第 4 期。

24. 李莉:《印度大国崛起战略新动向》,《现代国际关系》,2017 年第 12 期。

25. 李莉:《印度东进战略与印太外交观》,《现代国际关系》,2018 年第 1 期。

26. 李忠林:《印度崛起的优势和劣势及其辩证关系》,《和平与发展》,

2013年第2期。

　　27. 陈峰君:《印度崛起及其对世界格局的影响》,《紫光阁》,2007年第4期。

　　28. 龙兴春:《印度在南亚的霸权外交》,《成都师范学院学报》,2016年8月。

　　29. 蓝建学:《新时期印度外交与中印关系》,《国际问题研究》,2015年第3期。

　　30. 李若杨、张春宇:《中印经贸合作的机遇与前景》,《中国远洋海运》,2019年第2期。

　　31. 陈小萍:《印度对华安全认知与政策选择:印度教民族主义的视角》,《南亚研究季刊》,2018年第3期。

　　32. 罗锡兵:《新时期印度军事战略调整对我西部地区周边安全的影响》,《南方论刊》,2018年第3期。

　　33. 陈利君:《印度的南亚战略及其对"一带一路"国际合作的影响》,《当代世界》,2018年第3期。

　　34. 王晓文:《印度莫迪政府的大国战略评析》,《现代国际关系》,2017年第5期。

　　35. 孙现朴:《印度莫迪政府外交战略调整及对中国的影响》,《当代世界与社会主义》,2018年第4期。

　　36. 罗建波:《印度对华主要关切与中印关系的外来》,《国际研究参考》,2017年第8期。

　　37. 张家栋:《印度的新扩张倾向:现状、特征与局限》,《人民论坛·学术前沿》,2018年第1期。

　　38. 荣鹰:《"莫迪主义"与中印关系的未来》,《国际问题研究》,2017年第6期。

　　39. 黄正多、李燕:《冷战结束以来印度多边外交的战略选择与体系构建》,《国际观察》,2015年第1期。

　　40. 师学伟:《21世纪初印度与亚太多边机制关系分析》,《国际展望》,2012年第4期。

　　41. 林民旺:《印度的"大国外交"越来越难玩转》,《世界知识》,2018年第22期。

42. 郭旭红、武力:《新中国产业结构演变述论(1949—2016)》,《中国经济史研究》,2018 年第 1 期。

43. 李建伟:《中国经济增长四十年回顾与展望》,《管理世界》,2018 年第 10 期。

44. 蔡昉:《中国经济改革效应分析——劳动力重新配置的视角》,《经济研究》,2017 年第 7 期。

45. 杨晓萍:《中印在亚洲的同时崛起与中国的周边外交》,《当代世界》,2012 年第 11 期。

46. 赵干城:《国际体系均衡与中印共同崛起》,《现代国际关系》,2006 年第 7 期。

47. 王义桅:《中印共同崛起的国际政治意义——从'地缘政治范式'到全球'大同'范式》,《国际观察》,2007 年第 4 期。

48. 孙培钧、华碧云:《解读印度经济的崛起》,《南亚研究》,2004 年第 1 期。

49. 孙士海:《印度的崛起:潜力与制约因素》,《当代亚太》,1999 年第 8 期。

50. 马加力:《印度战略地位凸显》,《和平与发展》,2000 年第 4 期。

51. 叶正佳:《步入 21 世纪的印度》,《国际问题研究》,1996 年第 3 期。

52. 司马军:《独立以来的印度经济——回顾、比较与展望》,《世界经济与政治》,1997 年第 11 期。

53. 郑瑞祥:《透析印度崛起问题》,《国际问题研究》,2006 年第 1 期。

54. 林利民:《印度"崛起"提供的发展模式》,《瞭望》,2006 年第 2 期。

55. 李佑新:《毛泽东的印度观》,《求索》,2017 年第 10 期。

56. 文轩:《〈如何认识印度〉新书在京首发》,《出版参考》,2015 年第 10 期。

57. 赵干城:《中国如何估量印度崛起》,《东南亚南亚研究》,2012 年第 2 期。

58. 尹锡南:《近年来中国媒体对印报道及相关问题简析》,《东南亚南亚研究》,2014 年第 1 期。

59. 尚劝余:《中国与印度:合作伙伴还是竞争对手?》,《南亚研究季刊》,2011 年第 1 期。

60. ［印度］斯瓦兰·辛格、王永刚、张贵洪：《印中关系：认知与前景》,《东南亚南亚研究》,2009 年第 4 期。

61. 李承霖：《印度媒体涉华报道的倾向性研究》,《新闻研究导刊》,2016 年第 18 期。

62. 穆青：《从印度主流媒体涉华报道探析我国舆论引导策略》,《新闻研究导刊》,2017 年第 20 期。

63. 楼春豪：《印度对华认知初探》,《国际研究参考》,2013 年第 10 期。

64. 唐璐：《印度主流英文媒体报道与公众舆论对华认知》,《南亚研究》,2010 年第 1 期。

65. 刘康：《印度民众看中国崛起——亚洲风向标民意调查》,《人民论坛》,2014 年第 28 期。

66. 周宁：《印度的"中国知识"状况》,《国外社会科学》,2010 年第 3 期。

67. 周宁：《"我们的遥远的近邻"——印度的中国形象》,《天津社会科学》,2010 年第 1 期。

68. 尹锡南：《当代中印双向认知的平衡性与错位性》,《印度洋经济体研究》,2015 年第 6 期。

69. 张立：《中国电信企业投资印度缘何受阻》,《世界电信》,2007 年第 3 期。

70. 杨文武、贾佳：《后金融危机时代中印交通基础设施合作》,《南亚研究季刊》,2016 年第 1 期。

71. 张立、李坪：《印度对"一带一路"的认知与中国的应对》,《南亚研究季刊》,2016 年第 1 期。

72. 张立：《中印关系前景可期：合作甚于冲突》,《南亚研究季刊》,2013 年第 3 期。

73. 亢升、王静文：《中印关系脆弱性的心理原因与对策思考》,《印度洋经济体研究》,2018 年第 6 期。

74. 韦健锋：《冷战后中印缅之间的相互认知及其中国因素》,《兴义民族师范学院学报》,2014 年第 4 期。

75. 李俊勇、刘思伟：《中印关系：认知与理解——解读中国高校学生眼中的印度》,《南亚研究》,2008 年第 1 期。

78. 汉春伟、李霞：《"一带一路"下的中国与印度环保比较研究与合作前景分析》,《环境科学与管理》,2016 年第 9 期。

79. 喻晓新:《中国 50 年的经济体制改革与发展》,《社会科学战线》,1999 年第 4 期。

80. [比]乔纳森·霍尔斯拉格:《中印关系的进展、认知与和平前景》,《当代亚太》,2008 年第 4 期。

81. [德]德克·梅斯纳(Dir Messner)、[德]约翰·汉弗莱(John Humphrey),赵景芳译:《全球治理舞台上的中国和印度》,《世界经济与政治》,2006 年第 6 期。

82. [美]罗伯特·佐利克,田光强译:《中美新型大国关系应避免修昔底德思维》,《国外社会科学文摘》,2013 年第 11 期。

83. 陈伟光、曾楚宏:《新型大国关系与全球治理结构》,《国际经贸探索》,2014 年第 3 期。

84. 陈须隆:《试论中国的"新战略对话"》,《国际问题研究》,2010 年第 6 期。

85. 陈玉刚:《后危机时代的大国关系和中国的体系战略》,《复旦国际关系评论》,2012 年第 1 期。

86. 陈志敏:《新型大国关系的形态分析》,《国际观察》,2013 年第 5 期

87. 达巍:《构建中美新型大国关系的路径选择》,《世界经济与政治》,2013 年第 7 期。

88. 郭隆隆:《1997 年国际形势中的五个"突出"》,《国际展望》,1997 年第 23 期。

89. 郭学堂:《后冷战时代大国关系的变迁与集体安全的未来》,《国际观察》,2000 年第 3 期。

90. 郝洲:《印度与中国边境对峙背后:已悄然由'战略自主'转向'战略结盟'》,《财经》,2017 年第 17 期。

91. 胡仕胜:《洞朗对峙危机与中印关系的未来》,《现代国际关系》,2017 年第 11 期。

92. 简军波、丁冬汉:《国际机制的功能与道义》,《世界经济与政治》,2002 年第 3 期。

93. 江泽民:《共创中俄关系的美好未来——在莫斯科大学向俄罗斯各界知名人士发表的演讲》,《国务院公报》,2001 年第 26 期。

94. 金灿荣、戴维来:《为中美发展新型大国关系注入正能量——解析中美战略与经济对话》,《国际安全研究》,2013年第2期。

95. 李景田:《积极建设中美新型大国关系》,《学习时报》,2013年第624期。

96. 李莉:《中印关系走向成熟及其原因探析》,《现代国际关系》,2013年第3期。

97. 李巍、张哲馨:《战略竞争时代的新型中美关系》,《国际政治科学》,2015年第1期。

98. 林民旺:《中印战略合作基础的弱化与重构》,《外交评论》,2019年第1期。

99. 刘建飞:《构建新型大国关系中的合作主义》,《中国社会科学》,2015年第10期。

100. 刘长敏:《中美战略对话机制的发展及其解析——守成大国与新兴大国关系的新探索》,《现代国际关系》,2008年第7期。

101. 卢光盛、冯立冰、别梦婕:《中印周边外交比较研究:思想渊源、当代实践及现实碰撞》,《南亚研究》,2018年第2期。

102. 马加力:《洞朗对峙与中印关系的走向》,《和平与发展》,2017年第5期。

103. 毛悦:《从印度对"一带一路"的认知与反应看印度外交思维模式》,《国际论坛》,2017年第1期。

104. 欧斌、王冠宜、张加保:《论中印战略合作伙伴关系》,《东岳论丛》,2006年第2期。

105. 潘维:《正在崛起的"新型大国关系"》,《学术前沿》,2013年第6上期。

106. 苏长和:《解读〈霸权之后〉——基欧汉与国际关系理论中的新自由制度主义》,《美国研究》,2001年第1期。

107. 王浩:《中美新型大国关系构建:理论透视与历史比较》,《当代亚太》,2014年第5期。

108. 王毅:《全球化背景下的多极化进程——试论政治多极化与经济全球化的相互联系》,《国际问题研究》,2000年第6期。

109. 许静:《印度总理纳拉辛哈·拉奥在北京大学的演讲》,《国际政治研究》,1993 年第 4 期。

110. 杨洁勉:《新型大国关系:理论、战略和政策建构》,《国际问题研究》,2013 年第 3 期。

111. 杨洁勉:《新兴大国群体在国际体系转型中的战略选择》,《世界经济与政治》,2008 年第 6 期。

112. 杨鲁慧:《中国崛起背景下的中美新型大国关系》,《山东大学学报》(哲学社会科学版),2013 年第 6 期。

113. 杨晓萍:《中印在亚洲的同时崛起与中国的周边外交》,《当代世界》,2012 年第 11 期

114. 叶海林:《不对称需求对中印关系的影响》,《印度洋经济体研究》,2014 年第 1 期。

115. 叶海林:《中国崛起与次要战略方向挑战的应对——以洞朗事件后的中印关系为例》,《世界经济与政治》,2018 年第 4 期。

116. 于洪君:《中美构建新型大国关系的意义与前景》,《国际问题研究》,2013 年第 5 期。

117. 于镭、[澳]萨姆苏尔·康:《中美新型大国关系:全球体系与力量转换理论的探究》,《战略决策研究》,2014 年第 6 期。

118. 余南平:《新型大国关系与"修昔底德陷阱"》,《文汇报》,2014 年第 21 期。

119. 张力:《中印战略对话:探索中印战略互动机制及其制约》,《南亚研究季刊》,2009 年第 3 期。

120. 张立、王学人:《从地区主义视角看孟中印缅经济走廊建设》,《南亚研究》,2017 年第 3 期。

121. 张立:《金砖机制与中印全球经济治理合作》,《南亚研究季刊》,2017 年第 1 期。

122. 张立:《美国"印太"联盟战略的困境与中国的应对》,《南亚研究季刊》,2016 年第 4 期。

123. 章一平:《从冷战后国际体系的复杂化看中国与大国关系》,《世界经济与政治》,2000 年第 12 期。

124. 赵江林:《对当前中印经济关系的评估——兼论中印新型经济合作关系的确立》,《南亚研究》,2013 年第 4 期。

125. 赵玙佳：《洞朗冲突之后中印关系将长期在摩擦中发展》，《国际政治科学》，2017年第4期。

126. 中国社会科学院中国特色社会主义理论体系研究中心：《构建新型大国关系》，《人民日报》，2013年第64期。

127. 钟飞腾：《新型大国关系、共同发展与中国外交新理念》，《国际论坛》，2014年第1期。

128. 周方银：《中美新型大国关系的动力、路径与前景》，《当代亚太》，2013年第2期。

129. 周文重：《十年展望：探索构建中美新型大国关系之路》，《第一财经日报》，2012年第1228期。

130. 张宇燕、张静春：《亚洲经济一体化下的中印关系》，《当代亚太》，2006年第2期。

131. ［印度］思瑞坎：《印度对华对冲战略分析》，《当代亚太》，2013年第4期。

（三）报纸

1. 汪嘉波：《挑拨中印关系 称中国印度是对手》，《光明日报》，2005年3月28日。

2. 杨欢：《西方挑动中印媒体对攻 印媒再掀涉华风波》，《世界新闻报》，2010年9月7日。

3. 黄靖、康提·巴杰、马凯硕：《中印一起和平崛起》，叶琦保译，［新］《联合早报》，2012年8月13日。

4. 《中印关系原则和全面合作的宣言》，《解放日报》，2003年6月25日。

5. 王存刚：《构建新型大国关系：一种理论化的解释》，《中国社会科学报》，2018年8月3日。

6. 曲凤杰：《建立新型大国关系中印应突破传统范式》，《中国经济导报》，2013年2月19日。

7. 吴兆礼：《"发展伙伴关系"框架下的中印共识与分歧》，《中国社会科学报》，2015年6月10日。

8. 唐璐：《印度专家称辛格对华"强硬"背后有苦衷》，《国际先驱导报》，

2009年6月16日。

9. 蓝建学:《中印关系的视角变迁:从南亚走向世界》,《中国经营报》,2005年1月30日。

10. 高友斌:《印度前高官称中国当前对印威胁超中印战争时期》,《环球时报》,2009年12月25日。

11. [美]迈克尔·瓦蒂基奥提斯,陈一译:《中印确定和平竞争方针》,《环球时报》,2006年3月10日。

12. 谭中:《印度精英对华四种态度》,《环球时报》,2006年2月23日。

13. [美]迈拉·麦克唐纳,汪析译:《印专家担心中国借助缅甸尼泊尔等国包围印度》,《环球时报》,2009年6月2日。

14. 廖政军、杜天琦:《印媒反思与中国四大误会,称两国不可能公开冲突》,《环球时报》,2009年10月29日。

15. 王嵎生:《中印向着新型大国关系迈进》,《北京日报》,2013年5月20日。

16. 钟声:《同心协力,打造新型安全伙伴关系》,《人民日报》,2018年10月26日。

17. 江新凤:《打造新型安全伙伴关系 共同应对各种威胁挑战》,《解放军报》,2018年10月29日。

18. 蓝建学:《人文交流:中印关系的亮点》,《光明日报》,2018年4月28日。

19. 戴秉国:《对战略对话的几点思考》,《人民日报》,2016年6月17日。

20. 楼春豪:《破解中印"二元矛盾"之行》,《大众日报》,2010年5月30日。

21. 温宪、陈一鸣:《跨越太平洋的合作——国务委员杨洁篪谈习近平主席与奥巴马总统安纳伯格庄园会晤成果》,《人民日报》,2013年6月10日。

22. 国纪平:《世上本无"修昔底德陷阱"——评美国一些人战略迷误的危险(中)》,《人民日报》,2019年6月17日。

二、英文文献

（一）专著

1. Tirthankar Roy, *The Economic History of India 1857-1947*, Oxford University Press, 2006.

2. Angus Maddison, *Development Centre Studies The World Economy Historical Statistics*, OECD Publishing, 2003.

3. Jeffrey G. Williamson, David Clingingsmith, *India's Deindustrialization in the 18th and 19th Centuries*, Harvard University, 2005.

4. J.N.Mongia, *India's Economic Development Strategies 1951-2000 A.D*, D.Reidel Publishing Company, 1985.

5. Uma Kapila, Indian Economy Since Independence, Academic Foundation, 1998.

6. J.N.Mongia, *India's Economic Development Strategies 1951-2000 A.D*, D.Reidel Publishing Company, 1985.

7. Kennet waltz. *Theory of International Politics*, McGraw Hill publishing Company, 1979.

10. Graham Allison, Gregory F. Treverton, "Introduction and Overview," in *Rethinking America's Security-Beyond Cold War to New World Ordered*. Graham Allison, Gregory F. Treverton, New York, London: W.W. Norton & Company, 1992.

（二）报告

1. Annual Report 2017-18, Department of Pharmaceuticals, Government of India

2. Annual Report 2017-18, Ministry of Culture, Government of India

3. Economic Survey of India 2019-20

4. Benchmark Report 2017-India, World Travel and Tourism Council.

5. The Global Competitiveness Report 2018

6. IMD World Competitiveness Rankings 2018

7. Global InnovationIndex 2018

8. The 2018 Sustainable Economic Development Assessmen

9. The Soft Power 30 Report 2018

10. Government of India："Ministry of Social Justice and Empowerment," Annual Report 2011-2012, Nov.28 2018.

11. IMF, World Economic Outlook 2009, Washington DC:International Monetary Fund,2009.

12 National Intelligence Council, Mapping The Global Future: Report Of The National Intelligence Council's 2020 Project, University Press of the Pacific, 2005.

13. India 4th largest start-up hub in world: Ecosurvey,Business Standard, February 27, 2015.

（三）期刊

1. LI Yun-xia, WANG Hong-yan, India's Political System and Political Stability, *Journal of Shijiazhuang University*, 2007-05.

2. Tridivesh Singh Maini,"Can Soft Power Facilitate India's Foreign Policy Goals?" *The Hindu Centre*,August 5,2016.

3. Arijit Mazumdar,"India Soft Power Diplomavy under the Modi Administration: Buddhism, Diasporaand Yoga," *Asian Affairs*,Vol XLIX, No III,2018.

4. Blarel,Nicolas, "India: The Next Superpower? India's Soft Power: From Potential to Reality?" *Lse Ideals London School of Ecnomics & Political Science*(2012).

5. Coates, Breenae, "Modern India's Strategic Advantage to the Uniteds States: Her Twin Strengths in Himsa and Ahimsa," *Comparative Strateg*27.2(2008).

6. Markey, Daniel, "Developing India's Foreign Policy/Software," *Asia*

policy 8.1(2009).

7. Sempa, Francis P,"India's View of Emergent Geopolitical Trends," *Amercian Diplomacy*, 2011.

8. Mohan, C.Raja,"India: Between 'Strategic Autonomy' and 'Geopolitical Opportunity'," *Asia Policy* 15.1(2013).

9. Majumder,Rajarshi,"India's Demographic Dividend: Opportunities and Threats," *Mpra Paper*, 2013.

10. Chauhan Shekhar, Arokiasamy P, "India's Demographic Dividend: State-Wise Perspective," *Journal of Social and Economic Development* ,2018.

11. Chandrasekhar, C.P.J.Ghosh and A. Roychowdhuri, "The Demographic Dividend and Young India's Economic Future," *Economic & Political Weekly* 41.49(2006).

12. James,K.S, "Glorifying Malthus: Current Debate on Demographic Dividend in India," *Economic and Political Weekly*, 63-69,2008.

13. Kumar,Krishna,"Reproduction or Change? Education and Elites in India," *Economic & Political Weekly* 20.30(1985).

14. Castello-Climent, Amparo and A. Mukhopadhyay, " Madd Education or A Minority Well Educated Elite in the Process of Growth: The Case of India," *Journal of Development Economics* 105, Complete(2013).

15. Pawan Agarwal, "Higher Education in India: The Need for Change," Indian Council for Research on International Economic Relations, *Icrier Working Paper*, No. 180, JUNE 2006.

16. Banerjee, Somaditya, "The India Advantage," *Science*, 348.6240(2015).

17. Pradhan, Jaya Prakash and V. Abraham, "Overseas Mergers and Acquisitions by Indian Enterprises: Patterns and Motivations," *Mpra Paper* 85.33(2004).

18. Pathak, Joy, "What Determines Capital Structure of Listed Firms in India? Some Empirical Evidences from the India capital Market," Social Science Electronic Publishing,2010.

19. Patil, R. H., "Current State of the Indian Capital Market," *Economic*

& *Political Weekly* 41.11(2006).

20. C. Raja Mohan, Modi's World: Expanding India's Sphere of Influence, Harperhollins Publishers, 2015.

21. Amrith, S. S., "Indians Overseas? Governing Tamil Migration to Malaya 1870-1941," *Past & Present* 208.1(2010).

22. K. C. Zachariah, P. R. Gopinathan Nair, S. Irudaya Rajan, Return Emigrants in Kerala Rehabition Problem and Development Potential Center for Development Studies Indian, *Working Paper*, 2001.

23. Naujoks, Daniel, "Migration, Citizenship, and Development: Diasporic Membership Policies and Overseas Indians in the United States," *South Asian Diaspora* 7.1(2015).

24. Kirtika Suneja, "India can replace US exports to China amid trade war, finds study," *The Economic Times*, Aug 28, 2018.

25. RC Acharya, "US-China trade war holds a vast potential for India," *Financial Express*, July 9, 2019.

26. Arvind Panagariya, "Modinomics at Four: Why India Is on the Path to Long-Term Prosperity," *Foreign Affairs*, 2018.

27. Niraja Gopal Jayal, Pratap Bhanu Mehta, *The Oxford Companion to Politics in India*, 2010.

28. Vineeta Yadav, *Political Paties Business Groups And Corruption In Developing Countries*, 2011.

29. World Bank Group, " Indians Use 8x as Much Electricity as They Did in the 70s," May 10, 2019.

30. Satish Kumar, "Protecting Environment: A Quest for NGOs," Delhi: Kalinga Publications, 1999.

31. Divesh Kaul, "Evolving Trade Undercurrents At The Regional Level: Tides Of India'S Preferential Trading In The Indian Ocean And Beyond," *Indian Journal Of International Law*, 2019.

32. Daniel Ben-Ami, "World Trade: Is Protectionism On The Rise," IPE, February 2017.

33. Swaminathan S., Anklesaria Aiyar, "The New US-Mexico-Canada

Agreement has Grim Implications for India," *The Economic Times*, October 10, 2018.

34. Divesh Kaul, "Evolving Trade Undercurrents At The Regional Level: Tides Of India's Preferential Trading In The Indian Ocean And Beyond," *Indian Journal of International Law*, 2019.

35. M. Bhadrakumar, "Chinese naval ships at Gwadar port call for a rethink of India's regional policy," *Dawn,* November 28, 2016.

36. Syed Mahmud Ali, "South Asia in Strategic Competition: Tracing Chinese, Indian, and U.S. Footprints," *South Asia in Global Power Rivalry*, June 8, 2019.

37. Steven A. Hoffmann, "Perception and China Policy in India," in Francine R. Frankel and Harry Hardings eds, *The India - China Relationship: What the United States Needs to Know*, New York: Columbia University Press, 2004.

38. Wang X, "India's Ocean Strategy and Its Influence on China," International Forum, 2004.

39. James R. Holmes, "Looking south: Indian Ocean," in David Scott (eds), *Handbook of India's International Relations*, London, Taylor & Francis Group, 2011.

40. Rajeswari Pillai Pajagopalan and Arka Biswas, "India - China Relations under Xi Jinping: An Indian Perspective," *in China: An International Journal*, Vol. 15, No. 1, 2017.

41. KanwalSibal, "China's Maritime 'Silk Road' Proposals Are Not as Peaceful as They Seem," February 26, 2014.

42. Pratip Chattopadhyay, "India's South Asian Neighbourhood: Policy and Politics," *The Indian Journal of Political Science*, Vol. 71, No. 4, Oct.-Dec., 2010.

43. Raja Mohan, "Modi and the Indian Ocean: Restoring India's Sphere of Influence," *Asia Maritime Transparency Initiative*, Center for International and Strategic Studies, June 18, 2015.

44. Rollie Lal, "Understanding China and India: Security Implications for the United States and the World," Westport, CT: Praeger Security International,

2006.

45. Biswan, Bhattacharyay, Prabir De, "Promotion of Trade and Investment between People's Republic of China and India: Toward a Regional Perspective," *Asian Development Review*, Vol. 22, No. 1, 2005.

46. Sumit Ganguly, Dinshaw Mistry, " The case for the U.S.-India Nuclear Agreement," *World Policy Journal*, Vol.23, No.2. Summer 2006.

47. Indian External Affairs Minister Salman khurshid's Interview to Asian Age, " We'll do what's appropriate with regard to the soldiers' killings," *Asian Age*, January 20, 2013.

后记

该书首先对印度崛起的现实基础、具体表现、有利条件、不利影响，印度未来的发展前景、印度崛起的意义和影响等进行全面梳理和分析，然后运用"新型大国关系"理念，积极探讨了中印共同崛起背景下的相互再认知，并对此背景下如何构建新型中印大国合作关系的实践等问题进行了较为深入的思考。

该书由黄正多同志负责组织协调，各章节的撰写分工如下：第一章（黄正多、常文成），第二章（黄正多、于金涛），第三章（黄正多、段柏旭），第四章（黄正多、王策），第五章、第六章和第七章（张立）。

该书为教育部人文社会科学重点研究基地重大项目的最终成果，自2015年立项以来，项目组成员通过团结协作、辛苦耕耘，终于顺利完成书稿，并成功通过审核鉴定后结项。陈继东教授为本书的章节结构、具体内容等提供了宝贵的意见，并欣然作序。李涛教授、杨文武教授、曾祥裕副教授等很多领导、同事为本书的出版提供了大力的支持和帮助。特此致敬致谢！

本书有任何不当之处，敬请批评指正！

黄正多于成都

2022年1月